U0901076

中国教育事业统计年鉴

EDUCATIONAL STATISTICS YEARBOOK OF CHINA

1992

中华人民共和国
国家教育委员会计划建设司
DEPARTMENT OF PLANNING & CONSTRUCTION
STATE EDUCATION COMMISSION
THE PEOPLE'S REPUBLIC OF CHINA

(京) 新登字 113 号

中国教育事业统计年鉴
1992
中华人民共和国国家教育委员会计划建设司 编
*
人民教育出版社出版发行
新华书店总店科技发行所经销
中共中央党校印刷厂印装
*
开本 787× 1092 1/16 印张 22.5 字数 520,000
1993 年 8 月 第一版 1993 年 8 月第一次印刷
印数 1—5,000
ISBN 7-107-11096-9
G · 3403 定价 25.00 元

说　明

《中国教育事业统计年鉴》(1992)是一本全面反映中华人民共和国教育事业发展情况的资料性年鉴，是由国家教委计划建设司根据全国各省、自治区、直辖市教育委员会、高教局、教育厅(局)填报的基层报表整理汇编而成的。

本年鉴包扩以下部分：综合部分、高等教育、中等教育、初等教育、幼儿教育、特殊教育、成人教育、全国各级各类学校的分布情况等。

本年鉴是各有关部门研究教育改革和发展的必备资料工具书，是教育界各机关、学校指导部门制定教育计划、指导教育改革必不可少的依据。

本年鉴所列资料，暂缺台湾省的数字。

Notes from the Compiler

The Educational Statistics Yearbook of China for 1992 is an informational yearbook comprehensively reflecting the development of the educational undertaking of the People's Republic of China, and it was compiled by the Department of Planning and Construction of the State Education commission, based on the synthetic statistical returns relating to schools of various types and levels completed by the Educational Commissions (or the Bureaus of Education and Higher Education) of the provincial governments and the governments of various autonomous regions and municipalities directly under the State Council.

The yearbook is composed of the following parts: summary tables, higher education, secondary education, primary education, pre-primary education, special education, adult education, geographical distribution of schools by type and level, and overview of educational development

The yearbook is a requisite reference for all departments concerned with the study of educational reform and development, and provides indispensable factual information to the educational community (circles), the state organs, and all supervisory bodies of education (schools) engaged in curricular development and the guidance of educational reform.

The yearbook lacks the data of Taiwan Province.

目　录

一、综合部分

二、高等教育

（一）普通高等学校

三、中等教育

四、初等教育（小学）

五、特殊教育

六、幼儿教育

七、成人教育

八、各级各类学校分布情况

CONTENTS

Ⅰ. SUMMARY TABLES

Ⅱ. HIGHER EDUCATION

B. GRADUATES EDUCATION

Ⅲ. SECONDARY EDUCATION

A. SPECIALIZED SECONDARY SCHOOLS

B. GENERAL SECONDARY SCHOOLS

Ⅳ. PRIMARY EDUCATION (PRIMARY SCHOOLS)

Ⅴ. SPECIAL EDUCATION

Ⅵ. PRE－PRIMARY EDUCATION

Ⅶ. ADULT EDUCATION

Ⅷ. GEOGRAPHICAL DISTRIBUTION OF SCHOOLS BY TYPE AND LEVEL

一、综 合 部 分

I. SUMMARY TABLES

一九九二年全国各级普通学校基本情况

Basic Statistics of Regular Schools in China by Level & Type for 1992

单位：万人
in 10 thousand

	学校数(所) Schools	毕业生数 Graduates	招生数 Entrants	在校学生数 Enrolment	教职工数 Teachers, Staff & Workers 计 Total	其中：专任教师 Of which: Full-time Teachers
总 计 Total	989830	4829.98	5892.65	20380.79	1369.30	1052.23
一、研究生 Graduate Education	723	2.57	3.34	9.42		
1. 高等学校 Inst. of Higher Education	405	2.34	3.06	8.64		
2. 科研机构 Research Organizations	318	0.23	0.28	0.78		
二、普通高等学校 Reg. Inst. of Higher Educations	1053					
本专科 Undergraduates		60.42	75.42	218.44	101.36	38.76
国家任务 Students enrolled according to state plans		51.56	55.03	185.82		
委托培养 Students enrolled by Contract		6.11	11.50	20.72		
自费生 Tuition-paying students		2.45	8.63	11.35		
教师本专科 In-service Teacher Training Courses		0.30	0.26	0.55		
三、普通中等学校 Reg. Secondary Schools	102271	1545.31	2000.19	5510.49	533.20	377.47
1. 中等专业学校 Specialized Sec. Schools	3903	74.30	87.92	240.84	50.30	23.51
中等技术学校 Sec. Technical Schools	2984	50.73	63.84	174.28	39.66	17.81
中等师范学校 Teacher Training Schools	919	23.57	24.08	66.56	10.64	5.70
2. 技工学校 Skilled Worker Schools	4392	45.70	60.18	155.60	33.45	14.39
3. 普通中学 General Sec. Schools	84021	1328.38	1699.74	4770.80	411.26	314.11
高中 Senior	14850	226.13	234.73	704.89		57.61
初中 Junior	69171	1102.25	1465.01	4065.91		256.50
4. 职业中学 Vocational Schools	9860	96.72	152.14	342.76	37.63	24.80
高中 Senior	8267	82.62	125.46	286.38		21.60
初中 Junior	1593	14.10	26.68	56.38		3.20
5. 工读学校 Correctional Work-study Schools	95	0.21	0.21	0.49	0.36	0.16
四、小学 Primary Schools	712973	1872.35	2183.20	12201.28	619.90	552.65
五、特殊教育学校 Special Education Schools	1027	0.89	2.95	12.95	2.70	1.85
六、幼儿园 Kindergartens	172506	1348.44	1627.55	2428.21	112.14	81.50

一九九二年全国各级成人学校基本情况

Basic Statistics of Adult Schools in China by Level & Type for 1992

单位：万人
in 10 thousand

	学校数(所) Schools	毕业生数 Graduates	招生数 Entrants	在校学生数 Enrolment	教职工数 Teachers, Staff & Workers 计 Total	其中:专任教师 of which: Full-time Teachers
总计 Total	453195	5862.84	5454.10	4911.21	89.37	38.15
一、成人高等学校 Higher Educational Institutions for Adults	1198	51.77	59.17	147.87	20.59	8.89
1、广播电视大学 Radio/TV Universities	44	12.22	14.58	33.55	3.86	1.56
2、职工高等学校 Workers' Colleges	726	6.34	8.46	23.01	8.07	3.61
3、农民高等学校 Peasants' Colleges	5	0.01	0.02	0.03	0.03	0.01
4、管理干部学院 Institutes for Administration	168	2.39	3.00	5.68	3.88	1.38
5、教育学院 Educational Colleges	251	7.65	7.65	17.92	4.66	2.28
6、独立函授学院 Independent Correspondence Colleges	4	0.48	0.52	1.25	0.09	0.05
7、普通高等学校举办：Run by Reg. Inst. of Higher Ed.		22.68	24.94	66.43		
函授部 Divisions of Correspondence		16.58	17.81	48.40		
夜大学 Evening Schools		5.52	6.49	16.81		
干部专修科 Short-cycle Courses for Cadraes		0.58	0.64	1.22		
8、合计中：电大、函大、夜大普通专科班(A)		3.65	3.57	7.81		
二、成人中等学校 Sec. Education for Adults	294959	5055.72	4667.15	3934.45	54.77	24.72
1、成人中等专业学校 Specialized Sec. Schools for Adults	4776	48.66	71.31	174.43	20.49	10.54
广播电视中等专业学校 Radio/TV Specialized Sec. Schools	108	8.92	16.42	45.43	1.34	0.61
职工中等专业学校 Specialized Sec. Schools for Staff & Workers	1853	12.51	19.46	45.86	7.87	3.80
干部中等专业学校 Specialized Sec. Schools for Cadres	338	2.18	3.54	7.60	1.43	0.67
农民中等专业学校 Specialized Sec. Schools for Peasants	386	4.13	6.46	13.81	1.49	0.87
函授中等专业学校 Correspondence Specialized Sec. Schools	58	5.98	7.73	18.22	0.84	0.37
教师进修学校 In-service Teacher Training Schools	2033	14.94	17.70	43.51	7.52	4.22
2、成人中学 General Sec. Schools for Adults	6071	48.55	54.00	68.82	3.91	2.19
职工中学 General Sec. Schools for Staff & Workers	2954	23.28	30.83	36.48	2.70	1.43
农民中学 General Sec. Schools for Peasants	3117	25.27	23.17	32.34	1.21	0.76
3、成人技术培训学校 Technical Training Schools for Adults	284112	4958.51	4541.84	3691.20	30.37	11.99
职工技术培训学校 Technical Training Schools for Staff & Workers	12659	498.41	585.31	346.69	8.15	4.11
农民技术培训学校 Technical Training Schools for Peasants	271453	4460.10	3956.53	3344.51	22.22	7.88
三、成人初等学校 Adult Primary Schools	157038	755.35	727.78	828.89	14.01	4.54
1、职工初等学校 Worker Primary Schools	1385	13.92	12.48	12.83	0.28	0.18
2、农民初等学校 Peasant Primary Schools	155653	741.43	715.30	816.06	13.73	4.36
其中：扫盲班 of which: Literacy Classes	111399	523.31	484.38	552.71	9.65	2.79

(A): Of the total: The Regular Short-cycle Courses in Radio/TV Universities, Evening Schools and Correspondence Divisions of Regular Higher Educational Institutions.

各级普通学校校数

Number of Regular Schools by Level & Type

单位：所

	1949	1965	1978	1980	1985	1991	1992
普通高等学校 Reg. Inst. of Higher Education	205	434	598	675	1016	1075	1053
普通中等学校 Reg. Secondary Schools	5219	81274	167118	128065	108494	103714	102271
中等专业学校 Specialized Sec. Schools	1171	1265	2760	3069	3557	3925	3903
中等技术学校 Sec. Technical Schools	561	871	1714	2052	2529	2977	2984
中等师范学校 Teachers Training Schools	610	394	1046	1017	1028	948	919
技工学校 Skilled Worker Schools	3	281	2013	3305	3548	4269	4392
普通中学 General Sec. Schools	4045	18102	162345	118377	93221	85851	84021
高中 Senior	1597	4112	49215	31300	17318	15243	14850
初中 Junior	2448	13990	113130	87077	75903	70608	69171
职业中学 Vocational Schools	–	61626	...	3314	8070	9572	9860
工读学校 Correctional Work－study Schools	–	–	–	...	98	97	95
小学 Primary Schools	346769	1681939	949323	917316	832309	729158	712973
特殊教育学校 Special Education Schools	...	266	292	292	375	886	1027
幼儿园 Kindergartens	.....	19226	163952	170419	172262	164465	172506

各级普通学校学生数

Enrolment of Regular Schools by Level & Type

单位：万人
in 10 thousand

	1949	1978	1980	1985	1991	1992
研究生（人） Graduate Education(Person)	629	10934	21604	87331	88128	94164
普通高等学校本专科 Undergraduate Education	11.65	85.63	114.37	170.31	204.37	218.44
普通中等学校 Reg. Secondary Schools	127.05	6675.37	5747.83	5167.46	5369.56	5510.49
中等专业学校 Specialized Sec. Schools	22.88	88.92	124.34	157.11	227.74	240.84
中等技术学校 Sec. Technical Schools	7.71	52.93	76.13	101.29	161.60	174.28
中等师范学校 Teacher Training Schools	15.17	35.99	48.21	55.82	66.14	66.56
技工学校 Skilled Worker Schools	0.27	38.20	70.04	74.17	142.21	155.60
普通中学 General Sec. Schools	103.90	6548.25	5508.08	4705.96	4683.50	4770.80
高中 Senior	20.72	1553.08	969.79	741.13	722.85	704.89
初中 Junior	83.18	4995.17	4538.29	3964.83	3960.65	4065.91
职业中学 Vocational Schools	–	...	45.37	229.57	315.55	342.76
高中 Senior	–	...	31.92	184.34	263.22	286.38
初中 Junior	–	...	13.45	45.23	52.33	56.38
工读学校 Correctional Work-study Schools	–	–	...	0.65	0.56	0.49
小学 Primary Schools	2439.10	1624.00	14627.00	13370.20	12164.15	12201.28
特殊教育学校 Special Education Schools	...	3.09	3.31	4.17	8.50	12.95
幼儿园 Kindergartens	...	787.70	1150.80	1479.70	2209.29	2428.21

一九九二年各级普通学校在校学生数与主要年份的比较

Comparison of Regular School Enrolment Between 1992 & Selected Years

	1992 年在校学生数为下列各年的 % Enrolment of 1992 as Percentage of Enrolment of Following Years				
	1949	1978	1980	1985	1991
研究生 Graduate Education	149704	8612	4359	1078	1068
普通高等学校本专科 Undergraduate Education	17542	2387	1787	1200	937
普通中等学校 Reg. Secondary Schools	43373	825	959	1066	1026
中等专业学校 Specialized Sec. Schools	10526	2709	1937	1533	1058
中等技术学校 Sec. Technical Schools	22604	3293	2289	1721	1078
中等师范学校 Teacher Training Schools	4388	1849	1410	1192	1006
技工学校 Skilled Worker Schools	576296	4073	2222	2098	1094
普通中学 General Sec. Schools	45917	729	866	1014	1019
高中 Senior	34020	454	727	951	975
初中 Junior	48881	814	896	1025	1027
职业中学 Vocational Schools	0	0	7555	1493	1086
高中 Senior	0	0	8972	1554	1088
初中 Junior	0	0	4192	1247	1077
工读学校 Correctional Work-study Schools	0	0	0	754	875
小学 Primary Schools	5002	834	834	913	1003
特殊教育学校 Special Education Schools	0	4191	3912	3106	1524
幼儿园 Kindergartens	0	3083	2110	1641	1099

各级普通学校招生数

Number of Regular School Entrants by Level & Type

单位：万人
in 10 thousand

	1949	1978	1980	1985	1991	1992
研究生（人） Graduate Education(Person)	242	10708	3616	46871	29679	33439
普通高等学校本专科 Undergraduate Education	3.06	40.15	28.12	61.92	61.99	75.42
普通中等学校 Reg. Secondary Schools	50.97	2769.29	2044.92	1825.70	1925.64	2000.19
中等专业学校 Specialized Sec. Schools	9.74	44.70	46.76	66.83	78.00	87.92
中等技术学校 Sec. Technical Schools	4.28	26.79	25.29	45.36	55.07	63.84
中等师范学校 Teacher Training Schools	5.46	17.91	21.47	21.47	22.93	24.08
技工学校 Skilled Worker Schools	...	25.70	33.13	35.54	54.45	60.18
普通中学 General Sec. Schools	41.23	2698.89	1934.31	1606.91	1655.15	1699.74
高中 Senior	7.11	692.91	383.40	257.51	243.82	234.73
初中 Junior	34.12	2005.98	1550.91	1349.40	1411.33	1465.01
职业中学 Vocational Schools	–	...	30.72	116.10	137.82	152.14
高中 Senior	–	...	24.06	98.49	114.00	125.46
初中 Junior	–	...	6.66	17.61	23.82	26.68
工读学校 Correctional Work-study Schools	–	–	...	0.32	0.22	0.21
小学 Primary Schools	680.00	3315.36	2942.34	2298.17	2072.74	2183.20
特殊教育学校 Special Education Schools	...	0.59	0.59	0.92	1.98	2.95

一九九二年各级普通学校招生数与主要年份的比较

Comparison of Number of Regular School Entrants Between 1992 & Selected Years

	1992 年招生数为下列各年的 % Number of Entrants in 1992 as Percentage of Entrants of Following Years				
	1949	1978	1980	1985	1991
研究生 Graduate Education	138178	3123	9248	713	1127
普通高等学校本专科 Undergraduate Education	24647	1878	2682	1218	1217
普通中等学校 Reg. Secondary Schools	39242	722	978	1096	1039
中等专业学校 Specialized Sec. Schools	9027	1967	1880	1316	1127
中等技术学校 Sec. Technical Schools	14916	2383	2524	1407	1159
中等师范学校 Teacher Training Schools	4410	1345	1122	1122	1050
技工学校 Skilled Worker Schools	0	2342	1816	1693	1105
普通中学 General Sec. Schools	41226	630	879	1058	1027
高中 Senior	33014	339	612	912	963
初中 Junior	42937	730	945	1086	1038
职业中学 Vocational Schools	0	0	4952	1310	1104
高中 Senior	0	0	5214	1274	1101
初中 Junior	0	0	4006	1515	1120
工读学校 Correctional Work-study Schools	0	0	0	656	955
小学 Primary Schools	3211	659	742	950	1053
特殊教育学校 Special Education Schools	0	5000	5000	3207	1490

各级普通学校教职工数

Number of Regular School Teachers, Staff & Workers by Level & Type

单位：万人
in 10 thousand

	1949	1978	1980	1985	1991	1992
总 计 **Total**	102.3	1083.45	1167.61	1209.56	1352.36	1369.30
普通高等学校 Reg. Inst. of Higher Education	4.6	51.8	63.2	87.06	100.89	101.36
普通中等学校 Reg. Secondary Schools	12.8	422.06	437.21	439.45	523.55	533.20
中等专业学校 Specialized Sec. Schools	2.4	23.7	29.8	40.32	49.39	50.30
中等技术学校 Sec. Technical Schools	1.1	17.6	22.3	31.31	38.81	39.66
中等师范学校 Teacher Training Schools	1.3	6.1	7.5	9.01	10.58	10.64
技工学校 Skilled Worker Schools	...	6.66	13.61	21.53	32.52	33.65
普通中学 General Sec. Schools	10.4	391.7	389.7	355.69	405.45	411.26
职业中学 Vocational Schools	–	...	4.1	21.59	35.84	37.63
工读学校 Correctional Work-study Schools	–	–	...	0.32	0.35	0.36
小学 Primary Schools	84.9	562.0	605.4	602.10	619.35	619.90
特殊教育学校 Special Education Schools	...	0.69	0.8	1.15	2.33	2.70
幼儿园 Kindergartens	...	46.9	61.0	79.80	106.24	112.14

一九九二年各级普通学校教职工数与主要年份的比较

Comparison of Number of Regular School Teachers, Staff & Workers Between 1992 & Selected Years

	1992 年教职工数为下列各年的 % Number of Teachers, Staff & Workers in 1992 as Persentage of Teachers, Staff Workers of Following Years				
	1949	1978	1980	1985	1991
总 计 **Total**	13385	1264	1173	1132	1013
普通高等学校 Reg. Inst. of Higher Education	22035	1957	1604	1164	1005
普通中等学校 Reg. Secondary Schools	41656	1263	1220	1213	1018
中等专业学校 Specialized Sec. Schools	20958	2122	1688	1248	1018
中等技术学校 Sec. Technical Schools	36055	2253	1778	1267	1022
中等师范学校 Teacher Training Schools	8185	1744	1419	1181	1006
技工学校 Skilled Worker Schools	0	5053	2472	1563	1035
普通中学 General Sec. Schools	39544	1050	1055	1156	1014
职业中学 Vocational Schools	0	0	9178	1743	1050
工读学校 Correctional Work-study Schools	0	0	0	1125	1029
小学 Primary Schools	7302	1103	1024	1030	1001
特殊教育学校 Special Education Schools	0	3913	3375	2348	1159
幼儿园 Kindergartens	0	2391	1838	1405	1056

各级普通学校专任教师数

Number of Regular School Full－time Teachers by Level & Type

单位：万人
in 10 thousand

	1949	1978	1980	1985	1991	1992
总计 Total	93.43	902.31	939.48	933.48	1041.01	1052.23
普通高等学校 Reg. Inst. of Higher Education	1.61	20.63	24.69	34.43	39.08	38.76
普通中等学校 Reg. Secondary Schools	8.22	330.96	323.30	305.65	370.22	377.47
中等专业学校 Specialized Sec. Schools	1.56	9.96	12.87	17.40	23.23	23.51
中等技术学校 Sec. Technical Schools	0.66	6.93	9.10	12.80	17.51	17.81
中等师范学校 Teacher Training Schools	0.90	3.03	3.77	4.60	5.72	5.70
技工学校 Skilled Worker Schools	...	2.80	6.14	8.89	14.36	14.89
普通中学 General Sec. Schools	6.66	318.20	301.97	265.16	390.0	314.11
高中 Senior	1.40	74.13	57.07	49.17	57.33	57.61
初中 Junior	5.26	244.07	244.90	251.99	251.67	256.50
职业中学 Vocational Schools	–	...	2.32	14.07	23.47	24.80
高中 Senior	–	...	1.65	11.58	20.46	21.60
初中 Junior	–	...	0.67	2.49	3.01	3.20
工读学校 Correctional Work-study Schools	–	–	...	0.13	0.16	0.16
小学 Primary Schools	83.60	522.55	549.94	537.68	553.22	552.65
特殊教育学校 Special Education Schools	...	0.42	0.48	0.73	1.60	1.85
幼儿园 Kindergartens	...	27.75	41.07	54.99	76.89	81.50

一九九二年各级普通学校专任教师数与主要年份的比较

Comparison of Number of Regular School Full－time Teachers Between 1992 & Selected Years

	1992 年专任教师数为下列各年的 % Number of Full－time Teachers in 1992 as Percentage of Full－time teachers of Following Years				
	1949	1978	1980	1985	1991
总计 **Total**	11262	1166	1120	1127	1011
普通高等学校 Reg. Inst. of Higher Education	24075	1879	1570	1126	992
普通中等学校 Reg. Secondary Schools	45921	1141	1168	1235	1020
中等专业学校 Specialized Sec. Schools	15071	2360	1827	1351	1012
中等技术学校 Sec. Technical Schools	26985	2570	1957	1391	1017
中等师范学校 Teacher Training Schools	6333	1881	1512	1239	997
技工学校 Skilled Worker Schools	0	5318	2425	1675	1037
普通中学 General Sec. Schools	47164	987	1040	1185	805
高中 Senior	41150	777	1009	1172	1005
初中 Junior	48764	1051	1047	1018	1019
职业中学 Vocational Schools	0	0	10690	1763	1057
高中 Senior	0	0	13091	1865	1056
初中 Junior	0	0	4776	1285	1063
工读学校 Correctional Workstudy Schools	0	0	0	1231	1000
小学 Primary Schools	6611	1058	1005	1028	999
特殊教育学校 Special Education Schools	0	4405	3854	2534	1156
幼儿园 Kindergartens	0	2937	1984	1482	1060

普通高等学校分科毕业生累计数

Cumulative Total of Graduates by Field of Study in Regular Inst, of Highter Education

	毕业生数（万人） Number of Graduates (in 10 thousand)					解放后43年为解放前20年的倍数 B/A
	解放前毕业生累计数 (A)	1949－1992年解放后毕业生累计数				
		合计(B) Total	1949－1965	1966－1978	1979－1992	
总计 Total	18.5	860.01	155.44	139.2	565.37	46.49
工科 Engineering	3.2	287.48	53.06	54.31	180.11	89.84
农林 Agriculture & Forestry	1.3	60.82	14.71	12.61	33.50	46.79
医药 Medicine & Pharmacy	0.9	82.89	16.66	20.79	45.44	92.10
师范 Teacher Training	2.1	242.39	39.2	24.46	178.73	115.42
文科 Humanities	2.4	52.65	8.26	10.51	33.88	21.94
理科 Natural Sciences	1.6	51.88	11.24	11.1	29.54	32.48
财经 Finance & Economics	1.9	56.18	7.13	2.79	46.26	29.57
政法 Political Science & Law	5.1	12.27	2.31	0.48	9.48	2.41
体育 Physical Culture	...	7.02	1.41	1.21	4.4	
艺术 Art	...	6.43	1.46	0.94	4.03	

注：解放前累计数是20年(1928－1947)

Notes: Cumulative Total of Preliberation: 20－year (1928－1947)

(A) Cumulative total of students graduated during preliberation years.

(B) Cumulative total of students graduated during post－liberation years.

一九九二年高等学校（包括普通高等学校和成人高等学校）毕业生数和在校学生数

Enrolment & Number of Graduates in Institutions of Higher Education (Including Regular & Adult Institutions of Higher Education) for 1992

	毕业生数 Graduates			在校学生数 Enrolment		
	计 Total	本科 Normal Courses	专科 Short-cycle Courses	计 Total	本科 Normal Courses	专科 Short-cycle Courses
总计 Total	1122044	392271	729773	3663058	1492039	2171019
工科 Engineering	302742	149218	153524	1135859	602001	533858
农科 Agriculture	31565	16282	15283	107404	61285	46119
林科 Forestry	7073	3732	3341	25374	14591	10783
医药 Medicine & Pharmacy	62277	31402	30875	271531	155852	115679
师范 Teacher Training	337134	99294	237840	917563	319453	598110
文科 Humanities	78153	20421	57732	233450	71806	161644
理科 Natural Sciences	32705	22268	10437	102463	77562	24901
财经 Finance & Economics	215451	34357	181094	687207	135351	551856
政法 Political Science & Law	38392	10248	28144	121646	32101	89545
体育 Physical Culture	6472	2545	3927	22175	11048	11127
艺术 Art	10080	2504	7576	38386	10989	27397

中等专业学校分科毕业生累计数

Cumulative Total of Graduates by Field of Study in Specialized Sec. Schools

	毕业生数（万人） Number of Graduates (in 10 thousand)					解放后43年为解放前20年的倍数 B/A
	解放前毕业生累计数 (A)	1949－1992年解放后毕业生累计数				
		合计(B) Total	1949－1965	1966－1978	1979－1992	
总计 Total	54.67	1243.32	295.85	224.80	722.67	22.7
中等技术学校 Sec. Technical Schools	18.14	734.72	159.96	123.45	451.31	40.5
工科 Insdutry	...	258.51	73.76	42.94	141.81	
农林 Agriculture & Forestry	...	107.44	34.14	19.92	53.38	
医药 Medicine & Pharmacy	...	177.42	37.02	40.51	99.89	
财经 Finance & Economics	...	144.70	11.99	14.88	117.83	
政法 Political Science & Law	...	19.79	...	...	19.79	
体育 Physical Culture	...	5.52	0.93	0.39	4.20	
艺术 Art	...	10.66	1.45	2.01	7.20	
其他 Others	...	10.68	0.67	2.80	7.21	
中等师范学校 Teacher Training Schools	36.53	508.60	135.89	101.35	271.36	13.9

注：解放前累计数是16年(1931－1946)

Notes：Cumulative Total of Preliberation：16－year (1931－1946)

(A) Cumulative total of students graduated during preliberation years.

(B) Cumulative total of students graduated during post－liberation years.

高级中等学校学生数的构成

Composition of Students in Senior Sec. Schools

	合 计 Total	普通高中 Senior General Secondary Schools	中等职业技术学校 Secondary Vocational－technical Schools			
			小 计 Subtotal	中等专业学校 Specialized Sec. Schools	技工学校 Skilled Worker Schools	职业中学 Vocational Schools
学生数(万人) No. of Students (in 10 thousand)						
1965	271.1	130.8	140.3	52.7	10.1	77.5
1980	1196.0	969.8	226.2	124.3	70.0	31.9
1985	1156.7	741.1	415.6	157.1	74.2	184.3
1990	1322.0	717.3	604.7	224.4	133.2	247.1
1992	1387.7	704.9	682.8	240.8	155.6	286.4
比重(％) Percentage						
1965	100.0	48.2	51.8	19.5	3.7	28.6
1980	100.0	81.1	18.9	10.4	5.8	2.7
1985	100.0	64.1	35.9	13.6	6.4	15.9
1990	100.0	54.3	45.7	17.0	10.0	18.7
1992	100.0	50.8	49.2	17.4	11.2	20.6

小学毕业生和初中毕业生升学率

Promotion Rate of Primary & Junior Sec. School Graduates

单位: 万人
in 10 thousand

年 份	小学毕业生升学率 Promotion Rate of Primary School Graduates			初中毕业生升学率 Promotion Rate of Junior Sec. School Graduates		
	小学毕业生数 No. of Primary School Graduates	初级中等学校招生数 No. of Junior Sec. School Entrants	升学率(%) Promotion Rate	初中毕业生数 No. of Junior Sec. School Graduates	高级中等学校招生数 No. of Senior Sec. School Entrants	升学率(%) Promotion Rate
1965	667.6	550.7	82.5	173.8	121.6	70.0
1980	2053.3	1557.6	75.9	964.8	442.8	45.9
1985	1999.9	1367.0	68.4	998.3	416.2	41.7
1990	1863.1	1389.2	74.6	1109.1	450.4	40.6
1992	1872.4	1491.7	79.7	1102.3	478.1	43.4

学龄儿童入学率及小学在校学生巩固率

Net Enrolment Rate of School－age Children & Annual Retention Rate of Enrolment in Primary Schools

单位: 万人
in 10 thousand

年 份	学龄儿童入学率 Net Enrolment Rate of School－age Children			小学在校学生巩固率 Retention Rate of Enrolment in Primary Schools		
	全国学龄儿童数 Total No. of School－age Children	已入学学龄儿童数 No. of School－age Children Enrolled	入学率(%) Net Enrolment Rate	学年初学生数 Year－begining Enrolment	学年末学生数 Year－end Enrolment	巩固率(%) Annual Retention Rate
1965	11603.2	9829.1	84.7	.....	.....	.....
1980	12219.6	11478.2	93.0	.....	.....	.....
1985	10362.3	9942.8	95.9	13557.1	13103.1	96.7
1990	9740.7	9529.7	97.8	11739.2	11481.5	97.8
1992*	11156.2	10845.5	97.2	12163.6	11908.5	97.9

*注: 1992年以前的入学率是按7－11周岁统一计算的。1992年起入学是按各地不同入学年龄和学制分别计算的。

Note: Net Enrolment Rate of school－age chidren before year 1992 calculated during the age 7～11.
After 1992, the rate varies according to provincial entrant age primary schooling years.

各级普通学校女学生和女教职工数

Number of Female Students, Teachers, Staff & Workers by Level & Type of Regular Schools

单位:万人
in 10 thousand

	女学生 Female Students		女教职工 Female Teachers, Staff & Workers		女专任教师 Female Full-time Teachers	
	人数 Number	占学生总数的比重(%) Percentage	人数 Number	占教职工总数的比重(%) Percentage	人数 Number	占专任教师总数的比重(%) Percentage
普通高等学校 Regular I H E s	73.6	33.7	37.3	36.8	11.6	29.9
中等技术学校 Sec. Technical Schools	74.5	42.7	16.1	40.6	7.2	40.4
中等师范学校 Teacher Training Schools	36.6	55.0	3.9	36.8	2.1	36.8
普通中学 General Sec. Schools	2056.5	43.1	132.3	32.2	104.5	33.3
职业中学 Vocational Schools	158.2	46.1	12.4	33.0	8.3	33.5
工读学校 Correctional Work-study Schools	0.05	9.4	0.09	24.8	0.04	27.9
小学 Primary Schools	5685.6	46.6	262.8	42.4	245.9	44.5
特殊教育学校 Special Education Schools	5.0	38.6	1.7	62.6	1.3	70.0
幼儿园 Kindergartens	1140.9	47.0	104.9	93.5	77.0	94.5

各级普通学校少数民族学生和少数民族教职工数

Number of Minority Students Enrolled, Teachers, Staff & Workers in Regular Schools at Various Levels

单位:万人
in 10 thousand

	少数民族学生 Minority Students		少数民族教职工 Minority Teachers, Staff & Workers		少数民族专任教师 Minority Full-time Teacher	
	人数 Number	占学生总数的比重(%) Percentage	人数 Number	占教职工总数的比重(%) Percentage	人数 Number	占专任教师总数的比重(%) Percentage
普通高等学校 Regular I H E s	15.3	7.0	4.2	4.1	1.9	4.9
中等技术学校 Sec. Technical Schools	12.7	7.3	2.1	5.3	1.1	6.2
中等师范学校 Teacher Training Schools	7.1	10.7	0.9	8.5	0.5	8.8
普通中学 General Sec. Schools	320,9	6.7	26.3	6.4	20.0	6.4
职业中学 Vocational Schools	18.4	5.4	1.9	5.0	1.3	5.2
工读学校 Correctional Work-study Schools	0.01	2.0	0.02	5.6	0.02	12.5
小学 Primary Schools	1122.3	9.2	54.9	8.9	47.6	8.6
特殊教育学校 Special Education Schools	0.3	2.3	0.09	3.3	0.06	3.2
幼儿园 Kindergartens	79.4	3.3	3.5	3.1	2.5	3.1

二、高等教育

Ⅱ、HIGHER EDUCATION

（一）普通高等学校

A. REGULAR HIGHER EDUCATIONAL INSTITUTIONS

普通高等学校校数

Number of Regular Higher Educational Institutions

单位: 所

	合 计 Total	大学、专门学院 Universities & Colleges	专科学校 Short-Cycle Colleges	短期职业大学 Short-Cycle Vocational Colleges
总 计 Total	1053	620	348	85
综合大学 Comprehensive University	59	49	10	0
理工院校 Natural Sciences & Technology	288	211	77	0
农业院校 Agriculture	58	46	12	0
林业院校 Forestry	11	11	0	0
医药院校 Medicine & Pharmacy	121	104	17	0
师范院校 Teacher Training	253	78	175	0
语文院校 Language & Literature	14	12	2	0
财经院校 Finance & Economics	82	43	39	0
政法院校 Political Science & Law	25	11	14	0
体育院校 Physical Culture	15	14	1	0
艺术院校 Art	31	30	1	0
其他院校 Others	85	11	0	85

普通高等学校规模

Breakdown of Regular Higher Educational Institutions by Size of Enrolments

单位: 人

	学校数 Institutions	300人及以下 300 and under	301～500人 301 to 500	501～1000人 501 to 1000	1001～1500人 1001 to 1500	1501～2000人 1501 to 2000	2001～3000人 2001 to 3000	3001～4000人 3001 to 4000	4001～5000人 4001 to 5000	5001人及以上 5001 and over
总 计 Total	1053	43	54	202	219	152	184	88	36	75
综合大学 Comprehensive University	59	1	1	2	3	2	15	2	9	24
理工院校 Natural Sciences & Technology	288	8	7	26	47	45	64	42	14	35
农业院校 Agriculture	58	0	3	9	15	4	15	12	0	0
林业院校 Forestry	11	0	0	3	2	3	2	1	0	0
医药院校 Medicine & Pharmacy	121	2	5	19	34	27	25	9	0	0
师范院校 Teacher Training	253	2	2	60	62	53	35	13	10	16
语文院校 Language & Literature	14	2	2	1	6	3	0	0	0	0
财经院校 Finance & Economics	82	0	2	20	27	11	11	8	3	0
政法院校 Political Science & Law	25	0	3	14	3	0	4	1	0	0
体育院校 Physical Culture	15	0	4	4	6	1	0	0	0	0
艺术院校 Art	31	10	12	9	0	0	0	0	0	0
其他院校 Others	85	18	13	35	14	3	13	0	0	0

普通高等学校设置专业数

Number of Specialities and Number of Educational Programmes Estabished by Field of Study in Regular Higher Educational Institutions

	合计 Total	工 科 Engineering	农 科 Agriculture	林 科 Forestry	医 药 Medicine Pharmacy	师 范 Teacher Training	文 科 Humanities	理科 Natural Sciences	财 经 Finance & Economics	政 法 Political Science & Law	体 育 Physical Culture	艺术 Art
种数 No. of Sp.	13556	4830	679	152	585	3079	1031	879	1597	200	60	464
个数 No. of Ed. Prog.	832	366	53	17	25	42	69	123	45	12	13	67

普通高等学校工科分大类学生数

Breakdown of Engineering Students by Subfield of Study in Regular Higher Educational Institutions

单位:人

	毕业生数 Graduates	招生数 Entrants	在校学生数 Enrolment
总 计 Total	199408	252913	772986
地 质 Applied Geology	6563	8839	24608
矿 业 Mining	6281	10960	27554
动 力 Power Engineering	9209	10777	35157
冶 金 Metallurgy	5682	6177	21373
机 械 Mechanical Engineering	49162	59776	193035
电机、电器 Electrical Machines & Instruments	6254	8556	24188
无线电技术及电子学 Radio & Electronics	39706	55588	159986
化 工 Chemical Engineering	17175	21812	68271
粮食食品 Grain Processing & Food Industry	5542	6368	20153
轻 工 Light Industry	7013	8753	26587
测绘、水文 Mapping , Surveying & Hydrology	1999	2493	7312
土木建筑 Civil Engineering & Architecture	34815	38696	121986
运 输 Transportation	4710	6617	20309
通 信 Telecommunications	3378	4745	13508
其 他 Others	9587	13525	38600

普通高等学

Basic Statistics of Regular Higher

	学校数(所) Institutions		本专科学生数 Undergraduate Students			合计 Total			
	计 Total	其中:中央部门所属学校数 of which Inst. under Central Ministries & Agencies	毕业生数 Graduates	招生数 Students Admitted	在校学生数 Enrolment	合计 Total	计 Subtotal	计 Subtotal	教授 Professors
总计 Total	1053	358	604223	754192	2184376	1013553	832850	387585	18559
其中:女 of which: Female	0	0	201928	258123	735942	373399	296220	116314	2063
综合大学 Comprehensive Universities	59	13	71895	510411	271734	122302	98858	46785	3032
理工院校 Natural Sciences & Tech.	288	204	207588	257114	788115	409803	316832	142872	7307
农业院校 Agriculture	58	14	32368	37934	113362	67710	49904	23435	1158
林业院校 Forestry	11	6	4937	6206	18424	10551	8569	4144	180
医药院校 Medicine & Pharmacy	121	25	44486	54693	206492	110556	95753	43169	3421
师范院校 Teacher Training	253	13	161059	318691	492362	170584	151917	75060	1916
语文院校 Language & Literature	14	9	3955	4891	14679	11125	9851	4541	188
财经院校 Finance & Economics	82	43	36523	49041	136139	48093	43316	20204	581
政法院校 Political Science & Law	25	10	8052	9514	28166	12584	11587	4686	163
体育院校 Physical Culture	15	6	3648	4230	13332	7470	6986	3360	137
艺术院校 Art	31	11	3464	4786	12513	12220	11416	5551	296
民族院校 Nationalities	11	4	5933	7702	22839	10570	9369	4332	92
短期职业大学 Shore-cycle Vocational Colleges	85	0	20315	27053	66219	19985	18492	9446	88
总计中 Of the total									
国家教委所属院校 Inst. under SEDC	36	36	64514	68241	227928	145123	102727	47660	4510
中央其他部委所属院校 Inst. under other Central Ministries & Agencies	322	322	187500	231426	710945	396564	317289	141591	8054
地方所属院校 Inst. under Local Auth.	695	0	352209	454525	1245503	471866	412834	198334	5995

校基本情况

Educational Institutions

单位:人

教职工数 Teachers, Staff & Workers									
校本部教职工 Teachers, Staff & Workers in the College or Uni. Proper							科研机构人员 Personnel in Affiliated Research Org.	校办工厂、农场职工 Employees in School-run Factories, Farms	附设机构人员 Personnel in Other Subsdiary Units
专任教师 Full-time Teachers				教辅人员 Supporting Staff	行政人员 Adm. Personnel	工勤人员 Workers			
副教授 Asso. Professors	讲师 Lecturers	助教 Assistants	教员 Instructors						
85548	157343	103681	22454	121612	171800	151853	47088	63047	70568
17977	47391	41154	7729	59597	61674	58635	12756	22256	42167
11881	19195	10438	2239	15467	18848	17758	9327	4304	9813
34795	60823	32498	7449	51975	63649	58336	25338	34888	32745
5285	9169	6584	1239	6425	9879	10165	2217	11207	4382
999	1676	1172	117	1113	1754	1558	314	944	724
8338	16037	12511	2862	15804	19326	17454	4194	3227	7382
14596	29787	23957	4804	18927	31653	26277	3589	5436	9642
1069	2013	1073	198	1214	2020	2076	200	34	1040
3539	7964	6805	1315	4292	10678	8142	829	1523	2425
767	1960	1430	366	1382	3331	2188	215	136	646
760	1487	910	66	547	1575	1504	89	19	376
1277	2057	1417	504	1211	2495	2159	260	123	421
834	1916	1209	281	888	2343	1806	363	113	725
1408	3259	3677	1014	2367	4249	2430	153	1093	247
15487	18385	7671	1607	19740	16758	18569	18675	8790	14931
32466	59335	34062	7674	48442	66586	60670	18135	28538	32602
37595	79623	61948	13173	53430	88456	72614	10278	25719	23035

普通高等学校

Number of Undergraduate Students by Type of

	毕业生数 Graduates			招生数 Students Admitted	
	计 Total	本科 Normal Courses	专科 Short-cycle Courses	计 Total	本科 Normal Courses
总计 Total	604223	332134	272089	754192	349847
国家任务 Students Enrolled according to State Plan	515582	305709	209873	550318	320499
委托培养 Students Enrolled by Contract	61127	17851	43276	114967	16528
自费生 Tuition-paying Students	24486	7368	17118	86260	11787
教师本专科 In-service Teacher Training Courses	3028	1206	1822	2647	1033
总计中 of the Total	252014	190055	61959	299667	198340
国家教委所属学校 Inst. under SEDC	64514	55995	8519	68241	53651
中央其他部委所属学校 Inst. under Other Central Ministries & Agencies	187500	134060	53440	231426	144689
地方所属学校 Inst. under Local Aut	352209	142079	210130	454525	151507

普通高等学校

Supplementary Data for Special Categories

	本专科学生数 Number of Undergraduate Students		
	第二学士学位 Second Bachelor's Degrees	专业证书班 Classes for certificate-oriented trainees	大学后继续教育 Post-collegiate continuing education
毕业生数 Graduates	3203	5538	11308
招生数 Students Admitted	3591	8386	17068
在校学生数 Enrolment	9076	8998	18372

本专科学生数

Courses in Regular Higher Educational Institutions

单位:人

专科 Short-cycle Courses	在校学生数 Enrolment 计 Total	本科 Normal Courses	专科 Short-cycle Courses	毕业班学生数 Graduates for Next year 计 Total	本科 Normal Courses	专科 Short-cycle Courses
404345	2184376	1329427	854949	574089	300655	273434
229819	1858228	1257949	600279	497228	283023	214205
98439	207159	48054	159105	58073	12735	45338
74473	113478	21316	92162	16286	4024	12262
1614	5511	2108	3403	2502	873	1629
101327	938873	739093	199780	225677	165089	60588
14590	227928	202547	25381	52149	42950	9199
86737	710945	536546	174399	173528	122139	51389
303018	1245503	590334	655169	348412	135566	212846

学生数补充资料

of Undergraduate Students

单位:人

另有其他学生数 Number of Other Categories of Students not included in the above Table 预科班 Pre-university Courses	进修班 Refresher Courses	短训班 Short-term Courses	外国留学生 Foreign Students	其他 Others
4049 11878	759193	13587	6371	1024
4882 9411	223052	11534	29829	1602
7070 6177	726298	10403	29863	1645

普通高等学校

Number of Students by Field of Study in

	毕业生数 Graduates			招生 Students	
	计 Total	本科 Normal Courses	专科 Short-cycle Courses	计 Total	本科 Normal Courses
总计 Total	226882	46801	180081	249349	40006
工科 Engineering	43437	9896	33541	57996	7519
农科 Agriculture	4854	544	4310	5621	28
林科 Forestry	1300	120	1180	1279	52
医药 Medicine & Pharmacy	10537	693	9844	13476	430
师范 Teacher Training	74745	28526	46219	67157	24905
文科 Humanities	17330	1260	16070	17379	1319
理科 Natural Sciences	6142	287	5855	4844	516
财经 Finance & Economics	54976	3220	51756	67011	3207
政法 Political Science & Law	9430	2069	7361	9336	1825
体育 Physical Culture	2120	31	2089	2220	102
艺术 Art	2011	155	1856	3030	103

分科学生数

Rrgular Higher Educational Institutions

单位:人

数 Admitted	在校学生数 Enrolment			毕业班学生数 Graduates for Next Year		
专科 Short－cycle Courses	计 Total	本科 Normal Courses	专科 Short－cycle Courses	计 Total	本科 Normal Courses	专科 Short－cycle Courses
209343	664310	126441	537869	202068	38891	163177
50477	168644	35397	133247	47387	9348	38039
5593	14370	808	13562	4684	390	4294
1227	3801	404	3397	1423	107	1316
13046	35522	1907	33615	8762	508	8254
42252	177534	70345	107189	59496	23923	35573
16060	45670	3448	42222	14359	829	13530
4328	12756	1188	11568	4529	340	4189
63804	167528	8342	159186	49364	2265	47099
7511	24690	3980	20710	7826	995	6831
2118	6515	480	6035	2123	172	1951
2927	7280	142	7138	2115	14	2101

普通高等学校函授部、

Number of Students Enrolled in Correspondence Divisions and Evening

	函授部 Correspondence Divisions							
	毕业生数 Graduates			招生数 Students Admitted			在校 Enrolment	
	计 Total	本科 Normal Courses	专科 Short-cycle Courses	计 Total	本科 Normal Courses	专科 Short-cycle Courses	计 Total	本科 Normal Courses
总计 Total	165832	39279	126553	178051	33920	144131	484020	106085
工科 Engineering	27475	5762	21713	38228	4320	33908	113146	22935
农科 Agriculture	4509	544	3965	5131	28	5103	13202	808
林科 Forestry	1007	120	887	1164	52	1112	3436	404
医药 Medicine & Pharmacy	5030	334	4696	5683	247	5436	16794	994
师范 Teacher Training	65110	27065	38045	58934	23925	35009	157085	67891
文科 Humanities	9787	835	8952	9125	773	8352	26016	2200
理科 Natural Sciences	3857	154	3703	2537	430	2107	7376	829
财经 Finance & Economics	38715	2632	36083	46635	2374	44261	118281	5941
政法 Political Science & Law	7732	1751	5981	7500	1566	5934	20066	3500
体育 Physical Culture	1969	31	1938	1938	102	1836	5927	480
艺术 Art	641	51	590	1176	103	1073	2691	103

普通高等学校教

Supplementary Data for Teachers ,

	教职工总数中 Of the total number of Staff and workers				
	函授部、夜大学教职工 Teachers, Staff & Workers in Correspondence Divisions ,& Evening Schools		政治工作人员 Political Workers	兼任教师 Part-time Teachers	编制外招聘教师数 adadadada
	计 Total	其中:专任教师 of which: Full-time Teachers			
人数 Number	12029	4558	24770	11078	2072

夜大学分科学生数

Schools Attached to Regular Institutions of Higher Educations

单位:人

学生数 专科 Short-cycle Courses	夜大学 Evening Schools 毕业生数 Graduates 计 Total	本科 Normal Courses	专科 Short-cycle Courses	招生数 Students Admitted 计 Total	本科 Normal Courses	专科 Short-cycle Courses	在校学生数 Enrolment 计 Total	本科 Normal Courses	专科 Short-cycle Courses
377935	55211	7332	47879	64890	5953	58937	168091	19889	148202
90211	15421	3944	11477	18820	3072	15748	53717	12001	41716
12394	214	0	214	248	0	248	719	0	719
3032	293	0	293	115	0	115	318	0	318
15800	4683	359	4324	6771	183	6588	16692	913	15779
89194	9428	1461	7967	8009	974	7035	20124	2448	17676
23816	7065	425	6640	7492	546	6946	18183	1248	16935
6547	2086	133	1953	2007	86	1921	4963	359	4604
112340	13513	588	12925	18336	833	17503	45446	2401	43045
16566	1369	318	1051	1198	259	939	3460	480	2980
5447	87	0	87	174	0	174	321	0	321
2588	1052	104	948	1720	0	1720	4148	39	4109

职工数补充资料

Staff & Workers in Regular HEIs

单位:人

另有其他人员 Employees not elsewhere clossified 聘期一年以上的外国专家、教授 Foreign experts with a term of one year and over	附属中学教职工 Staff & Workers in Attached Sec. Schools	附属小学教职工 Staff & Workers in Attached Primary Schools	现有离退休人员 Number of People on Pension	服务公司等集体所有制人员 Employees of Collective owned Units (Labour Service Co., etc.)	停薪留职人员 Personnel with pay temporarily suspended
1648	18873	6453	180780	43911	7585

普通高等学校分科专任教师数

Number of Full－time Teachers by Field of Study in Regular Higher Educational Institutions

单位:人

	合计 Total	教授 Prof.	副教授 Asso. Prof.	讲师 Lecturers	助教 Assistants	教员 Instructors	合计中公共课教师 Faculty Members Teaching Basic Courses
总计 Total	387585	18559	85548	157343	103681	22454	73395
工科 Engineering	107257	6202	27238	45707	22222	5888	2808
农科 Agriculture	15103	962	3604	5952	3774	811	154
林科 Forestry	2843	173	684	1123	745	118	20
医药 Medicine & Pharmacy	34583	3304	6824	12834	9147	2474	1795
教育 Teacher Training	5101	132	690	1570	2278	431	2351
文科 Humanities	87704	2820	16643	34006	28510	5725	34265
其中: of which							
中国共产党党史 History of the Chinese Communist Party	5249	146	1146	2003	1639	315	3040
哲学 Philosophy	7154	326	1658	2833	1934	403	3663
政治经济学 Political Economy	5629	210	1175	2194	1740	310	2998
国际共产主义运动史 History of Int′s Communist Movement	1384	48	244	502	499	91	440
科学社会主义 Scientific Socialism	2276	49	328	816	904	179	1074
汉语言文学 Chinese Language & Literature	15443	632	4078	6447	3585	701	2727
英语 English	27456	451	3707	10444	10873	1981	13115
理科 Natural Sciences	77751	3274	20298	33041	17844	3294	18703
其中: of which:							
数学 Mathemathics	23817	854	6228	10496	5482	757	7461
物理 Physics	19090	722	5410	8267	3839	852	4498
化学 Chemistry	18203	709	4652	7887	4131	824	3667
财经 Finance & Economics	19191	796	2980	7568	6617	1230	553
政法 Political Science & Law	6030	240	982	2467	1991	350	560
体育 Physical Culture	20676	276	3527	9096	6842	935	11352
艺术 Art	11346	380	2078	3979	3711	1198	834

专任教师中本学年内不担任教学工作的人数

Number of Full－time Teachers Carrying No Teaching Load

单位:人

	合计 Total	教授 Prof.	副教授 Asso. Prof.	讲师 Lecturers	助教 Assistants	教员 Instructors
总计 Total	36189	1150	4248	14151	14744	1896
脱产进修 On Leave for Upgrading	18190	85	930	7355	9181	639
科学研究 Scientific Research	7065	799	1916	2778	1331	241
外借人员 Working for other Institutions or Org.	1330	38	228	617	402	45
因病休养 Convalescents	1398	70	350	597	315	66
其他 Others	8206	158	824	2804	3515	905

非教学人员中有教师职称的人数

Breakdown of Non－Teaching Staff with Academic Ranks

单位:人

	合计 Total	教授 Prof.	副教授 Asso. Prof.	讲师 Lecturers	助教 Assistants
总计 **Total**	50083	3644	10716	22325	13398
行政人员中 Adm. Personnel	24996	1063	4618	11432	7883
科研机构人员中 Personnel in Research Org.	17874	2439	5115	7489	2831
教辅人员中 Supporting Staff	3996	61	473	1901	1561
校办厂、场职工中 Employees in School－run Factories & Farms	543	10	99	314	120
附设机构人员中 Personnel in Subsidiary Units	2626	71	411	1179	965

普通高等学校专

Breakdown of Full－time Teachers by Academic

	合计 Total	研究生毕业 Completion of Postgraduate Courses		
		博士 Doctor's Degrees	硕士 Master's Degrees	未授博士、硕士学位的 Without advanced higher degrees
总计 Total	387585	5404	69433	11014
其中:女教师 of which: Female Teachers	116314	460	15151	2567
教授 Prof.	18559	859	1276	2149
副教授 Asso.Prof.	85548	1734	5800	2836
讲师 Lecturers	157343	2331	39911	3693
助教 Assistants	103681	204	18539	1982
教员 Instructors	22454	276	3907	354

普通高等学校专

Breakdown of Full－time Teachers by Age

	合计 Total	30岁以下 30 years & under	31～35岁 31～35years
总计 Total	387585	137959	49953
其中:女教师 of which: Female Teachers	116314	51516	15118
教授 Prof.	18559	19	50
副教授 Asso. Prof.	85548	357	1219
讲师 Lecturers	157343	33058	35605
助教 Assistants	103681	87618	11559
教员 Instructors	22454	16907	1520

普通高等学校学

Changes in

	上学年初报表在校学生数 Total enrolment at beginning of previous academic year	增加学生数 Factors of Increase					
		计 **Total**	招生数 No. of Students Admitted	复学 Students Resuming Studies	其他学校转入 Transfers from Other Inst.	其他 Others	计 **Total**
本专科学生 Undergraduate Students	2043149	764785	754192	4512	1024	5057	623558

任教师学历情况

Qualifications in Regular Higher Educational Institutions

单位:人

高等学校本科毕业 Completion of Normal Undergraduate Courses			高等学校专科毕业及本专科肄业二年以上 Completion of Short-cycle Courses or at least two years of undergraduate courses	高等学校本专科肄业未满两年及以下 Attendance in undergraduate Courses less than 2 years
学士 With Bachelor's Degrees	研究生肄业 Having Some Postgraduate Training	未授学士学位的 Without Bachelor's Degrees		
163283	732	104108	30102	3509
60104	171	27986	8977	898
3660	108	9770	640	97
17532	314	51862	4715	755
56004	194	35491	17907	1812
73096	99	4406	4950	405
12991	17	2579	1890	440

任教师年龄情况

in Regular Higher Educational Institutions

单位:人

36～40岁 36～40 years	41～45岁 41～45 years	46～50岁 46～50 years	51～55岁 51～55 years	56～60岁 56～60 years	61岁以上 61years & over
37267	22601	32509	53397	44981	8918
11348	6163	10227	14262	6724	956
81	149	601	3115	7734	6810
1957	2634	12272	34232	30995	1882
30941	18459	18683	14912	5576	109
3325	830	186	101	42	20
963	529	767	1037	634	97

生数变动情况

Undergraduate Enrolment

单位:人

减少学生数 Factors of Decrease								本学年初报表在校学生数 Total enrolment at beginning of current academic year
毕业生 Graduates	结业生 Completers of Courses without formal awards	休学 Suspended	退学 Quitting	开除 Expelled	死亡 Dead	转到其他学校 Transfers to Other Inst.	其他 Others	
604223	3232	4125	5563	335	408	669	5003	2184376

普 通 高 等 学

Condition of School Buildings in Regular

	合 计 Total	教 学、行 政 用 房 Teaching & Administritive					
		计 Subtotal	教 室 Classroom	实 验 室 Teaching Laboratories	科研用房 Research Facilities	图书馆 Library	体 育 馆 Gymnasium
校舍建筑总面积 Total Floor Space	108154517	41610381	12390080	11850182	1932070	5248396	973777
其中:外单位长期借用、占用面积 of which: Under long-term lease or occupation by other units	1309882	86056	29731	12506	625	4289	5621
危房面积 Floor space of dilapidated buildings	3999464	1011905	259383	245339	27886	70047	27489
当年新增面积 New floor space added in current year	4409143	1861247	445860	521790	56529	355471	67371
正在施工面积 Floor space under construction	5820869	2555367	684922	568947	241307	521300	85728

普通高等学校专

Changes of Full-time Teachers in Regular

	上学年初报表专任教师数 Total number of full-time teachers at beginning of previous academic year	增 加 专 Factors				
		合 计 Total	当 年 分 配 毕 业 生 New recruits from current year graduates			
			计 Total	其中:博士、硕士毕业 Of which: completing doc. & mas. deg. prog.	其中:本科毕业 Of which: completing 1st degree courses	计 Total
主任教师 Full-time Teachers	390750	22667	15108	5125	9562	4333

校校舍情况

Higher Educational Institutions

单位: m²

工 厂 Factories	校系行政用房 Adm. Buildings	生活及福利附属用房 Residential and other auxiliary Buildings						其他用房 Others
		计 Subtotal	学生宿舍 Students' Dormitories	学生食堂 Students' Dining Halls	教工及家属住宅 Residences for staff & Workers	教工食堂 Dining Halls for Staff & Workers	福利及附属用房 Welfare anxiliary Buildings	
2960463	5913725	61912269	15575505	3616367	35061710	728802	6669246	4682779
8584	23971	983081	31537	2472	868338	2490	63200	240745
138628	204580	2777453	458030	142092	1674798	31652	312512	210106
72515	161158	2404968	443604	148423	1537348	11602	234927	142928
103578	191967	3093398	374123	108946	2245306	31610	202554	172104

任教师变动情况

Higher Educational Institutions

单位: 人

任教师数 of Increase			减少专任教师数 Factors of Decrease				本学年初报表专任教师数 Total number of full-time teachers at beginning of current academic year
外单位教师调入 Teachers recruited form other units	校内、外非教师调入 Non-teaching personnel changed into teachers		合计 total	上学年离退休人员 Retired from their posts during previcus academic year	调离教师岗位人员 Transferred from teaching to non-teaching posts	其他 Others	
其中: 普通高校调入 Of which: from reg. HEIs	计 Total	其中: 本校职工转为教师 Of which: with change of status in their own institutions					
2505	3226	2229	25832	8244	8144	9444	387585

（二）研 究 生

B. GRADUATE EDUCATION

全国研究生

Basic Statistics of Graduate

	合计 Total			攻读博士学位 Candidates for Doctor's	
	毕业生数 Graduates	招生数 Entrants	在学研究生数 Enrolment	毕业生数 Graduates	招生数 Entrants
总　计 Total	25692	33439	94164	2528	5036
其中:女 of which: Female	5186	8554	23367	218	619
委托培养 Students enrolled by contract	687	867	2024	86	134
哲　学 Philosophy	387	449	1372	39	60
经济学 Economics	1524	2191	6202	113	205
法　学 Law	918	1399	3928	50	111
教育学 Education	544	604	1683	22	52
其中:体育学 of which: Science of Physical Culture & Sports	71	79	218	1	7
文　学 Literature	1331	1647	4731	48	115
其中:艺术学 of which: Science of Art	144	99	274	3	9
历史学 History	437	603	1669	63	91
理　学 Sciences	5243	6509	18737	689	1375
工　学 Engineering	11642	15477	43195	1080	2072
其中:力学 of which: Mechanics	496	587	1746	93	118
农　学 Agriculture	921	1197	3248	90	217
其中:林学 of which: Forestry	93	125	330	3	16
医　学 Medicine	2745	3363	9399	334	738

单位：人

研究生 Degrees	攻读硕士学位研究生 Candidates for Master's Degrees			研究生班研究生 Students Enrolled in Postgraduate Courses not Awarding Degrees		
在学研究生数 Enrolment	毕业生数 Graduates	招生数 Entrants	在学研究生数 Enrolment	毕业生数 Graduates	招生数 Entrants	在学研究生数 Enrolment
14558	23015	28312	79417	149	91	189
1627	4930	7898	21666	38	37	74
326	531	721	1652	70	12	46
165	348	389	1206	0	0	1
605	1341	1986	5567	70	0	30
305	864	1288	3616	4	0	7
139	522	532	1524	0	20	20
12	70	72	206	0	0	0
306	1234	1471	4312	49	61	113
27	141	90	247	0	0	0
242	374	512	1427	0	0	0
3705	4554	5134	15032	0	0	0
6755	10537	13395	36422	25	10	18

高等学校研究生

Basic Statistics of Graduate Education in

	合计 Total			攻读博士学位 Candidates for Doctor's	
	毕业生数 Graduates	招生数 Entrants	在学研究生数 Enrolment	毕业生数 Graduates	招生数 Entrants
总计 Total	23348	30615	86396	2179	4277
其中:女 of which: Female	4773	8008	21873	193	544
委托培养 Students enrolled by contract	622	787	1819	69	100
哲学 Philosophy	350	437	1313	32	50
经济学 Economics	1416	2069	5842	87	168
法学 Law	869	1342	3760	37	98
教育学 Education	539	594	1663	22	47
其中:体育学 of which: Science of Physical Culture & Sports	71	79	218	1	7
文学 Literature	1295	1633	4693	47	107
其中:艺术学 of which: Science of Art	120	93	261	3	7
历史学 History	435	593	1651	62	81
理学 Sciences	4142	5159	14964	477	903
工学 Engineering	10822	14426	40416	1007	1911
其中:力学 of which: Mechanics	468	559	1666	89	112
农学 Agriculture	871	1120	3057	84	193
其中:林学 of which: Forestry	93	123	327	3	16
医学 Medicine	2609	3242	9037	324	719

基本情况

Regular Higher Educational Institutions

单位: 人

研究生 Degrees	攻读硕士学位研究生 Candidates for Master's Degrees			研究生班研究生 Students Enrolled in Postgraduate Courses not Awarding Degrees		
在学研究生数 Enrolment	毕业生数 Graduates	招生数 Entrants	在学研究生数 Enrolment	毕业生数 Graduates	招生数 Entrants	在学研究生数 Enrolment
12468	21030	26247	73745	139	91	183
1410	4544	7427	20391	36	37	72
233	483	675	1541	70	12	45
133	318	387	1180	0	0	0
489	1269	1901	5328	60	0	25
265	828	1244	3488	4	0	7
130	517	527	1513	0	20	20
12	70	72	206	0	0	0
285	1199	1465	4295	49	61	113
23	117	86	238	0	0	0
227	373	512	1424	0	0	0
2404	3665	4256	12560	0	0	0
6307	9790	12505	34091	25	10	18
393	379	447	1273	0	0	0
468	787	927	2589	0	0	0
44	90	107	283	0	0	0
1760	2284	2523	7277	1	0	0

科研机构研究生

Basic Statistics of Graduate Education

	合计 Total			攻读博士学位 Candidates for Doctor's	
	毕业生数 Graduates	招生数 Entrants	在学研究生数 Enrolment	毕业生数 Graduates	招生数 Entrants
总　计 **Total**	2344	2824	7768	349	759
其中:女 of which: Female	413	546	1494	25	75
委托培养 Students enrolled by contract	65	80	205	17	34
哲　学 Philosophy	37	12	59	7	10
经济学 Economics	108	122	360	26	37
法　学 Law	49	57	168	13	13
教育学 Education	5	10	20	0	5
其中:体育学 of which: Science of Physical Culture & Sports	0	0	0	0	0
文　学 Literature	36	14	38	1	8
其中:艺术学 of which: Science of Art	24	6	13	0	2
历史学 History	2	10	18	1	10
理　学 Sciences	1101	1350	3773	212	472
工　学 Engineering	820	1051	2779	73	161
其中:力学 of which: Mechanics	28	28	80	4	6
农　学 Agriculture	50	77	191	6	24
其中:林学 of which: Forestry	0	2	3	0	0
医　学 Medicine	136	121	362	10	19

基本情况

in Research Organizations

单位: 人

研究生 Degrees	攻读硕士学位研究生 Candidates for Master's Degrees			研究生班研究生 Students Enrolled in Postgraduate Courses not Awarding Degrees		
在学研究生数 Enrolment	毕业生数 Graduates	招生数 Entrants	在学研究生数 Enrolment	毕业生数 Graduates	招生数 Entrants	在学研究生数 Enrolment
14558	23015	28312	79417	149	91	189
1627	4930	7898	21666	38	37	74
326	531	721	1652	70	12	46
165	348	389	1206	0	0	1
605	1341	1986	5567	70	0	30
305	864	1288	3616	4	0	7
139	522	532	1524	0	20	20
12	70	72	206	0	0	0
306	1234	1471	4312	49	61	113
27	141	90	247	0	0	0
242	374	512	1427	0	0	0
3705	4554	5134	15032	0	0	0
6755	10537	13395	36422	25	10	18
410	403	469	1336	0	0	0
527	831	980	2721	0	0	0
44	90	109	286	0	0	0
1809	2410	2625	7590	1	0	0

全国研究生指导教师情况

Basic Data on Supervisors of Postgraduate Programmes in China

单位：人
Unit: person

	合计 Total	30岁及以下 30 years and under	31－35	36－40	41－45	46－50	51－55	56－60	60岁及以上 60 years and over
总　计 Total	49267	140	484	767	1119	4832	15669	17521	8735
其中：女 Of which: Female	6935	3	22	49	88	651	2649	2523	950
一、分职称 By academic rank									
教授 Professors	18165	8	39	76	130	580	3208	7137	6987
副教授 Asso. Professors	24651	113	398	624	843	3489	9890	8380	914
其他高级职称 with other adv. titles	6451	19	47	67	146	763	2571	2004	834
二、分指导关系 By supervisory function									
博士导师 Supervisors of doctoral programmes	2254	0	0	2	5	15	206	534	1492
硕士导师 Supervisors of master' s degree prog.	44234	140	483	761	1095	4738	15042	16126	5849
博士、硕士导师 Supervisors of doc. & mas. degree programmes	2779	0	1	4	19	79	421	861	1394

普通高等学校研究生指导教师情况

Basic Data on Supervisors of Postgraduate Programmes in Regular Higher Educational Institutions

单位：人
Unit: person

	合计 Total	30岁及以下 30 years and under	31－35	36－40	41－45	46－50	51－55	56－60	60岁及以上 60 years and over
总　计 Total	43277	129	449	721	1040	4171	13194	15727	7846
其中：女 Of which: Female	6301	3	21	47	83	567	2398	2308	874
一、分职称 By academic rank									
教授 Professors	16881	8	39	73	126	520	2828	6643	6644
副教授 Asso. Professors	23642	113	388	606	831	3319	9330	8172	883
其他高级职称 with other adv. titles	2754	8	22	42	83	332	1036	912	319
二、分指导关系 By supervisory function									
博士导师 Supervisors of doctoral programmes	1677	0	0	2	5	9	146	358	1157
硕士导师 Supervisors of master's degree prog.	39133	129	448	715	1019	4095	12710	14605	5412
博士、硕士导师 Supervisors of doc. & mas. degree programmes	2467	0	1	4	16	67	338	764	1277

科研机构研究生指导教师情况

Basic Data on Supervisors of Postgraduate Programmes in Research Organizations

单位：人
Unit: person

	合计 Total	30岁及以下 30 years and under	31－35	36－40	41－45	46－50	51－55	56－60	60岁及以上 60 years and over
总 计 Total	5990	11	35	46	79	661	2475	1794	889
其中：女 Of which: Female	634	0	1	2	5	84	251	215	76
一、分职称 By academic rank									
教授 Professors	1284	0	0	3	4	60	380	494	343
副教授 Asso. Professors	1009	0	10	18	12	170	560	208	31
其他高级职称 with other adv. titles	3697	11	25	25	63	431	1535	1092	515
二、分指导关系 By supervisory function									
博士导师 Supervisors of doctoral programmes	577	0	0	0	0	6	60	176	335
硕士导师 Supervisors of master's degree prog.	5101	11	35	46	76	643	2332	1521	437
博士、硕士导师 Supervisors of doc. & mas. degree programmes	312	0	0	0	3	12	83	97	117

三、中 等 教 育

Ⅲ. SECONDARY EDUCATION

(一)中 等 专 业 学 校

A. SPECIALIZED SECONDARY SCHOOLS

	学校数(所) Schools	毕业生数 Graduates	招生数 Entrants			在校学生数 Enrolment			
			计 Total	招高中毕业生数 Graduates From Senior Sec. School	招初中毕业生数 Graduates From Junior Sec. School		合计 Total		
								计 Subtotal	
									计 Subtotal
总 计 Total	3903	742957	879242	211988	667254	2408365	503000	463967	235134
中等技术学校 Sec. Technical Schools	2984	507241	638385	179333	459052	1742748	396626	362048	178086
工业学校 Industry	908	187780	243727	59222	184505	705259	161813	143238	68658
农业学校 Agriculture	377	59674	79565	13913	65652	214641	50041	45457	21685
林业学校 Forestry	52	8057	10523	1680	8843	31713	8166	7527	3491
医药学校 Health	551	93883	106215	11239	94976	311040	67387	60208	30562
财经学校 Finance & Economics	550	102075	126635	64326	62309	299900	58960	56992	27999
政法学校 Politics & Law	133	20995	24525	22339	2186	48819	13423	13208	5633
体育学校 Physical Culture	168	11120	13542	1160	12382	43652	13913	13387	7172
艺术学校 Art	146	9126	12910	1310	11600	38064	14466	14217	8751
其他学校 Others	99	14531	20743	4144	16599	49660	8457	7814	4135
中等师范学校 Teacher Training Schools	919	235716	240857	32655	208202	665617	106374	101919	57048
其中：Of which:									
幼儿师范学校 Pre-primary Teacher Training Schools	65	12427	14268	814	13454	39340	7738	7186	4060

分类别情况

Schools by Field of Study

单位:人

教职工数 Teachers, Staff & Workers									兼任教师 Part-time Teachers
校本部教职工 Employees in the School Proper							校办厂、场职工 Employees in School-run Factories & Farms	附设机构人员 Employees in Subsidiary Units	
专任教师 Full-time Teachers				教辅人员 Supporting Staff	行政人员 Adm. Personnel	工勤人员 Workers			
高级讲师 Senior Lecturers	讲师 Lecturers	助理讲师 Assistant Lecturers	教员 Instructors						
22374	73020	97451	42289	45190	97673	85970	24666	14367	3944
16838	57920	73077	30251	37691	77904	68367	21605	12973	3710
7234	23457	28910	9057	16731	30269	27580	13880	4695	910
2321	6345	8753	4266	4965	8802	10005	3688	896	190
402	1019	1547	523	774	1515	1747	511	128	19
3243	10449	11891	4979	7042	11668	10936	1243	5936	1390
1791	8201	12657	5350	4472	13942	10579	1290	678	407
348	1628	2506	1151	1158	4280	2137	106	109	51
432	2299	2465	1976	784	3038	2393	122	404	126
759	3261	2569	2162	1128	2528	1810	177	72	327
308	1261	1779	787	637	1862	1180	588	55	290
5536	15100	24374	12038	7499	19769	17603	3061	1394	234
419	1145	1702	794	468	1597	1061	221	331	12

中等专业学校分科学生数

Number of Students by Field of Study in Specialized Secondary Schools

单位:人

	毕业生数 Graduates	招生数 Entrants			在校学生数 Enrolment	毕业班学生数 Graduates for Next Year
		计 Total	招高中毕业生数 Graduates from Senior Sec. School	招初中毕业生数 Graduates From Junior Sec. School		
总计 Total	742957	879242	211988	667254	2408365	733261
工科 Industry	167888	220777	49440	171337	643610	168425
农科 Agriculture	44951	57965	9960	48005	159152	41745
林科 Forestry	7824	9847	1502	8345	29652	7452
医药 Health	93771	105626	11083	94543	309281	93074
师范 Teacher Training	239945	245217	33525	211692	677092	231558
财经 Finance & Economics	142568	178025	78269	99756	433887	142134
政法 Politics & Law	20873	24356	21909	2447	49222	21993
体育 Physical Culture	8799	11143	110	11033	37854	9966
艺术 Art	10145	15985	1659	14326	46609	10045
其他 Others	6193	10301	4531	5770	22006	6869

中等专业学校专任教师年龄情况

Breakdown of Full－time Teachers by Age in Specialized Secondary Schools

单位:人

	合 计 Total	30岁以下 30 years and under	31－35	36－40	41－45	46－50	51－55	56－60	61岁以上 61 years and over
总 计 Total	235134	107702	30098	24961	17021	18782	24219	11856	495
高级讲师 Senior Lecturers	22374	15	20	49	197	2739	11334	7662	358
讲 师 Lecturers	73020	4470	10780	15314	12865	14236	11597	3708	50
助理讲师 Assistant Lecturers	97451	68148	16591	8219	3050	901	408	114	20
教 员 Instructors	42289	35069	2707	1379	909	906	880	372	67
中等技术学校 Technical Schools	178086	78009	23488	19967	13192	15177	18669	9179	405
高级讲师 Senior Lecturers	16838	12	17	38	153	2111	8367	5843	297
讲 师 Lecturers	57920	3612	8656	12239	9811	11505	9163	2897	37
助理讲师 Assistant Lecturers	73077	50312	12628	6510	2436	745	335	98	13
教 员 Instructors	30251	24073	2187	1180	792	816	804	341	58
中等师范学校 Teacher Training Schools	57048	29693	6610	4994	3829	3605	5550	2677	90
高级讲师 Senior Lecturers	5536	3	3	11	44	628	2967	1819	61
讲 师 Lecturers	15100	858	2124	3075	3054	2731	2434	811	13
助理讲师 Assistant Lecturers	24374	17836	3963	1709	614	156	73	16	7
教 员 Instructors	12038	10996	520	199	117	90	76	31	9

中等专业学校分课

Number of Full－time Teachers of Specialized

	合计 Total	政治课 Politics	普 General							
			计 Total	语文 Chinese	数学 Math	物理 Physics	化学 Chemistry	生物 Biology	地理 Geography	历史 History
总计 Total	235134	15791	113693	23534	20265	9721	9072	3505	1945	2149
中等技术学校 Sec. Technical Schools	178086	12317	61107	11581	11899	5897	6314	1187	555	497
中等师范学校 Teacher Training Schools	57048	3474	52586	11953	8366	3824	2758	2318	1390	1652

中等专业学校分中央部

Basic Statistics of Specialized

	学校数（所） Schools	毕业生数 Graduates	招生数 Entrants			在校学生数 Enrolment	毕业班学生数 Graduates for Next Year			
			计 Total	招高中毕业生数 Graduates From Senior Sec. School	招初中毕业生数 Graduates From Junior Sec. School			合计 Total	计 Subtotal	计 Subtotal
总计 Total	3903	742957	879242	211988	667254	2408365	733261	503000	463967	235134
中央部委所属学校 Run by Contrall Ministries & Agencies	375	77340	94801	32740	62061	264319	78024	72847	64501	29451
地方所属学校 Run by Local Authorities	3528	665617	784441	179248	605193	2144046	655237	430153	399466	205683

中等专业学校女学

Number of Female Students, Teachers, Staff &

	女学生数 Female Student								
	毕业生数 Graduates	招生数 Entrants			在校学生数 Enrolment	预计毕业生数 Graduates for Next Year	合计 Total		
		计 Total	招高中毕业生数 Graduates From Senior Sec. School	招初中毕业生数 Graduates From Junior Sec. School				计 Subtotal	计 Subtotal
总计 Total	331921	405346	72602	332744	1110884	323602	199791	183464	93199
中等技术学校 Sec. Technical Schools	210288	270597	57453	213144	744949	206856	160654	146646	72455
中等师范学校 Teacher Training Schools	121633	134749	15149	119600	365935	116746	39137	36818	20744

(A) Employees maintained by income of school－run businesses.

程的专任教师数
Secondary Schools by Subject Taught

单位:人

通　课 Educational Subjects								专业课 Special Subjects	技术基础课 Basic Technical Subjects
心理学 Psychology	教育学 Pedagogy	音乐 Music	美术 Fine Arts	体育 Physical Culture	英语 English	其他外国语 Other Foreign Languages	其他 Others		
1993	2494	6170	4609	14690	9735	282	3529	77867	27783
384	193	741	608	9916	8802	236	2297	77108	27554
1609	2301	5429	4001	4774	933	46	1232	759	229

门、地方学校基本情况
Secondary Schools by Control

单位:人

教职工数 Teachers, Staff & Workers								
校本部教职工 Employees in the School Proper							校办厂、场职工 Employees in School-run Factories & Farms	附设机构人员 Employees in Subsidiary Units
专任教师 Full-time Teachers				教辅人员 Supporting Staff	行政人员 Adm. Personnel	工勤人员 Workers		
高级讲师 Senior Lecturers	讲师 Lecturers	助理讲师 Assistant Lecturers	教员 Instructors					
22374	73020	97451	42289	45190	97673	85970	24666	14367
3733	11169	11217	3332	7823	13944	13283	4845	3501
18641	61851	86234	38957	37367	83729	72687	19821	10866

生和女教职工数
Workers in Specialized Secondary Schools

单位:人

女教职工数 Female Teachers, Staff & Workers									兼任教师(不在教工数中) Part-time Teachers
校本部女教职工 Female Employees in the School Proper							校办厂、场职工 Employees in School-run Factories & Farms	附设机构人员 Employees in Subsidiary Units	
专任女教师 Female Full-time Teachers				教辅人员 Supporting Staff	行政人员 Adm. Personnel	工勤人员 Workers			
高级讲师 Senior Lecturers	讲师 Lecturers	助理讲师 Assistant Lecturers	教员 Instructors						
5221	27475	42523	17980	25588	33394	31283	8160	8167	973
4066	22535	33040	12814	21190	27716	25285	6795	7213	924
1155	4940	9483	5166	4398	5678	5998	1365	954	49

中等专业学校专

Changes of Full－time Teachers

	上学年初报表在校学生数 Number of Total full－time teachers at beginning of previous academic year	增加专任教 Factors of						
		合计 Total	当年分配毕业生 New recruits from current year graduates					其他单 Teachers from
			计 total	研究生 Completing postgraduate courses	本科生 Completing 1st degree courses	专科生 Completing short－cycle courses	中专生 Completing SSS courses	计 total
总计 Total	232192	20453	11307	96	8694	1928	589	5671
中等技术学校 Sec. Technical Schools	174954	15398	8085	84	6426	1163	412	4235
中等师范学校 Teacher Training Schools	57238	5055	3222	12	2268	765	177	1436

中等专业学校学

Changes in Enrolment of

	上学年初报表在校学生数 Total enrolment at beginning of previous academic year	增加学生数 Factors of Increase					
		计 Total	本学年初招生数 No. of Students Admitted	复学 Students Resuming Studies	其他学校转入 Transfers from Other Schools	其他 Others	计 Total
总计 Total	2277424	900289	879242	1340	3730	15977	769348
中等技术学校 Sec. Technical Schools	616067	655178	638385	1079	1549	14165	528497
中等师范学校 Teacher Training Schools	661357	245111	240857	261	2181	1812	240851

中等专业学

Condition of School Buildings in

	合计 Total				
	计 Total	教学、行政用房 Teaching & Administritive	生活及福利用房 Residential and Welfare	其他用房 Others	计 Total
校舍建筑面积 Floor Space	66611207	26526224	35573696	4511287	52515437
其中：被外单位借占面积 of which: Under long－term lease or occupation by other units	556650	154202	278735	123713	487063
危房面积 Floor space of dilapidated buildings	1759757	427733	1109765	222259	1378743
当年新增面积 New floor space added in current year	2323039	922601	1273887	126551	1768066
正在施工面积 Floor space under construction	2712559	1427070	1167628	117861	2003948

任教师变动情况
in Specialized Sec. Schools

单位：人

师数 Increase			减少学生数 Factors of Decrease				本学年初报表专任教师数 Total number of full－time teachers at beginning of current academic year
位教师调入 recruited other units	非教师调入 Non－teaching personnel changed into teachers		合计 Total	上学年内离退休教师 Retired from their posts during previous academic year	调离教师岗位人员 Transferred from teaching to non－teaching posts	其他 Others	
其中：中等专业学校调入 Of which: from other SSSs	计 Total	其中：本校职工转为教师 Of which: change of status in their own institutions					
2291	3475	2364	17511	3180	7658	6673	235134
1789	3078	2079	12266	2359	5705	4202	178086
502	397	285	5245	821	1953	2471	57048

生数变动情况
Specialized Sec. Schools

单位：人

减少学生数 Factors of Decrease								本学年初报表在校学生数 Total enrolment at beginning of current academic year
上学年毕业生数 Graduates	上学年结业生数 Completers of Courses without formal award	休学 Suspended	退学 Quitting	开除 Expelled	死亡 Dead	转到其他学校 Transfers to Other Schools	其他 Others	
742957	2707	1633	4674	465	499	3448	12965	2408365
507241	2488	1368	4142	374	340	1458	11086	1742748
235716	219	265	532	91	159	1990	1879	665617

校校舍情况
Specialized Secondary Schools

单位：m²

中等技术学校 Secondary Technical Schools			中等师范学校 Teacher Training Schools			
教学、行政用房 Teaching & Administritive	生活及福利用房 Residential and Welfare	其他用房 Others	计 Total	教学、行政用房 Teaching & Administritive	生活及福利用房 Residential and Welfare	其他用房 Others
20331880	28557555	3626002	14095770	6194344	7016141	885285
143326	234037	109700	69587	10876	44698	14013
341696	871672	165375	381014	86037	238093	56884
693053	964615	110398	554973	229548	309272	16153
1010851	892961	100136	708611	416219	274667	17725

中等专业学校专任教师学历情况

Breakdown of Full－time Teachers by Educational Attainment in Specialized Sec. Schools

单位:人

	合 计 Total	高等学校本科毕业及以上 Completion of Normal Courses in IHEs	高等学校专科毕业及本专科肄业两年以上 Completion of Short－cycle Courses or at least 2 years of Undergraduate Courses	高等学校本专科肄业未满两年 Less than 2 years attendance at IHEs	中专、高中毕业及以下 Completion of Specialized or General Sec. Ed. & Lower
总 计 Total	235134	140310	69048	1677	24099
中等技术学校 Sec. Technical Schools	178086	105069	51557	1329	20131
中等师范学校 Teacher Training Schools	57048	35241	17491	348	3968

中等专业学校学生数补充资料

Supplementary Data for Total Enrolment of Specialized Secondary Schools

单位:人

	学生总数中 Of total enrolment			函授 Correspondence	另有其他学生数 Additional categories of students		
	干部中专班 SSS Classes for Cadres	职工中专班 SSS Classes for Workers	农村中专班 SSS Classes for Peasants		进修班 Refresher Courses	培训班 Training Courses	其他 Others
毕业生数 Graduates	4920	29706	8861	40287	15055	76902	21644
招生数 Entrants	6482	38040	9886	61626	15442	55750	28600
在校生数 Enrolment	12967	97129	26447	162156	25141	50887	51361

中等专业学校其他情况

Supplementary Data on Specialized Secondary Schools

单位:人

	学校占地面积(亩) Area of school site (mu) ($1mu=\frac{1}{15}$ hectare)	学校藏书(万册) Library collections (in 10000 volumes)	固定资产总额(万元) Fixed assets (in 10000 yuan)	应开实验(小时) Total number of hours of laboratory work as scheduled the teaching plans	已开实验(小时) Total number of hours of laboratory work actually provided
总 计 Total	252149986	14829.94	1692314.09	2451255	1999499
中等技术学校 Sec. Technical Schools	190993344	11417.87	1394680.67	2142029	1769487
中等师范学校 Teacher Training Schools	61156642	3412.07	297633.42	309226	230012

（二）普通中学

B. GENERAL SECONDARY SCHOOLS

普通中学校数、班数

Number of General Secondary Schools and Classes

	学校数（所） Schools				班数（个） Classes	
	计 Total	初级中学 Junior Sec. Schools	高级中学 Senior Sec. Schools	完全中学 Complete Sec. Schools	初中 Junior Sec. Schools	高中 Senior Sec. Schools
总计 Total	84021	69171	3199	11651	961666	142879
教育部门和集体办 Run by Ed. Dept. & Communities	75802	63951	2935	8916	880898	126268
其他部门办 Run by Non－ed. Dept.	8219	5220	264	2735	80768	16611
城市 Urban	11715	6885	695	4135	184467	46124
教育部门和集体办 Run by Ed. Dept. & Communities	7490	4253	538	2699	138465	36565
其他部门办 Run by Non－ed. Dept.	4225	2632	157	1436	46002	9559
县镇 County Seats & Towns	16772	10783	1373	4616	242596	66818
教育部门和集体办 Run by Ed. Dept. & Communities	14941	9662	1304	3975	225454	63019
其他部门办 Run by Non－ed. Dept.	1831	1121	69	641	17142	3799
农村 Rural	55534	51503	1131	2900	534603	29937
教育部门和集体办 Run by Ed. Dept. & Communities	53371	50036	1093	2242	516979	26684
其他部门办 Run by Non－ed. Dept.	2163	1467	38	658	17624	3253
总计中 Of the total						
四年制初中 4－year junior sec. Schools	1163	1114	0	49	12646	0
小学附设初中班 Junior Sec. Classes attached to primary schools	0	0	0	0	45030	0

普 通 中 学

Number of Students in

	毕业生数 Graduates		招生数 Students Admitted		初 Junior	
	初中 Junior Sec. Schools	高中 Senior Sec. Schools	初中 Junior Sec. Schools	高中 Senior Sec. Schools	计 Total	一年级 Grade 1
总计 Total	11022484	2261252	14650128	2347321	40659051	14974931
教育部门和集体办 Run by Ed. Dept. & Communities	10247467	2041134	13817223	2142690	38084016	14118631
其他部门办 Run by Non-ed. Dept.	775017	220118	832905	204631	2575035	856300
城市 Urban	1850051	705377	2275733	713364	6634981	2316036
教育部门和集体办 Run by Ed. Dept. & Communities	1409877	584063	1793351	591859	5144222	1822116
其他部门办 Run by Non-ed. Dept.	440174	121314	482382	121505	1490759	493920
县镇 County Seats & Towns	2457036	1087955	3148143	1153334	8996460	3204196
教育部门和集体办 Run by Ed. Dept. & Communities	2290259	1040300	2980955	1107967	8468668	3031529
其他部门办 Run by Non-ed. Dept.	166777	47655	167188	45367	527792	172667
农村 Rural	6715397	467920	9226252	480623	25027610	9454699
教育部门和集体办 Run by Ed. Dept. & Communities	6547331	416771	9042917	442864	24471126	9264986
其他部门办 Run by Non-ed. Dept.	168066	51149	183335	37759	556484	189713
总计中 Of the total						
四年制初中 4-year junior sec. schools	37887	0	252961	0	617302	276858
小学附设初中班 Junior Sec. Classes attached to primary schools	508594	0	695983	0	1908736	731390
女学生 Female Students	4742148	874269	6450868	920067	17812741	6594511

学 生 数

General Secondary Schools

单位:人

在校学生数 Enrolment						
中 Sec. Schools			高中 Senior Sec. Schools			
二年级 Grade 2	三年级 Grade 3	四年级 Grade 4	计 Total	一年级 Grade 1	二年级 Grade 2	三年级 Grade 3
13611768	12012848	59504	7048933	2366400	2296012	2386521
12743294	11170952	51139	6409634	2159997	2094122	2155515
868474	841896	8365	639299	206403	201890	231006
2245211	2058508	15226	2152531	718404	698935	735192
1740165	1573833	8108	1785390	595874	582198	607318
505046	484675	7118	367141	122530	116737	127874
3022415	2760636	9213	3439110	1163650	1117978	1157482
2845610	2582720	8809	3297214	1117956	1073700	1105558
176805	177916	404	141896	45694	44278	51924
8344142	7193704	35065	1457292	484346	479099	493847
8157519	7014399	34222	1327030	446167	438224	442639
186623	179305	843	130262	38179	40875	51208
177723	103217	59504	0	0	0	0
636246	540190	910	0	0	0	0
5953870	5237771	26589	2752405	929848	899099	923458

	教 职 Teachers,			
	合 计 Total	专 任 教 师 Full-time Teachers		
		计 Total	初 中 Junior Sec. Schools	高 中 Senior Sec. Schools
总 计 Total	4112560	3141132	2564987	576145
教育部门办 Run by Ed. Dept.	3316891	2565276	2066236	499040
其他部门办 Run by Non-ed. Dept.	448063	321000	245316	75684
集体办 Run by Communities	347606	254856	253435	1421
城市 Urban	1005116	700375	507496	192879
教育部门办 Run by Ed. Dept.	715865	504644	356902	147742
其他部门办 Run by Non-ed. Dept.	262476	191131	146089	45042
集体办 Run by Communities	26775	4600	4505	95
县镇 County Seats & Towns	1100913	817095	554534	262561
教育部门办 Run by Ed. Dept.	963351	722509	477769	244740
其他部门办 Run by Non-ed. Dept.	93892	67749	50510	17239
集体办 Run by Communities	43670	26837	26255	582
农村 Rural	2006531	1623662	1502957	120705
教育部门办 Run by Ed. Dept.	1637675	1338123	1231565	106558
其他部门办 Run by Non-ed. Dept.	91695	62120	48717	13403
集体办 Run by Communities	277161	223419	222675	744
总计中 Of the total				
女教职工 Female Teachers, Staff & Workers	1322508	1045474	887894	157580

教 职 工 数

in General Secondary Schools

单位:人

工 数 Staff & Workers				代课教师 Substitute Teachers	临 时 工 Temporary Workers	兼任教师 Part-time Teachers
行政人员 Adm. Personnel	工勤人员 Workers	校办工厂、农场职工 Employees in School-run Factories & Farms				
		计 Total	其中:由厂、场收入支付工资的职工 Employees maintained by income of school-run businesses			
515235	369840	86353	47612	143982	120529	7872
442820	259735	49060	17100	94783	86755	5771
62780	57356	6927	2860	5463	3400	1593
9635	52749	30366	27652	43736	30374	508
172113	81954	50674	32917	8251	20263	3636
131585	53891	25745	11448	5562	16811	2646
40163	26646	4536	1338	1908	2141	930
365	1417	20393	20131	781	1311	60
143814	118288	21716	9050	32052	37759	1755
129756	95166	15920	4408	23007	29084	1299
12141	13130	872	442	1129	527	369
1917	9992	4924	4200	7916	8148	87
199308	169598	13963	5645	103679	62507	2481
181479	110678	7395	1244	66214	40860	1826
10476	17580	1519	1080	2426	732	294
7353	41340	5049	3321	35039	20915	361
118755	122695	35584	22951	54305	41443	1653

普通中学分课程专

Number of Full－time General Secondary School Teachers

	合　计 Total	初　中 Junior Sec. Schools				
		计 Total	大学本科毕业及以上 Completion of Normal Courses in IHEs	大学专科毕业 Completion of Short－cycle Courses	中专毕业 Complete Specialized Sec. Education	高中毕业 Complete General Sec. Education
总　计 Total	3141132	2564987	200432	1226315	795185	293976
政　治 Politics	235687	191098	16146	95223	55086	19674
语　文 Language & Literature	648770	556050	43409	277704	176946	48744
数　学 Math	617188	523610	39876	249362	177437	53322
物　理 Physics	268825	204773	18992	110879	54298	19316
化　学 Chemistry	187938	129440	12326	72049	32204	12114
生　物 Biology	124347	96520	11853	42504	28123	11580
地　理 Geography	126286	97881	8639	39812	32042	14097
历　史 History	131931	98447	10602	43548	28584	12652
英　语 English	403431	330139	13903	175860	81642	54041
俄　语 Russian	4105	2872	357	1334	508	593
日　语 Japanese	1720	1136	184	482	235	209
体　育 Physical Culture	145937	113679	9492	41493	40490	17376
生理卫生 Physiology & Hygiene	29770	29123	1925	10030	11164	4814
音　乐 Music	44092	42890	1590	13880	20134	5468
美　术 Fine Arts	38443	37341	1466	14601	14837	4756
计算机课 Computer literacy	3227	1163	354	581	151	61
职业劳动 Vocational practice	26439	23010	1261	6570	8606	4613
其 他 课 Others	102996	85815	8057	30403	32698	10546

任教师学历情况

by Subject Taught & Educational Attainment

单位:人

高中毕业以下的 Complete Sec. Education &	高中 Senior Sec. Schools					
	计 Total	大学本科毕业及以上 Completion of Normal Courses in IHEs	大学专科毕业 Completion of Short-cycle Courses	中专毕业 Complete Specialized Sec. Education	高中毕业 Complete General Sec. Education	高中毕业以下的 Complete Sec. Education &
49079	576145	283003	256743	26389	9020	990
4969	44589	22498	19289	2073	644	85
9247	92720	49682	38626	3238	1063	111
3613	93578	55571	35314	1782	888	23
1288	64052	35676	26082	1476	796	22
747	58498	30885	25319	1556	716	22
2460	27827	14481	12021	1008	292	25
3291	28405	12693	13536	1594	515	67
3061	33484	17280	14564	1202	380	58
4693	73292	23783	44736	3500	1208	65
80	1233	723	408	63	37	2
26	584	247	231	77	22	7
4828	32258	10137	15295	5394	1211	221
1190	647	164	327	110	36	10
1818	1202	198	630	302	57	15
1681	1102	182	643	216	51	10
16	2064	1155	793	71	38	7
1960	3429	995	1469	641	256	68
4111	17181	6653	7460	2086	810	172

普通中学专任教师专业

Full－Time Teachers in General Secondary

	合 计 Total	25岁及以下 25 years and under	26－30	31－35
合 计 Total	3141132	768084	739478	384069
初中：小计 Junior Sec. Schools Subtotal	2564987	660390	580555	320894
其中：女 Of which: Female	887894	268936	212401	104573
高 级 Senior	23451	3	18	57
一 级 1st grade	415253	570	4604	15312
二 级 2nd grade	931644	46248	207325	190550
三 级 3rd grade	623400	203820	260220	91945
未评级 Rank undecided	571239	409749	108388	23030
高中：小计 Senior Sec. Schools Subtotal	576145	107694	158923	63175
其中：女 Of which: Female	157580	37259	45166	17000
高 级 Senior	64380	16	21	85
一 级 1st grade	161197	327	5847	15161
二 级 2nd grade	205788	22283	105566	40520
三 级 3rd grade	62669	22069	32573	5812
未评级 Rank undecided	82111	62999	14916	1597

技术职务、年龄结构情况

Schools Broken Down by Rank and Age

单位：人
Unit: person

36－40	41－45	46－50	51－55	56－60	61岁及以上 61 years and over	总计中：女 Of the total female
349179	302888	269054	242710	83745	1925	1045474
301499	253472	210818	178565	57584	1210	887894
100458	86476	69325	42328	3347	50	0
135	457	3031	12817	6782	151	8644
40639	77442	116882	120216	39092	496	146894
208166	152576	78976	38549	9036	218	308686
40700	15694	7011	3160	780	70	211201
11859	7303	4918	3823	1894	275	212469
47680	49416	58236	64145	26161	715	157580
13104	12991	17230	13442	1375	13	0
235	1181	11175	34140	17050	477	13405
24533	36538	42413	27808	8438	132	42752
20824	10663	3931	1614	364	23	57650
1411	495	184	87	35	3	17957
677	539	533	496	274	80	25816

普通中学校舍情况

Condition of School Buildings in General Secondary Schools

	总计 Total	城市 Urban	县镇 County Seats & Towns	农村 Rural
学校数(所) Number of Schools	84021	11715	16772	55534
教学行政用房 (m²) Teaching & Administritive	134828229	36394745	35795575	62637909
生活福利用房 (m²) Residential and Welfare	101919260	17622374	31540366	52756520
校舍建筑面积(m²) Floor Space	285029011	68978445	80655779	135394787
其中: Of which:				
当年新增面积 (m²) New floor space added in current year	12482852	2324042	3556239	6602571
危险房屋面积(m²) Floor space of dilapidated buildings	5939529	1021031	1551931	3366567

普通初中班额情况

Size of Junior Secondary Classes

	班数(个) No. of Classes	班额(班) Size of Classes					
		25人及以下 25 and under	26－35	36－45	46－55	56－65	66人及以上 66 and over
总计 Total	818787	20193	67252	186670	304137	176169	64366
城市 Urban	138343	3823	13802	37124	48023	25640	9931
县镇 County Seats & Towns	175778	3274	10666	34093	66104	42759	18882
农村 Rural	504666	13096	42784	115453	190010	107770	35553

（三）职 业 中 学

C. VOCATIONAL SCHOOLS

职业中学校数、

Number of Schools, Classes, Graduates

	学校数(所) Schools			
	计 Total	初中 Junior Sec. Schools	高中 Senior Sec. Schools	初、高中合设 Junior & Senior Sec. Schools
总计 Total	8059	1422	6317	320
教育部门和集体办 Run by Ed. Dept. & Communities	6293	1408	4581	304
其他部门办 Run by Non-ed. Dept.	1766	14	1736	16
城市 Urban	2310	30	2240	40
教育部门和集体办 Run by Ed. Dept. & Communities	1234	24	1181	29
其他部门办 Run by Non-ed. Dept.	1076	6	1059	11
县镇 County Seats & Towns	2425	100	2221	104
教育部门和集体办 Run by Ed. Dept. & Communities	1937	93	1742	102
其他部门办 Run by Non-ed. Dept.	488	7	479	2
农村 Rural	3324	1292	1856	176
教育部门和集体办 Run by Ed. Dept. & Communities	3122	1291	1658	173
其他部门办 Run by Non-ed. Dept.	202	1	198	3
总计中 Of the total				
教育部门其他部门联办 Run by Ed. Dept. & Non-ed. Dept.	262	4	250	8
其他学校附设 Attached to other schools	0	0	0	0
女学生 Female Students	0	0	0	0

班数、毕业生数和招生数

& Student Admitted in Vocational Schools

班数（个） Classes		毕业生数（人） Graduates		招生数（人） Students Admitted	
初中 Junior	高中 Senior	初中 Junior	高中 Senior	初中 Junior	高中 Senior
12365	67856	141001	826228	266788	1254589
12270	55085	139286	679497	264831	1027973
95	12771	1715	146731	1957	226616
390	28431	5663	327750	6538	479016
341	20090	4654	235381	5621	336482
49	8341	1009	92369	917	142534
1816	21445	24366	263646	42855	421065
1787	18708	24045	228486	42257	364768
29	2737	321	35160	598	56297
10159	17980	110972	234832	217395	354508
10142	16287	110587	215630	216953	326723
17	1693	385	19202	442	27785
97	3628	1653	40749	2013	66087
1427	6949	7253	84263	49293	128589
0	0	54864	374090	107220	571889

职业中学在校学

Enrolment of Vocational

	在校学生数 Enrolment					
		初中 Junior				
	合计 Total	计 Total	一年级 Grade 1	二年级 Grade 2	三年级 Grade 3	计 Total
总计 Total	3427628	563848	264452	149679	149717	2863780
教育部门和集体办 Run by Ed. Dept. & Communities	2896471	560248	262495	149018	148735	2336223
其他部门办 Run by Non-ed. Dept.	531157	3600	1957	661	982	527557
城市 Urban	1163669	14763	6445	4030	4288	1148906
教育部门和集体办 Run by Ed. Dept. & Communities	829346	12762	5528	3552	3682	816584
其他部门办 Run by Non-ed. Dept.	334323	2001	917	478	606	332322
县镇 County Seats & Towns	1024590	87599	42241	23008	22350	936991
教育部门和集体办 Run by Ed. Dept. & Communities	896656	86692	41643	22907	22142	809964
其他部门办 Run by Non-ed. Dept.	127934	907	598	101	208	127027
农村 Rural	1239369	461486	215766	122641	123079	777883
教育部门和集体办 Run by Ed. Dept. & Communities	1170469	460794	215324	122559	122911	709675
其他部门办 Run by Non-ed. Dept.	68900	692	442	82	168	68208
总计中 Of the total						
教育部门其他部门联办 Run by Ed. & Non-ed. Dept.	167328	4764	2309	1089	1366	162564
其他学校附设 Attached to other schools	336069	59260	50455	3796	5009	276809
女学生 Female Students	1582355	230308	109251	60538	60519	1352047

生数和毕业班学生数

Schools and Graduates for Next Year

单位人

高中 Senior 二年制 2-year 一年级 Grade 1	高中 Senior 二年制 2-year 二年级 Grade 2	高中 Senior 三年制 3-year 一年级 Grade 1	高中 Senior 三年制 3-year 二年级 Grade 2	高中 Senior 三年制 3-year 三年级 Grade 3	高中 Senior 四年制 4-year	毕业班学生数 Graduates for Next Year 初中 Junior	毕业班学生数 Graduates for Next Year 高中 Senior
291833	212942	956607	741827	623954	36617	150408	847312
253381	184792	770173	598643	498912	30322	149484	692364
38452	28150	186434	143184	125042	6295	924	154948
68870	55748	402732	317636	274544	29376	4522	338851
46529	37829	283684	227741	195849	24952	3967	240886
22341	17919	119048	89895	78695	4424	555	97965
112555	85837	305015	235773	192825	4986	23863	280160
102136	77797	259769	202527	164350	3385	23668	243337
10419	8040	45246	33246	28475	1601	195	36823
110408	71357	248860	188418	156585	2255	122023	228301
104716	69166	226720	168375	138713	1985	121849	208141
5692	2191	22140	20043	17872	270	174	20160
12283	9424	55810	43219	34951	6877	959	45481
35958	24005	90265	65275	58513	2793	10058	82848
124020	90306	453905	359989	304071	19756	59812	398725

职业中学高中

Number of Senior Level Students in

	合计 Total	工科 Industry	农科 Agriculture	林科 Forestry	医药 Health
毕业生数 Graduates	826228	240330	151687	28132	48923
招生数 Students Admitted	1254589	341899	212819	38515	72837
在校学生数 Enrolment	2863780	812116	490389	97267	169709
毕业班学生数 Graduates for Next Year	847312	242485	150667	30759	48147

职业中学

Number of Teachers, Staff

	教职 Teachers, Staff					
	合计 Total	专任教师 Full-time Teachers			行政人员 Adm. Personnel	工勤人员 Workers
		计 Total	初中 Junior	高中 Senior		
总计 Total	376268	247932	31977	215955	64592	45151
教育部门办 Run by Ed. Dept.	299487	203833	26915	176918	53257	31819
其他部门办 Run by Non-ed. Dept.	59625	36509	245	36264	10721	9217
集体办 Run by Communities	17156	7590	4817	2773	614	4115
城市 Urban	144296	90390	1127	89263	30239	13826
教育部门办 Run by Ed. Dept.	103655	66231	942	65289	22974	9084
其他部门办 Run by Non-ed. Dept.	36654	23891	130	23761	7146	4442
集体办 Run by Communities	3987	268	55	213	119	300
县镇 County Seats & Towns	111775	73520	4703	68817	18319	15868
教育部门办 Run by Ed. Dept.	94177	64126	4194	59932	15737	11782
其他部门办 Run by Non-ed. Dept.	14330	8095	43	8052	2399	2895
集体办 Run by Communities	3268	1299	466	833	183	1191
农村 Rural	120197	84022	26147	57875	16034	15457
教育部门办 Run by Ed. Dept.	101655	73476	21779	51697	14546	10953
其他部门办 Run by Non-ed. Dept.	8641	4523	72	4451	1176	1880
集体办 Run by Communities	9901	6023	4296	1727	312	2624
总计中 Of the total						
女教职工 Female Teachers, Staff & Workers	124159	83448	7581	75867	17905	15460

阶段分科学生数

Vocational Schools by Field of Study

单位:人

师范 Teacher Training	文科 Humanities	财经 Finance & Economics	政法 Politics & Law	体育 Physical Culture	艺术 Arts	修理服务 Maintenance & Repair	其他 Others
31302	33134	116304	1902	3164	24762	100181	46407
44331	55127	196294	2976	5713	40144	156128	87806
106365	128777	437972	7454	12496	94950	330428	175857
31221	38574	125200	2681	3453	27527	99911	46687

教职工数

& Workers in Vocational Schools

单位:人

工数 & Workers: 校办工厂、农场职工 Employees in School-run Factories & Farms — 计 Total	其中：由厂、场收入支付工资的职工 Employees maintained by income of school-run businesses	代课教师 Substitute Teachers	临时工 Temporary Workers	兼任教师 Part-time Teachers
18593	10670	12710	17185	20585
10578	4741	9180	13582	9789
3178	1503	2185	1765	8986
4837	4426	1345	1838	1810
9841	5981	3447	4468	11275
5366	2469	1956	3347	3826
1175	296	1368	967	6517
3300	3216	123	154	932
4068	1740	4044	6537	6037
2532	951	3202	5315	3670
941	295	552	639	2049
595	494	290	583	318
4684	2949	5219	6180	3273
2680	1321	4022	4920	2293
1062	912	265	159	420
942	716	932	1101	560
7346	4955	3482	4956	4034

	合计 Total	初中 Junior Sec. Schools				
		计 Total	大学本科毕业及以上 Completion of Normal Courses in IHEs	大学专科毕业 Completion of Short-cycle Courses	中专毕业 Complete Specialized Sec. Education	高中毕业 Complete General Sec. Education
总计 Total	247932	31977	1047	11968	13121	4922
文化课 Cultural Subjects	144389	26750	875	10226	10960	4021
专业课 Special Subjects	26475	331	20	163	99	40
工科 Industry	17809	2382	78	837	950	432
农科 Agriculture	3685	469	6	151	213	81
林科 Forestry	4774	73	7	19	38	7
医药 Health	5134	69	1	24	43	1
师范 Teacher Training	5592	388	19	164	152	43
文科 Humanities	8989	34	0	6	20	7
财经 Finance & Economics	582	44	2	19	18	3
政法 Politics & Law	3700	392	18	101	186	67
体育 Physical Culture	5351	130	5	45	47	21
艺术 Arts	9112	257	3	44	78	89
修理服务 Maintenance & Repair	5657	191	1	65	58	51

任教师学历情况
School Teachers by Educational Attainment

单位:人

	高 中 Senior Sec. Schools				
高中毕业以下的 Complete General Sec. Education Lower	计 Total	大学本科毕业及以上 Completion of Normal Courses in IHEs	大学专科毕业 Completion of Short-cycle Courses	中专毕业 Complete Specialized Sec. Education	高中毕业及以下 Complete General Sec. Education & Lower
919	215955	53180	121575	29880	11320
668	117639	33212	67602	12121	4704
9	26144	6902	14867	3036	1339
85	15427	2707	9126	2892	702
18	3216	678	1772	637	129
2	4701	1072	2061	1375	193
0	5065	872	2298	1705	190
10	5204	1290	3059	601	254
1	8955	1540	5633	1399	383
2	538	145	334	47	12
20	3308	635	1640	762	271
12	5221	661	2799	1342	419
43	8855	1181	4594	1752	1328
16	5466	982	2827	936	721

职业中学专任教师专业

Full-Time Teachers in Vocational

	合计 Total	25岁及以下 25 years and under	26－30	31－35
合计 Total	247932	63236	62979	26964
初中：小计 Junior Sec. Schools Subtotal	31977	9595	7800	4217
其中：女 Of which: Female	7581	3134	2137	916
高级 Senior	84	0	2	0
一级 1st grade	3143	11	55	124
二级 2nd grade	9726	343	1772	2180
三级 3rd grade	8834	2537	3610	1371
未评级 Rank undecided	10190	6704	2361	542
高中：小计 Senior Sec. Schools Subtotal	215955	53641	55179	22747
其中：女 Of which: Female	75867	21612	19772	7644
高级 Senior	7961	4	13	15
一级 1st grade	75028	6651	28754	14914
二级 2nd grade	49956	76	850	2709
三级 3rd grade	38617	15039	17777	3538
未评级 Rank undecided	44393	31871	7785	1571

技术职务、年龄结构情况

Schools Broken Down by Rank and Age

单位：人
Unit: person

36－40	41－45	46－50	51－55	56－60	61岁及以上 61 years and over	总计中：女 Of the total female
23093	21511	20686	20883	8146	434	83448
3608	2563	1914	1682	582	16	7581
655	372	214	145	8	0	0
2	2	11	39	28	0	7
264	533	734	1042	371	9	449
2322	1558	948	468	132	3	1989
785	306	140	64	20	1	2161
235	164	81	69	31	3	2975
19485	18948	18772	19201	7564	418	75867
7150	7130	7008	5084	443	24	0
42	137	986	4163	2451	150	2111
5706	9689	13561	12827	4408	130	16899
11470	7832	3396	1570	414	27	26730
1275	533	262	155	35	3	13822
992	757	567	486	256	108	16305

四、初等教育（小学）

Ⅳ. PRIMARY EDUCATION (PRIMARY SCHOOLS)

小学校数、班

Number of Schools, Classes &

	学校数(所) Schools	教学点数(个) External teaching sites	班　数(个) Classes	毕业生数(人) Graduates	招生数(人) Students Admitted
总　计 Total	712973	186954	3972212	18723520	21832000
教育部门和集体办 Run by Ed. Dept. & Communities	696912	182546	3814755	17847421	20970527
其他部门办 Run by Non-ed. Dept.	16061	4408	157457	876099	861473
城　市 Urban	27823	3062	333898	2185811	2391922
教育部门和集体办 Run by Ed. Dept. & Communities	21817	2380	256941	1695550	1906628
其他部门办 Run by Non-ed. Dept.	6006	682	76957	490261	485294
县　镇 County Seats & Towns	72469	8162	464456	2848743	3071375
教育部门和集体办 Run by Ed. Dept. & Communities	69265	7659	435310	2677293	2918132
其他部门办 Run by Non-ed. Dept.	3204	503	29146	171450	153243
农　村 Rural	612681	175730	3173858	13688966	16368703
教育部门和集体办 Run by Ed. Dept. & Communities	605830	172507	3122504	13474578	16145767
其他部门办 Run by Non-ed. Dept.	6851	3223	51354	214388	222936
总计中 Of the total	418279	108117	2524299	11180705	13352131
六年制 6-year Schools	0	0	0	8350455	10237863

数和学生数

Students in Primary Schools

在校学生数（人） Enrolment						
合计 Total	一年级 Grade 1	二年级 Grade 2	三年级 Grade 3	四年级 Grade 4	五年级 Grade 5	六年级 Grade 6
122012842	24888029	22260370	21852225	21806294	20022925	11182999
116924261	23997447	21458709	21003952	20875866	19108239	10480048
5088581	890582	801661	848273	930428	914686	702951
14230745	2439141	2295181	2492013	2694017	2512648	1797745
11318983	1946941	1846583	2001322	2146999	1979992	1397146
2911762	492200	448598	490691	547018	532656	400599
17182063	3281802	2963784	2995415	3156949	2983909	1800204
16269546	3124062	2825491	2848649	2991756	2816938	1662650
912517	157740	138293	146766	165193	166971	137554
90600034	19167086	17001405	16364797	15955328	14526368	7585050
89335732	18926444	16786635	16153981	15737111	14311309	7420252
1264302	240642	214770	210816	218217	215059	164798
78327773	14994905	13319619	13159550	13311624	12359076	11182999
56856011	11707097	10440928	10172203	10136410	9228025	5171348

小 学 教

Number of Teachers, Staff &

	教 职 Teachers, Staff			
	合 计 Total	专任教师 Full-time Teachers	行政人员 adm. Personnel	工勤人员 Workers
总 计 Total	6199027	5526491	487132	155826
教育部门办 Run by Ed. Dept.	3648985	3134452	410806	87873
其他部门办 Run by Non-ed. Dept.	417465	347080	37219	30854
集体办 Run by Communities	2132577	2044959	39107	37099
城 市 Urban	873695	733463	92535	34162
教育部门办 Run by Ed. Dept.	599272	505011	69964	18104
其他部门办 Run by Non-ed. Dept.	228931	191142	21517	14776
集体办 Run by Communities	45492	37310	1054	1282
县 镇 County Seats & Towns	942314	824553	77111	33740
教育部门办 Run by Ed. Dept.	692253	598422	66716	22453
其他部门办 Run by Non-ed. Dept.	80835	66023	7282	7033
集体办 Run by Communities	169226	160108	3113	4254
农 村 Rural	4383018	3968475	317486	87924
教育部门办 Run by Ed. Dept.	2357460	2031019	274126	47316
其他部门办 Run by Non-ed. Dept.	107699	89915	8420	9045
集体办 Run by Communities	1917859	1847541	34940	31563
总计中 Of the total				
女教职工 Female Teachers, Staff & Workers	2628041	2458464	97551	60836

职 工 数

Workers in Primary Schools

单位: 人

工 数 & Workers		代课教师 Subtitute Teachers	临时工 Temporary Workers
校办工厂、农场职工 Employees in School-run Factories & Farms			
计 Total	其中:由厂、场收入支付工资的职工 Of which: Employees maintained by income of school-run businesses		
29578	11574	593328	90514
15854	2791	316660	51448
2312	868	12958	2845
11412	7915	263710	36221
13535	7716	23605	13456
6193	1519	13231	11097
1496	500	3618	1404
5846	5697	6756	955
6910	2050	52866	11292
4662	789	26432	6635
497	207	2218	516
1751	1054	24216	4141
9133	1808	516857	65766
4999	483	276997	33716
319	161	7122	925
3815	1164	232738	31125
11190	5977	285595	40957

小学专任教师专业

Full-Time Primary School Teachers

	合　计 Total	25岁及以下 25 years and under	26－30	31－35	36－40
合　计 Total	5526491	978255	875238	847523	914307
中教高级 Senior secondary	1415	1	7	14	34
小教高级 Senior primary	574677	156	1256	7738	29367
小教一级 1st grade primary	2082354	26216	175399	381409	530495
小教二级 2nd grade primary	1425409	304633	350569	274181	232160
小教三级 3rd grade primary	366122	69078	120406	75600	50911
未评级 Rank undecided	1076514	578171	227601	108581	71340

技术职务、年龄结构情况

Broken Down by Rank and Age

单位：人
Unit: person

41－45	46－50	51－55	56－60	61岁及以上 61 years and over	总计中：女 Of the total female
741436	615052	441303	109652	3725	2458464
135	304	602	290	28	649
82638	190850	205808	55609	1255	280145
442339	306060	179370	39938	1128	922074
146055	77119	33266	7046	380	621471
27456	14617	6489	1447	118	147646
42813	26102	15768	5322	816	486479

学龄儿童入学率

Net Enrolment Rate of School－age Children

单位:人

	学龄儿童入学率 Net Enrolment Rate of School－age Children			在校学生巩固率 Annual Retention Rate		
	7至11周岁学龄儿童总数 Total No. of 7－11 School-age Children	已入学的7至11周岁学龄儿童数 No. of 7－11 School-age Children Enrolled	学龄儿童入学率 Net Enrolment Rate (%)	学年初学生数 Year-beginning Enrolment	学年末学生数 Year-end Enrolment	巩固率 Annual Retention Rate (%)
总计 **Total**	99662733	97618258	97.95	122012842	119085376	97.60
城市 Urban	11798625	11704700	99.20			0.00
县镇 County Seats & Towns	14061607	13905248	98.89			0.00
农村 Rural	73802501	72008310	97.57			0.00
总计中 Of the total						
女儿童 Girls	47488984	46054912	96.98			0.00

小学专任教师学历情况

Breakdown of Full－time Primary School Teachers by Educational Attainment

单位:人

	计 Total	大学本科毕业及以上 Completion of Normal Courses in IHEs	大学专科毕业 Completion of Short－cycle Courses	中专毕业 Complete Specialized Sec. Education	高中毕业 Complete General Sec. Education	高中毕业以下的 Complete Sec. Education &
人数 Number	5526491.00	8641.00	164525.00	3172746.00	1223872.00	956707.00
%	100.00	2.98	57.41	57.41	22.15	17.31

小学校舍情况

Condition of School Buildings in Primary Schools

	总计 Total	城市 Urban	县镇 County Seats & Towns	农村 Rural
学校数(所)	712973	27823	72469	612681
Number of Schools	305537898	35271530	41940012	228326356
教学行政用房 Teaching & Administritive	85162586	6920439	12536691	65705456
生活福利用房	442841783	51209486	62754579	328877718
Residential and Welfare	14012625	1599660	2383358	10029607
校舍建筑面积(m^2)	8362582	644250	958133	6760199
Floor Space 其中: Of which:	712973	27823	72469	612681
当年新增面积 (m^2)	305537898	35271530	41940012	228326356
New floor space added	85162586	6920439	12536691	65705456
in current year	442841783	51209486	62754579	328877718
危险房屋面积(m^2) Floor space of	14012625	1599660	2383358	10029607
dilapidated buildings	8362582	644250	958133	6760199

小学班额情况

Size of Primary Classes

	班数(个) No. of Classes	班额(班) Size of Classes					
		10人及以下 10 and under	11－20	21－30	31－40	41－50	50人及以上 50 and over
总计 Total	3972212	185939	718014	1080212	997257	618283	372507
城市 Urban	333898	3481	15808	37771	82022	101905	92911
县镇 County Seats & Towns	464456	11898	53094	95329	111407	97648	95080
农村 Rural	3173858	170560	649112	947112	803828	418730	184516

五、特殊教育

Ⅴ. SPECIAL EDUCATION

特 殊 教 育 学

Basic Statistics of

	学校数(所) Schools	班数(个) Classes		毕业生数 Graduates		
		小学 Primary Sch.	初中 Junior Sec. Sch.	计 Total	小学 Primary Sch.	初中 Junior Sec. Sch.
总 计 Total	1027	7598	353	8936	7705	1231
盲聋哑学校合计 Total Number of Schools for the Blind & the Deaf-mute	754	4610	308	5405	4416	989
盲聋哑学校 Schools for the Blind & the Deaf-mute	86	750	61	1136	907	229
盲生部 Blind		126	25	152	64	88
聋哑生部 Deaf-mute		624	36	984	843	141
聋哑学校 Schools for the Deaf-mute	642	3596	191	3791	3239	552
盲 校 Schools for the Blind	26	133	56	328	124	204
合计中:女生、女教职工 Of the Total: Female Students, Teachers, Staff & Workers		131		150	146	4
教育部门办 Run by Ed. Dept.				2116	1720	396
弱智儿童辅读学校(班)合计 Schools for Retarded Children	273	2988	45	3531	3289	242
其中: 小学附设班 Of which: Classes attached to Primary Schools	273	1265	30	760	704	56
女生、女教职工 Female Students, Teachers, Staff & Workers		1723	15	2771	2585	186
教育部门办 Run by Ed. Dept.				1321	1221	100

校基本情况

Special Education Schools

单位:人

招生数 Students Admitted			在校学生数 Enrolment			教职工数 Teachers, Staff & Workers	
计 Total	小学 Primary Sch.	初中 Junior Sec. Sch.	计 Total	小学 Primary Sch.	初中 Junior Sec. Sch.	计 Total	其中:专任教师 Of which: Full-time Teachers
29543	27915	1630	129455	124352	5103	26978	18537
13633	12485	1148	63979	60342	3637	21011	13595
2295	2060	235	10907	10133	774	3413	2306
415	334	81	1614	1305	309	546	393
1880	1726	154	9293	8828	465	2867	1913
9977	9270	707	47988	45772	2216	16276	10431
529	345	184	1885	1281	605	1077	643
832	810	22	3198	3156	42	245	215
5044	4574	470	24124	22720	1404	12470	9222
15912	15430	482	65476	64010	1466	5967	4942
2960	2927	33	15314	15134	180	3620	2896
12952	12503	449	50162	48876	1286	2347	2046
5998	5815	183	25825	25225	600	4425	3749

六、幼儿教育

Ⅵ. PRE-PRIMARY EDUCATION

幼儿教育基本情况

Basic Statistics of Pre-primary Education

	园数(所) Kindergartens	班数(个) Classes	在园幼儿数(人) Children Enrolled	教职工数(人) Teachers, Staff & Workers 计 Total	其中: Of which: 园长 Kindergarten Heads	教师 Teachers	保健员 Health Nurses
总计 Total	139893	348271	11464357	833264	57981	534384	46840
按办别分: 教育部门办 By Category Run by Ed. Dept. of Mainten-	12761	57954	2230641	167630	12090	118740	8897
其他部门办 ance: Run by Non-ed. Dept.	27069	106302	3226115	404353	28964	196829	31910
集体办 Run by Communities	100063	184015	6007601	261281	16927	218815	6033
按城乡分: 城市 By Location: Urban	27846	116176	3776925	453472	32163	225925	28674
县镇 County Seats & Towns	23914	72754	2598631	173869	12717	128521	13238
农村 Rural	88133	159341	5088801	205923	13101	179938	4928
总计中: 女幼儿、女教职工 Of the Total: Girls & Female Teachers, Staff & Workers	0	0	5319264	780909	55012	510275	43300

园长、专任教师学历情况

Breakdown of Kindergarten Heads and Teachers by Educational Attainment

单位:人

	合计 Total	高中毕业以上 A	中师毕业 B	职业高中幼教专业毕业 C	非师范专业毕业 D 高中毕业及以上 E	初中毕业及以下 F	合计中: 取得"专业合格证书"的 G
总计 Total	874799	21640	242038	90835	258385	261901	87817
园长 Kindergarten Heads	59785	4594	26041	3610	14221	11319	4372
教师 Teachers	815014	17046	215997	87225	244164	250582	83445

A. Graduates of teachers colleges and those with higher qualifications.

B. Graduates of teachers training schools.

C. Graduates of pre-school education programmes in vocational schools.

D. Graduates from non-teacher training institutions.

E. Graduates of senior secondary schools and those with higher qualifications.

F. Graduates of junior secondary schools and those with lower qualifications.

G. Of the total: Those awarded "teaching certificates".

七、成人教育

Ⅶ. ADULT EDUCATION

成人高等学
Basic Statistics for Adult Higher

	学校数(所) Institutions	毕业生数 Graduates			招生数 Entrants		
		计 Total	本科 Normal Courses	专科 Short-cycle Courses	计 Total	本科 Normal Courses	专科 Short-cycle Courses
总计 Total	1198	517821	60137	457684	591699	55526	536173
其中:全脱产 Of which: Full-time		112765	4619	108146	127750	5310	122440
普通专科班 Regular Short-cycle Courses		36526	442	36084	35717	442	35275
广播电视大学 Radio/TV Universities	44	122202	20	122182	145842	16	145826
其中:全脱产 Of which: Full-time		26010		26010	23763		23763
普通专科班 Regular Short-cycle Courses		23052	20	23032	29716	16	29700
职工高等学校 Workers' Colleges	726	63403	587	62816	84616	677	83939
其中:全脱产 Of which: Full-time		32942	167	32775	41677	40	41637
农民高等学校 Peasants' Colleges	5	118		118	162		162
其中:全脱产 Of which: Full-time		118		118	162		162
管理干部学院 Institutes for Administration	168	23889	316	23573	29977	404	29573
其中:全脱产 Of which: Full-time		19882	255	19627	25651	354	25297
教育学院 Educational Colleges	251	76513	12295	64218	76544	14357	62187
其中:全脱产 Of which: Full-time		27974	4007	23967	30089	4783	25306
独立函授学院 Independent Correspondence Colleges	4	4814	118	4696	5209	66	5143
普通高等学校举办 Run by Regular IHEs							
函授部 Divisions of Correspondence		165832	39279	126553	178051	33920	144131
其中:普通专科班(A)		10129	422	9707	3405	388	3017
夜大学 Evening Schools		55211	7332	47879	64890	5953	58937
其中:普通专科班(A)		3345		3345	2596	38	2558
干部专修班 Short-cycle Courses for Cadres		5839	190	5649	6408	133	6275

(A) Of which Regalar Short-cycle Courses.

校基本情况

Educational Institutions

单位:人

在校学生数 Enrolment			教职工数 Teachers, Staff & Workers		兼任教师数 Part-time Teachers
计 Total	本科 Normal Courses	专科 Short-cycle Courses	计 Total	其中:专任教师 Of which: Full-time Teachers	
1478682	162612	1316070	205893	88857	22792
262473	10600	251873			
78135	2070	76065			
335531	39	335492	38596	15563	12335
52834		52834			
57439	39	57400			
230115	2678	227437	80754	36059	8584
94313	344	93969			
263		263	257	127	
263		263			
56768	756	56012	38793	13799	969
46755	493	46262			
179190	32113	147077	46624	22785	746
56109	9296	46813			
12505	585	11920	869	524	158
482020	106085	377935			
14201	1926	12275			
168091	19889	148202			
6495	105	6390			
12199	467	11732			

Number of Students by Field of Study in

	毕业生数 Graduates		
	计 Total	本科 Normal Courses	专科 Short-cycle Courses
总计 Total	290939	13336	277603
工科 Engineering	52298	762	51536
农科 Agriculture	1789	0	1789
林科 Forestry	306	0	306
医药 Medicine & Pharmacy	6076	0	6076
师范 Teacher Training	83046	12295	70751
文科 Humanities	32149	53	32096
理科 Natural Sciences	686	0	686
财经 Finance & Economics	94726	190	94536
政法 Political Science & Law	16558	36	16522
体育 Physical Culture	483	0	483
艺术 Art	2822	0	2822

注:本表不包括普通高等学校举办的函授部、夜大学的学生数。

Note: Numbers of Students in Evening Schools & Correspondenes Divisions run by Regular Institutions of Education are not included .

分科学生数

Adult Higher Educational Institutions

单位:人

招生数 Students Admitted			在校学生数 Enrolment		
计 Total	本科 Normal Courses	专科 Short-cycle Courses	计 Total	本科 Normal Courses	专科 Short-cycle Courses
342350	15520	326830	814372	36171	778201
65203	737	64466	164849	3243	161606
2201	0	2201	4841	0	4841
204	0	204	572	0	572
9258	0	9258	21724	0	21724
82947	14357	68590	192830	32113	160717
36417	49	36368	86405	138	86267
417	0	417	822	0	822
123840	338	123502	275265	578	274687
16015	39	15976	54107	99	54008
493	0	493	1826	0	1826
5355	0	5355	11131	0	11131

成人高等学校

Number of Other Students in Adult

	合计 Total	证书教育 Certificate-oriented education	
		单科班 Single Subject Courses	专业证书班 Classes for certificate-oriented trainees
毕业生数 Graduates	1880201	104394	108952
招生数 Entrants	1469170	129659	67945
在校生数 Enrolment	960643	130940	70457

成人高等学

Number of Teachers, Staff & Workers in

	合计 Total	教职工 Teachers, Staff &		
		专任 Full-time		
		计 Total	教授 Professors	副教授 Asso. Prof.
总计 Total	205893		88857	22030
广播电视大学 Radio/TV Universities	38596		15563	5085
职工高等学校 Workers' Colleges	80754		36059	8527
农民高等学校 Peasants' Colleges	257		127	11
管理干部学院 Institutes for Administration	38793		13799	3767
教育学院 Educational Colleges	46624		22785	4466
独立函授学院 Independent Correspondence Colleges	869		524	174

其他学生数

Higher Educational Institutions

单位:人

岗位培训 Job-specific training		大学后继续教育 Post-collegiate continuing education	其他 Others
资格培训 Qualifications-oriented training	适应培训 Adaptation training		
567926	882383	83901	132645
464135	567386	93170	146875
242500	306347	79185	131214

校教职工数

Adult Higher Educational Institutions

单位:人

数 Workers						兼任教师 Part-time Teachers
教师 Teachers			教辅人员 Supporting Staff	行政人员 Adm. Personnel	工勤人员 Workers	
讲师 Lecturers	助教 Assistants	教员 Instructors				
51261	32778	1388	6123	3456	22792	
11926	4415	53	959	595	12335	
18532	13047	394	2500	1695	8584	
58	51	0	10	0	0	
10466	8431	300	1590	440	969	
10163	6779	641	1064	726	746	
116	55	0	0	0	158	

成人高等学校专

Breakdown of Full－time Teachers by Academic Qualifications

	合 计 Total	研 究 生 毕 业 Completion of Postgraduate Courses			
		计 Total	博 士 Doctor's Degrees	硕 士 Master's Degrees	未授博士、硕士学位的 Without advanced degrees
总 计 Total	88857	31613	4190	81	3173
其中：女 Of which Female	31613	0	1108	18	847
教 授 Professors	443	42	95	9	35
副教授 Asso. Professors	13201	2539	433	20	235
讲 师 Lecturers	33994	11589	2015	31	1620
助 教 Assistants	29625	13245	1109	12	847
教 员 Instructors	11594	4198	538	9	436

成人高等学校在校学生、教

Supplementary Information on Students and Staff

	在校学生总数中 Of Total Enrolment					教职工总 Of Teachers, Staff	
	共产党员 Member of C. P. C.	共青团员 Member of C. Y. L.	民主党派 Member of Dem. Parties	华 侨 Overseas Chinese	少数民族 Minorities	共产党员 Member of C. P. C.	共青团员 Member of C. Y. L.
总 计 Total	51451	397787	185	345	35449	80605	28663
广播电视大学 Radio/TV Universities	15166	181479	93	223	13812	14987	6367
职工高等学校 Workers' Colleges	18926	122574	2	92	6378	28867	10272
农民高等学校 Peasants' Colleges	23	139	0	0	49	100	30
管理干部学院 Institutes for Administration	8728	24645	88	27	3322	17738	5083
教育学院 Educational Colleges	6857	60455	2	3	11518	18391	6785
独立函授学院 Independent Correspondence Colleges	1751	8495	0	0	370	522	126

任教师学历情况

in Adult Higher Educational Institutions

单位:人

Total	高等学校本科毕业 Completion of Normal Undergraduate Courses			高等学校专科毕业及本专科肄业二年以上	高等学校本专科肄业未满两年及以下	合计中:女
	学士 With Bachelor's Degrees	研究生肄业 Having Some Postgraduate Training	未获学士学位的 Without Bachelor's Degrees	Completion of Shore-cycle Courses or at least two years of undergraduate ed.	Attendance in undergraduate Courses less than 2 years	Of the total: Female
936	67948	40562	426	26960	14722	1997
243	24737	16552	110	8075	5185	583
51	317	86	2	229	27	4
178	11478	2739	98	8641	1072	218
364	25432	13337	203	11892	5858	689
250	23304	19915	106	3283	4757	455
93	7417	4485	17	2915	3008	631

职工的政治及其他情况

& Workers of Adult Higher Educational Institutions

单位:人

数中 & Workers			专任教师中 Of Full-time Teachers				
民主党派 Member of Dem. Parties	华侨 Overseas Chinese	少数民族 Minorities	共产党员 Member of C. P. C.	共青团员 Member of C. Y. L.	民主党派 Member of Dem. Parties	华侨 Overseas Chinese	少数民族 Minorities
5092	550	8610	31074	14918	3834	324	3901
661	83	1845	5161	3094	428	41	700
1672	150	2152	11344	5587	1328	81	928
0	0	75	43	25	0	0	11
540	57	1366	5683	2314	382	35	536
2214	260	3159	8465	3837	1691	167	1716
5	0	13	378	61	5	0	10

成人高等学校

Breakdown of Full-time Teachers by

	合 计 Total	30岁及以下 30 years and under	31-35	36-40
总 计 Total	88857	30758	12132	9030
其中: 女 Of which: female	15563	5697	2327	1626
教 授 Professors	36059	11260	5282	3885
副教授 Asso. Professors	127	36	21	17
讲 师 Lecturers	13799	5578	1802	1360
助 教 Assistants	22785	8055	2604	2045
教 员 Instructors	524	132	96	97

成人高等学校学

Changes in Enrolment of

	上学年初报表在校学生数 Total enrolment at beginning of previous academic year	增加学生数 Factors of Increase					
		计 Total	本学年初招生数 No. of Students Admitted	复 学 Students Resuming Studies	其他学校转入 Transfers from Other Inst.	其他 Others	计 Total
总 计 Total	805999	368044	342584	2308	4998	18154	359046
广播电视大学 Radio/TV Universities	339179	163846	145842	1048	2940	14016	167494
职工高等学校 Workers' Colleges	217038	88891	84850	631	867	2543	75189
农民高等学校 Peasants' Colleges	247	163	162	0	0	1	147
管理干部学院 Institutes for Administration	51574	30924	29977	173	206	568	25730
教育学院 Educational Colleges	184891	78957	76544	435	982	996	84658
独立函授学院 Independent Correspondence	13070	5263	5209	21	3	30	5828

专任教师年龄情况

Age in Adult Higher Educational Institutions

单位：人
Unit: person

41－45	46－50	51－55	56－60	61岁及以上 61 years and over
7223	9469	12536	6979	730
1398	1644	1975	856	40
3294	4182	4964	2834	358
8	9	21	13	2
832	1290	1639	1104	194
1651	2287	3889	2122	132
40	57	48	50	4

生数变动情况

Adult Higher Educational Institutions

单位：人

		减少学生数 Factors of Decrease						
上学年毕业生数 Graduates	上学年结业生数 Completers of Courses without formal award	休学 Suspended	退学 Quitting	开除 Expelled	死亡 Dead	转到其他学校 Transfers to Other Inst.	其他 Others	本学年初报表在校学生数 Total enrolment at beginning of current academic year
291163	19464	3377	10533	175	83	2531	31720	814372
122202	16838	1043	3580	49	29	1270	22483	335531
63627	1268	1645	3846	52	31	695	4025	230115
118	14	0	13	1	0	0	1	263
23889	434	188	244	51	7	65	852	56768
76513	743	462	2833	21	16	489	3581	179190
4814	167	39	17	1	0	12	778	12505

成人高等学校固定

Condition of Fixed Assets and

	固定资产值（万元） Fixed Assets (in 10000 yuan)			
	合 计 Total	校舍资产值 School buildings	教学仪器设备 Teaching Equipment &	
			计 Total	其 Of 电教设备 Audio-visual media
总 计 Total	948526.00	666317.62	177575.14	78957.94
广播电视大学 Radio/TV Universities	171338.72	115094.14	40549.28	26903.57
职工高等学校 Workers' Colleges	361346.42	260113.45	66524.22	20240.74
农民高等学校 Peasants' Colleges	675.40	636.00	34.40	6.40
管理干部学院 Institutes for Administration	256647.35	186377.35	35508.80	19914.10
教育学院 Educational Colleges	156641.11	102907.68	34608.44	11565.63
独立函授学院 Independent Correspondence Colleges	1877.00	1189.00	350.00	327.50

成人高等学校

Condition of School Buildings in Adult

	自 有 校 Buildings owned by the adult higher	
	校舍建筑总面积 Floor Space	其 of 危房面积 Dilapidated Buildings
总 计 Total	20859947	278151
一、教学、行政用房 A. Teaching & Administritive	8723022	68793
其中：教室用房 Of which: classroom	3565763	29051
电教室面积 Equipped with audio-visuel media	488668	425
实验室面积 Laboratories	1223599	1296
图书馆面积 Libraries	926601	4865
办公室 Administritive	1897744	16751
二、生活及福利用房 B. Residential and Welfare	9717434	161617
其中：教职工宿舍 Of which: Residences for Staff & Workers	5054096	111913
学生宿舍 Students' Dormitories	3196124	32027
食堂 Dining Halls	1013006	7211
三、其他用房 C. Others	2419491	47741

资产情况及其他

Teaching Resources in Adult Higher Educational Institutions

资产值 Instruments 中 which 实验设备 Laboratory equipment	其他 Others	图书、音像资料情况 Library and audio-visual ed. resources 图书资料（册） Collection of books	录音带（盒） Recording cassettes	录像带（盘） Video tape cassettes	学校占地面积（亩） Area of School sites (mu) (1mu = $\frac{1}{15}$ hectare)
86165.07	104633.24	74941851	2830670	2237600	104623833
11574.54	15695.30	11109053	1813636	1537860	10897535
40985.53	34708.75	27132153	608818	326365	70324231
28.00	5.00	68000	220	20	84850
12717.70	34761.20	14089204	108536	114055	12258229
20836.80	19124.99	22388241	297660	252850	11009647
22.50	338.00	155200	1800	6450	49341

校舍情况

Higher Educational Institutions

单位：平方米 Unit: m²

舍 educational institutions 中: which: 当年新增面积 Newly added in current year	正在施工面积 Under Construction	租借用外单位面积 Buildings rent or leased
614558	1039710	285805
257629	568898	186305
98027	205840	120694
8641	18765	9292
62829	74977	11459
43327	92100	7232
37347	56697	23715
306174	373130	71069
193735	209145	19301
69933	108115	41084
25030	37218	8665
50755	97682	28431

成人中等专业学校

Bsaisc Statistics of Adult Specialized

	学校数（所）Schools	分校（所）Branches	工作站（个）Working Stations	毕业生数 Graduates	招生数 Entrants		
					计 Total	招高中毕业生数起点 Graduates From Senior Sec. School	招初中毕业生数起点 Graduates From Junior Sec. School
合计 Total	4776	897	1935	486648	713095	153906	559189
其中：女 Of which: Female	0	0	0	208567	307705	66099	241606
一、按部门分 By Control	0	0	0	0	0	0	0
中央部门学校 Run by Central Ministries & Agencies	245	34	156	13949	24779	3315	21464
地方学校 Run by Local Authorities	4531	863	1779	472699	688316	150591	537725
二、按类别分 By Field of Study							
广播电视中专 Radio/TV Specialized Sec. Schools	0	0	0	0	0	0	0
职工中专 Specialized Sec. Schools for Staff & Workers	108	656	1149	89217	164181	18273	145908
干部中专 Specialized Sec. Schools for Cadres	1853	61	75	125129	194587	29331	165256
	338	15	3	21794	35394	8962	26432
农民中专 Specialized Sec. Schools for peasants	386	43	7	41342	64650	5926	58724
函授中专 Correspondence Specialized Sec. Schools	58	120	513	59767	77285	11222	66063
教师进修学校 In-service Teacher Training Schools	2033	2	188	149399	176998	80192	96806

分类别情况
Secondary Schools by Field of Study

单位:人

在校学生数 Enralment	毕业班学生数 Graduates for Next Year	教职工数 Teachers, Staff & Workers					兼任教师数 Part-time Teachers
		合计 Total	专任教师 Full-time Teachers	教辅人员 Supporting Staff	行政人员 Adm. Personnel	工勤人员 Workers	
1744343	514465	204925	105401	18788	46623	34113	41694
733572	215456	72237	36380	8668	14760	12429	9801
0	0	0	0	0	0	0	0
63258	17142	13810	6195	1304	3401	2910	1614
1681085	497323	191115	99206	17484	43222	31203	40080
0	0	0	0	0	0	0	0
454271	115371	13400	6053	2195	4011	1141	14872
458588	132533	78675	38049	6290	19568	14768	13640
76046	21312	14309	6673	1032	4150	2454	1429
138064	43735	14901	8732	1029	2238	2902	1716
182247	47097	8430	3697	1854	2203	676	7300
435127	154417	75210	42197	6388	14453	12172	2897

成人中、小

Basic Statistics of Adult Primary

	学校数(所) Schools	教学班(点)(个) External Teaching Sites (Classes)	毕业生数 Graduates		招
			计 Total	其中：女生 Of which Female	计 Total
一、成人中学 General Sec. Schools for Adults	6071	14599	485481	224572	539992
1. 职工中学 General Sec. Schools for Staff & Workers	2954	7322	232772	106975	308345
高 中 Senior	2522	6291	199635	95303	268237
初 中 Junior	432	1031	33137	11672	40108
2. 农民中学 General Sec. Schools for Peasants	3117	7277	252709	117997	231647
高 中 Senior	499	1210	31947	13255	50991
初 中 Junior	2618	6067	220762	104742	180656
二、成人初等学校 Adult Primary Schools	1570383	88248	7553501	4454079	7277790
1. 职工初等学校 Worker Primary Schools	1385	3942	139182	71781	124777
2. 农民初等学校 Peasant Primary Schools	1556533	84306	7414319	4382298	7153013
小学班 Primary Classes	44254	86157	2181219	1144817	2309210
扫盲班 Literacy Classes	1113992	98149	5233100	3237481	4843803

成人中等专业

Condition of Schools Building in Adult

	自有 Buildings owned by					
	校舍建筑面积 Floor Space	教学用房 Building for Inst. Purposes				
		计 Total	教室 Classrooms		实验室 Laboratories	图书馆 Libraries
			计 Total	其中:电化教室 Of which: equipped with audio-visual media		
总计 Total	19738880	5377478	4014061	3649327	782415	85176
广播电视中等专业学校 Radio/TV Specialized Sec. Schools	1047726	404877	309107	40719	42949	52821
职工中等专业学校 Specialized Sec. Schools for Staff & Workers	8383715	2323463	1669654	113786	4073062	46503
干部中等专业学校 Specialized Sec. Schools for Cadres	1926470	446242	357336	16404	33156	55750
农民中等专业学校 Specialized Sec. Schools for Peasants	1661719	424038	305781	21101	79203	39054
函授中等专业学校 Correspondence Specialized Sec. Schools	708567	245154	215919	52537	12175	17060
教师进修学校 In-service Teacher Training Schools	6010683	1533704	1156264	120385	2034521	73988

学基本情况

and Secondary Schools

生数 Entrants	在校学生数 Enrolment		教职工数 Teachers, Staff & Workers		兼任教师数 Part-time Teachers
其中：女生 Of which: Female	计 Total	其中：女生 Of which: Female	计 Total	其中专任教师 Of which: Full-time Teachers	
238968	688207	308838	39103	21898	34717
142667	364842	171699	27015	14337	21015
127227	315090	151243	24073	12941	19047
15440	49752	20456	2942	1396	1968
96301	323365	137139	12088	7561	13702
24137	55907	24618	3609	1970	4790
72164	267458	112521	8479	5591	8912
4269296	8288924	4880965	140058	45409	515419
61367	128303	62815	2800	1818	4454
4207929	8160621	4818150	137258	43591	510965
1228460	2633472	1427548	40786	15733	104227
2979469	5527149	3390602	96472	27858	406738

学校校舍情况

Adult Specialized Secondary Schools

单位：平方米 Unit: m²

校舍 the adult SSSs						租用校舍 Buildings rent or leased	兼用校舍 Buildings for multiple purposes
办公用房 Administritive	生活及福利用房 Residential and Welfare			其他用房 Others	其中：新增校舍 Of which New floor space added		
	计 Total	其中 Of which					
		教职工宿舍 Residences for Staff & Workers	学生宿舍 Students' Dormitories				
2554980	7753703	4077523	3521942	40484527	3268237	9128	1394487
162739	353244	198402	152708	126866	19760	85454	315861
1026097	3160642	1529286	1607740	18596962	916901	52403	586247
206702	925561	429514	474472	347965	37587	31909	69993
139452	612323	311849	288878	485906	88745	29887	55300
126629	231706	102504	126262	105078	95222	31435	327385
893361	2470227	1505968	871882	11229411	99678	48040	39701

成人技术培训学

Basic Statistics of Adult

	学校数 (所) Schools	教学班 (点) (个) External Teaching Sites (Classes)	毕业生数 Graduates			
			计 Total	其中: Of which: 长班 A	短班 B	计 Total
成人技术培训学校 Technical Training Schools for Adults	284112	717919	49585076	6305900	43279176	45418396
其中: 教育部门办 Of which: Run by Ed. Dept.	235329	531948	37818542	3601945	34216597	33736875
其他部门办 Run by Non-ed. Dept.	48783	185971	11766534	2703955	9062579	11681421
一、职工技术培训学校 Technical Training Schools for Staff & Workers	12659	105618	4984089	1997989	2986100	5853069
其中: 教育部门办 Of which: Run by Ed. Dept.	4773	18791	870369	131917	738452	848047
其他部门办 Run by Non-ed. Dept.	7886	86827	4113720	1866072	2247648	5004922
二、农民技术培训学校 Technical Training Schools for Peasants	271453	612301	44600987	4307911	40293076	39565327
其中: 教育部门办 Of which: Run by Ed. Dept.	230556	513157	36948173	3470028	33478145	32888743
其他部门办 Run by Non-ed. Dept.	40897	99144	7652814	837883	6814931	6676584
其中: 1. 县办农技 Of which: County-run Agro-technical Schools	4782	12377	624848	77401	547447	458008
2. 乡办农技 Township-run Agro-technical Schools	40376	215549	21785046	2597320	19187726	18081189
3. 村办农技 Village-run Agro-technical Schools	226295	381589	22092003	1572392	20519611	20933042

A. Lengthy courses (total teaching time no less than 150 h.)

B. Short courses (total teaching time less than 150 h.)

校基本情况

Technical Training Schools

招生数 Entrants		在校学生数 Enrolment			教职工数 Teachers, Staff & Workers		兼任教师数 Part-time Teachers
其中: Of which:		计 Total	其中: Of which		计 Total	其中专任教师 Of which: Full-time Teachers	
长班 A	短班 B		长班 A	短班 B			
6688197	38730199	36911964	4643136	32268828	303737	119897	702433
3548294	30188581	28282326	2949344	25332982	194560	74761	526677
3139803	8541618	8629538	1693692	6935846	109177	45136	174153
2331846	3521223	3466887	962546	2504341	81520	41064	92871
138349	709698	619498	138260	481238	13726	7661	18132
2193397	2811525	2847289	824186	2023103	67794	33403	74844
4356351	35208976	33445077	3680590	29764487	222217	78833	609562
3409860	29478883	27662828	2811084	24851744	180834	67100	508545
946491	5730093	5782249	869506	4912743	41383	11733	99209
87967	370041	446102	116636	329466	11274	6440	15971
2540026	15541163	15577656	1986834	13587655	83970	39126	200807
1661143	19271899	17397390	1565643	15831747	126397	33138	391805

成人中等专业学校教职工数

Number of Teachers, Staff & Workers in Adult Specialized Secondary Schools

单位：人
Unit: person

	校本部教职工数 Employees in the School Proper					兼任教师数 Part-time Teachers
	合计 Total	专任教师 Full-time Teachers	教辅人员 Supporting Staff	行政人员 Adm. Personnel	工勤人员 Workers	
总计 Total	204925	105401	18788	46623	34113	41694
其中：女教职工 Of which: Female	72237	36380	8668	14760	12429	9801
一、有教师职称 Those with teaching rank						
计 Total	94168	76078	4550	12866	671	18430
高级讲师 Senior Lecturers	12097	8903	278	2901	15	3786
讲师 Lecturers	40380	31876	1780	6550	171	10316
助理讲师 Assistant Lecturers	41691	35299	2492	3415	485	4328
二、有其他技术职称 Those with other professional ranks						
计 Total	43891	18322	7000	16301	2268	17809
副高级职称 Senior-level ones	2733	1463	216	1046	8	2968
中级职称 Middle-level ones	15227	7114	1908	5848	357	9710
初级职称 Junior-level ones	25931	9745	4876	9407	1903	5131
三、无职称人数 Without professional titles	66866	11001	7238	17556	31174	5455

八、各级各类学校分布情况

Ⅷ. GEOGRAPHICAL DISTRIBUTION OF SCHOOLS BY TYPE AND LEVEL

普通高等学校

Basic Statistics of Regular Higher

地 区 Region	学校数(所) Institutions	本专科学生数 Undergraduate Students			教职 Teachers, Staff			
						校本部 Teachers, Staff & Workers		
							专任 Full-time	
		毕业生数 Graduates	招生数 Students Admitted	在校学生数 Enrolment	合计 Total	计 Subtotal	计 Subtotal	教授 Professors
总 计 Total	1053	604223	754192	2184376	1013553	832850	387585	18559
北 京 Beijing	67	37075	41517	139978	96633	78424	34634	3335
天 津 Tianjin	22	14857	17320	52127	28226	22338	10391	792
河 北 Hebei	47	23387	32956	84083	34998	29350	13372	325
山 西 Shanxi	25	14246	18471	55717	21828	19318	9097	321
内蒙古 Inner Mongolia	19	9350	10012	31779	14500	12852	6492	172
辽 宁 Liaoning	61	35208	45129	134671	59008	50299	23503	891
吉 林 Jilin	42	21597	24912	75686	38582	31405	14706	601
黑龙江 Heilongjiang	42	22590	28810	85149	41963	33792	15641	789
上 海 Shanghai	50	33246	37458	119532	69505	52878	23866	1406
江 苏 Jiangsu	67	42617	51688	152716	70749	57634	27020	1367
浙 江 Zhejiang	35	18267	21217	62226	27821	23393	11105	588
安 徽 Anhui	36	19489	23824	65947	26976	23012	11389	515
福 建 Fujian	33	17344	20693	57179	20479	17526	8891	301
江 西 Jiangxi	28	17086	20152	59294	25235	19126	9034	188
山 东 Shandong	51	34994	57878	130188	47483	39624	18059	658
河 南 Henan	47	25905	33792	89496	37608	31083	14488	444
湖 北 Hubei	57	34814	43355	137168	66327	52316	24757	1192
湖 南 Hunan	45	25920	32939	95389	37894	31229	14335	519
广 东 Guangdong	43	30294	35519	97432	38894	32127	15076	915
广 西 Guangxi	24	10914	16177	42026	16478	13988	6700	156
海 南 Hainan	4	2357	3125	8498	3159	2285	1146	40
四 川 Sichuan	60	43144	52055	150139	66262	54979	24463	1197
贵 州 Guizhou	23	7247	8339	26685	12786	11740	5542	107
云 南 Yunnan	26	13294	15622	45357	17166	15322	7538	204
西 藏 Tibet	3	393	683	2239	1773	1609	727	5
陕 西 Shaanxi	45	26142	32923	100694	50948	41647	19384	1078
甘 肃 Gansu	17	10371	12065	34591	15632	12747	5835	216
青 海 Qinghai	7	1632	1947	6315	2986	2797	1411	16
宁 夏 Ningxia	6	2104	2722	8475	3645	3173	1703	67
新 疆 Xinjiang	21	8339	10892	33600	18009	14837	7280	154

基本情况(总计)

Educational Institutions (Regional Aggregates)

单位:人

工　数

& Workers

教职工 in College or Uni. Proper							科研机构人员 Personnel in Affiliated Research Org.	校办工厂、农场职工 Employees in School-run Factories, Farms	附设机构人员 Personnel in Other Subsidiary Units
教师 Teachers				教辅人员 Supporting Staff	行政人员 Adm. Personnel	工勤人员 Workers			
副教授 Asso. Professors	讲师 Lecturers	助教 Assistants	教员 Instructors						
85548	157343	103681	22454	121612	171800	151853	47088	63047	70568
9869	12879	6047	2504	12846	15650	15294	6845	4660	6704
2823	4748	1776	252	4048	4056	3843	1793	2282	1813
2436	5918	3769	924	3783	6424	5771	723	2009	2916
1785	3507	3048	436	2317	3664	4240	541	1008	961
1192	2692	2024	412	1879	2207	2274	319	770	559
4838	9937	6708	1129	7557	11158	8081	1957	3166	3586
3211	5558	4635	701	4841	6366	5492	1906	2548	2723
3274	6733	4212	633	4307	6956	6888	1948	3675	2548
5517	10184	5584	1175	8451	10824	9737	5644	4670	6313
6147	11643	6478	1385	8743	11767	10104	3928	4656	4531
2356	4804	2459	898	3495	4550	4243	1167	1611	1650
2663	4227	2967	1017	3067	4558	3998	1260	1125	1579
1880	3519	2713	478	2540	3696	2399	840	818	1295
1855	3446	3008	537	2306	3955	3831	231	4666	1212
3733	6551	6175	942	5757	8917	6891	1637	2631	3591
2825	6202	4394	623	4182	6709	5704	467	3684	2374
5457	9659	6782	1667	7826	10740	8993	3600	4432	5979
3174	5880	3652	1110	4487	6271	6136	1571	2480	2614
3656	6258	3685	562	5030	6987	5034	2099	1390	3278
1476	2524	2091	453	1973	2949	2366	360	1093	1037
238	486	358	24	313	472	354	38	136	700
5552	10415	5919	1380	8511	11419	10586	4003	2358	4922
1025	2000	1881	529	1380	2676	2142	211	396	439
1351	3045	2526	412	1936	3303	2545	531	280	1033
55	220	304	143	145	400	337	24	79	61
4187	8080	5276	763	5825	8330	8108	2371	2811	4119
1181	2381	1666	391	1710	2618	2584	830	1246	809
172	631	366	226	283	664	439	25	42	122
296	690	521	129	362	532	576	84	198	190
1324	2526	2657	619	1712	2982	2863	135	2127	910

短期职业大

Basic Statistics of Short –

地区 Region	学校数(所) Institutions	本专科学生数 Undergraduate Students			教职 Teachers, Staff			
					合计 Total	校本部 Teachers, Staff & Workers		
						计 Subtotal	专任 Full-time	
		毕业生数 Graduates	招生数 Students Admitted	在校学生数 Enrolment			计 Subtotal	教授 Professors
总计 Total	85	20315	27053	66219	19985	18492	9446	88
北京 Beijing	2	610	351	1119	88	65	28	0
天津 Tianjin	1	330	399	977	328	311	116	0
河北 Hebei	5	841	969	2041	980	957	505	1
山西 Shanxi	2	530	670	1785	428	415	228	2
内蒙古 Inner Mongolia	3	207	104	206	209	201	134	5
辽宁 Liaoning	4	682	1468	3420	979	959	479	0
吉林 Jilin	2	216	215	327	322	321	156	0
黑龙江 Heilongjiang	4	458	951	2291	1050	934	492	0
上海 Shanghai	0	0	0	0	0	0	0	0
江苏 Jiangsu	11	3661	4901	12795	3535	3188	1552	11
浙江 Zhejiang	5	1259	1517	4104	1396	1313	576	1
安徽 Anhui	4	982	1604	3627	567	561	347	4
福建 Fujian	8	1293	2067	4915	1072	1030	658	10
江西 Jiangxi	1	0	0	0	52	47	30	0
山东 Shandong	1	1040	1060	2392	611	611	297	8
河南 Henan	7	1783	2470	5514	2109	1822	940	8
湖北 Hubei	9	2096	2890	7306	2488	2349	1193	5
湖南 Hunan	3	550	764	2058	530	511	243	1
广东 Guangdong	1	751	990	2491	497	474	220	5
广西 Guangxi	2	157	240	483	467	187	128	5
海南 Hainan	0	0	0	0	0	0	0	0
四川 Sichuan	3	1193	1554	3526	909	892	430	7
贵州 Guizhou	2	195	0	184	234	234	122	0
云南 Yunnan	1	351	301	878	259	256	141	3
西藏 Tibet	0	0	0	0	0	0	0	0
陕西 Shaanxi	2	601	562	1814	470	463	231	2
甘肃 Gansu	1	289	255	599	109	109	49	0
青海 Qinghai	0	0	0	0	0	0	0	0
宁夏 Ningxia	0	0	0	0	0	0	0	0
新疆 Xinjiang	1	240	751	1367	296	282	151	10

学基本情况

cycle Vocational Colleges

单位: 人

工数 & Workers									
教职工 n College or Uni. Proper							科研机构人员 Personnel in Affiliated Research Org.	校办工厂、农场职工 Employees in School－run Factories, Farms	附设机构人员 Personnel in Other Subsidiary Units
教师 Teachers				教辅人员 Supporting Staff	行政人员 Adm. Personnel	工勤人员 Workers			
副教授 Asso. Professors	讲师 Lecturers	助教 Assistants	教员 Instructors						
1408	3259	3677	1014	2367	4249	2430	153	1093	247
1	7	16	4	6	26	5	0	0	23
19	62	32	3	66	89	40	0	12	5
64	135	269	36	90	245	117	8	13	2
26	60	122	18	33	91	63	0	13	0
32	44	31	22	20	34	13	0	8	0
46	167	207	59	123	245	112	5	11	4
18	62	61	15	32	93	40	1	0	0
53	215	195	29	92	230	120	3	54	59
0	0	0	0	0	0	0	0	0	0
229	594	572	146	444	737	455	27	312	8
77	204	233	61	178	296	263	24	42	17
47	110	133	53	59	109	46	0	1	5
82	224	265	77	87	197	88	15	17	10
3	14	12	1	3	9	5	0	5	0
69	96	79	45	96	138	80	0	0	0
137	347	351	97	268	373	241	10	243	34
198	334	447	209	342	530	284	17	65	57
41	92	71	38	57	140	71	0	14	5
36	90	50	39	69	138	47	23	0	0
34	47	37	5	11	26	22	0	280	0
0	0	0	0	0	0	0	0	0	0
97	173	116	37	113	211	138	6	3	8
20	54	42	6	30	55	27	0	0	0
10	25	95	8	31	62	22	0	0	3
0	0	0	0	0	0	0	0	0	0
15	58	156	0	44	109	79	0	0	7
11	6	26	6	11	37	12	0	0	0
0	0	0	0	0	0	0	0	0	0
0	0	0	0	0	0	0	0	0	0
43	39	59	0	62	29	40	14	0	0

综 合 大 学
Basic Statistics o

地　　区 Region	学校数(所) Institutions	本专科学生数 Undergraduate Students 毕业生数 Graduates	招生数 Students Admitted	在校学生数 Enrolment	教职 Teachers, Staff 合计 Total	校本部 Teachers, Staff & Workers 计 Subtotal	专任 Full-time 计 Subtotal	教授 Professors
总　计　Total	59	71895	104115	271734	122302	98858	46785	3032
北　京　Beijing	3	5719	6164	20476	14635	11721	5004	686
天　津　Tianjin	1	1932	1975	6493	4807	3358	1614	203
河　北　Hebei	1	1288	1938	5042	1976	1672	769	23
山　西　Shanxi	1	1731	2041	6950	2672	2354	1134	49
内蒙古　Inner Mongolia	1	752	765	2850	1489	1317	601	31
辽　宁　Liaoning	3	4735	5771	16556	5758	5394	2619	73
吉　林　Jilin	3	3019	3354	10372	5866	4458	2014	79
黑龙江　Heilongjiang	1	1017	1220	4158	1818	1639	764	37
上　海　Shanghai	2	3451	3336	11161	7249	5369	2439	154
江　苏　Jiangsu	5	7161	8740	26215	11875	9597	4565	287
浙　江　Zhejiang	2	2463	2539	7537	3194	2714	1383	116
安　徽　Anhui	1	1540	1777	4686	1864	1647	826	54
福　建　Fujian	2	2016	2246	7453	3337	2550	1415	95
江　西　Jiangxi	3	1395	1795	4901	2187	1962	1127	25
山　东　Shandong	3	3737	24656	32773	5891	4626	2283	123
河　南　Henan	1	1484	2109	6272	2915	2573	1276	83
湖　北　Hubei	2	3666	3659	11672	6931	4959	2346	209
湖　南　Hunan	2	1553	2460	6993	2905	2446	1156	25
广　东　Guangdong	9	9935	11555	29881	12983	10163	4598	306
广　西　Guangxi	1	1522	2373	6652	2584	2152	1049	33
海　南　Hainan	1	595	1024	2886	842	692	327	14
四　川　Sichuan	2	2835	3113	9175	4345	3368	1583	93
贵　州　Guizhou	1	749	862	2695	1253	1134	483	14
云　南　Yunnan	1	1830	1929	5908	2055	1701	837	56
西　藏　Tibet	1	145	317	1092	598	557	280	3
陕　西　Shaanxi	2	1902	2309	6872	3023	2783	1313	62
甘　肃　Gansu	1	1478	1641	5558	3059	2222	1050	58
青　海　Qinghai	1	296	376	1095	501	441	223	4
宁　夏　Ningxia	1	770	850	2795	1096	949	471	15
新　疆　Xinjiang	1	1179	1221	4565	2594	2340	1236	22

基本情况

Comprehensive Universities

单位：人

工　数 & Workers									
教　职　工 in College or Uni. Proper							科研机构人员 Personnel in Affiliated Research Org.	校办工厂、农场职工 Employees in School-run Factories, Farms	附设机构人员 Personnel in Other Subsidiary Units
教　师 Teachers				教辅人员 Supporting Staff	行政人员 Adm. Personnel	工勤人员 Workers			
副教授 Asso. Professors	讲　师 Lecturers	助　教 Assistants	教　员 Instructors						
11881	19195	10438	2239	15467	18848	17758	9327	4304	9813
1617	1802	706	193	2300	2119	2298	1049	726	1139
539	665	152	55	870	195	679	522	335	592
160	336	177	73	251	327	325	155	73	76
239	446	333	67	152	538	530	165	33	120
149	283	97	41	306	182	228	91	36	45
563	985	880	118	823	1290	662	133	33	198
493	793	527	122	771	813	860	738	159	511
207	330	175	15	181	387	307	108	0	71
506	1229	502	48	1033	820	1077	986	234	660
1109	1862	1122	185	1369	1845	1818	926	682	670
318	745	138	66	505	492	334	128	100	252
264	309	93	106	142	356	323	121	51	45
440	612	225	43	312	479	344	403	63	321
255	469	301	77	139	287	409	0	34	191
590	817	687	66	815	914	614	407	204	654
328	530	237	98	316	467	514	0	121	221
687	879	571	0	885	751	977	783	352	837
215	435	270	211	255	576	459	80	104	275
1100	1960	1091	141	1645	2294	1626	846	448	1526
261	445	299	11	275	467	361	43	190	199
81	146	86	0	81	188	96	21	35	94
485	605	184	216	567	607	611	692	80	205
117	160	167	25	138	297	216	49	30	40
259	426	95	1	150	429	285	192	37	125
13	78	105	81	52	127	98	5	16	20
319	550	359	23	339	544	587	83	2	155
236	524	201	31	409	318	445	507	90	240
24	75	73	47	51	103	64	0	2	58
83	203	157	13	97	204	177	30	34	83
224	496	428	66	238	432	434	64	0	190

高等理工院

Basic Statistics of Institutions

地区 Region	学校数(所) Institutions	本专科学生数 Undergraduate Students: 毕业生数 Graduates	招生数 Students Admitted	在校学生数 Enrolment	教职 Teachers, Staff: 合计 Total	校本部 Teachers, Staff & Workers: 计 Subtotal	专任 Full-time: 计 Subtotal	教授 Professors
总计 Total	288	207588	257114	788115	409803	316832	142872	7307
北京 Beijing	22	16375	18660	62683	41113	31549	13660	1203
天津 Tianjin	6	6254	7516	23216	12646	9531	4393	301
河北 Hebei	15	7588	12447	31571	13899	11706	5056	117
山西 Shanxi	5	4585	5397	17014	8075	6704	3136	131
内蒙古 Inner Mongolia	2	1662	1608	5708	2805	2059	1112	25
辽宁 Liaoning	21	14681	18850	59698	29685	23544	10473	453
吉林 Jilin	14	7687	9609	29991	14163	11431	5119	182
黑龙江 Heilongjiang	14	9535	12305	37433	19995	15241	7089	443
上海 Shanghai	23	18067	20517	66164	37974	27720	12593	686
江苏 Jiangsu	24	17661	21379	65795	33915	26327	12272	612
浙江 Zhejiang	6	4718	5697	18845	9585	7319	3316	215
安徽 Anhui	8	5599	7078	22082	11206	8531	4080	225
福建 Fujian	5	3386	4615	14032	5454	4401	2247	60
江西 Jiangxi	7	4111	5099	15199	8844	5748	2456	41
山东 Shandong	14	10683	11224	36524	17686	13703	5823	204
河南 Henan	11	5784	8278	22980	11792	8125	3598	49
湖北 Hubei	18	16183	19181	61180	32419	24928	11777	552
湖南 Hunan	16	9444	11344	33599	15814	12426	5597	264
广东 Guangdong	8	5370	6722	18544	8112	6456	3166	203
广西 Guangxi	3	1599	2686	6464	2306	1962	867	16
海南 Hainan	0	0	0	0	0	0	0	0
四川 Sichuan	18	16208	20599	58841	30707	24480	10063	553
贵州 Guizhou	1	821	1040	3478	1841	1429	738	20
云南 Yunnan	3	2864	3831	11118	4169	3690	1848	43
西藏 Tibet	0	0	0	0	0	0	0	0
陕西 Shaanxi	17	13631	17481	54438	29627	22864	10135	660
甘肃 Gansu	3	1871	2216	6357	3179	2565	1069	28
青海 Qinghai	0	0	0	0	0	0	0	0
宁夏 Ningxia	1	172	243	738	326	314	194	2
新疆 Xinjiang	3	1049	1492	4423	2466	2079	995	19

校基本情况

of Science & Technology

单位：人

工数 & Workers									
教职工 in College or Uni. Proper							科研机构人员 Personnel in Affiliated Research Org.	校办工厂、农场职工 Employees in School－run Factories, Farms	附设机构人员 Personnel in Other Subsidiary Units
教师 Teachers				教辅人员 Supporting Staff	行政人员 Adm. Personnel	工勤人员 Workers			
副教授 Asso. Professors	讲师 Lecturers	助教 Assistants	教员 Instructors						
34795	60823	32498	7449	51975	63649	58336	25338	34888	32745
4238	4937	2342	940	5715	6400	5774	4009	2860	2695
1317	2056	656	63	1995	1560	1583	1024	1270	821
897	2559	1130	353	1659	2577	2414	238	1034	921
671	1253	952	129	1129	997	1442	292	678	401
151	505	330	101	288	374	285	86	497	163
2455	4778	2313	474	4213	5043	3815	1289	2534	2318
1047	2123	1482	285	1917	2498	1897	677	1035	1020
1581	3170	1614	281	2074	3024	3054	1229	1976	1549
3064	5467	2803	573	4569	5305	5253	3574	3412	3268
3000	5491	2571	598	4014	5505	4536	2363	2472	2753
974	1300	451	376	1240	1334	1429	683	872	711
1067	1580	859	349	1308	1686	1457	996	806	873
509	949	615	114	728	877	549	201	372	480
558	986	776	95	870	1187	1235	106	2343	647
1385	2213	1808	213	2124	3133	2623	734	1626	1623
727	1579	1086	157	1224	1701	1602	299	2310	1058
2748	4858	2791	828	3839	4979	4333	1944	2660	2887
1349	2391	1339	254	2110	2244	2475	909	1232	1247
977	1311	595	80	1126	1391	773	475	425	756
178	305	290	78	302	471	322	63	132	149
0	0	0	0	0	0	0	0	0	0
2509	4634	2053	314	4510	4774	5133	2082	1248	2897
187	300	183	48	180	252	259	21	173	218
365	801	610	29	557	706	579	78	149	252
0	0	0	0	0	0	0	0	0	0
2397	4481	2106	491	3675	4555	4499	1873	2158	2732
240	424	299	78	347	589	560	81	313	220
0	0	0	0	0	0	0	0	0	0
19	58	63	52	13	54	53	12	0	0
185	314	381	96	249	433	402	0	301	86

高等农业院

Basic Statistics of

地区 Region	学校数(所) Institutions	本专科学生数 Undergraduate Students 毕业生数 Graduates	招生数 Students Admitted	在校学生数 Enrolment	教职 Teachers, Staff 合计 Total	校本部 Teachers, Staff & Workers 计 Subtotal	专任 Full-time 计 Subtotal	教授 Professors
总计 Total	58	32368	37934	113362	67710	49904	23435	1158
北京 Beijing	2	970	1093	3631	2764	2308	1224	133
天津 Tianjin	1	160	290	799	372	345	175	5
河北 Hebei	2	1468	1664	5554	2951	2106	1065	42
山西 Shanxi	1	847	1050	3075	1553	1334	577	29
内蒙古 Inner Mongolia	2	1117	1206	4080	2110	1789	895	26
辽宁 Liaoning	3	1410	1774	5075	2680	2344	1083	63
吉林 Jilin	3	1092	1108	3693	3347	2337	1069	36
黑龙江 Heilongjiang	2	2064	1844	5238	3603	2518	977	55
上海 Shanghai	2	760	899	2474	1634	1210	571	17
江苏 Jiangsu	2	1102	1218	3675	3026	2432	1065	84
浙江 Zhejiang	2	1100	951	3480	2071	1670	902	64
安徽 Anhui	1	863	1112	3096	1332	1209	593	40
福建 Fujian	2	1069	1178	3721	2101	1695	747	28
江西 Jiangxi	2	1135	1362	3876	3499	1257	557	18
山东 Shandong	2	1598	1729	5286	2796	2208	1037	60
河南 Henan	4	1740	1975	6288	2813	2328	1086	40
湖北 Hubei	2	1156	1610	5051	3002	2222	1017	76
湖南 Hunan	1	1135	1563	4416	2468	1345	628	15
广东 Guangdong	5	2370	3100	8284	3682	2932	1367	61
广西 Guangxi	1	986	1298	3329	1691	1309	624	18
海南 Hainan	1	605	655	1661	1039	367	266	3
四川 Sichuan	5	2500	3299	8782	4399	3443	1566	76
贵州 Guizhou	1	556	655	2212	1229	1065	469	11
云南 Yunnan	1	807	955	2887	1096	958	436	6
西藏 Tibet	1	.88	131	336	486	402	162	0
陕西 Shaanxi	1	762	968	3010	2113	1620	791	54
甘肃 Gansu	1	627	694	2132	1496	1097	500	29
青海 Qinghai	1	124	110	396	282	275	141	0
宁夏 Ningxia	1	291	434	1390	853	590	358	24
新疆 Xinjiang	3	1866	2009	6435	5222	3189	1487	45

校基本情况

Institutions of Agriculture

单位：人

工数 & Workers									
教职工 in College or Uni. Proper							科研机构人员 Personnel in Affiliated Research Org.	校办工厂、农场职工 Employees in School－run Factories, Farms	附设机构人员 Personnel in Other Subsidiary Units
教师 Teachers				教辅人员 Supporting Staff	行政人员 Adm. Personnel	工勤人员 Workers			
副教授 Asso. Professors	讲师 Lecturers	助教 Assistants	教员 Instructors						
5285	9169	6584	1239	6425	9879	10165	2217	11207	4382
320	474	244	53	338	292	454	207	89	160
40	90	35	5	25	68	77	0	21	6
220	437	297	69	192	410	439	89	577	179
149	244	155	0	51	256	450	0	103	116
188	370	266	45	152	321	421	75	148	98
250	435	302	33	337	440	484	62	75	199
238	353	410	32	321	403	544	71	739	200
175	424	286	37	291	554	696	100	808	177
143	244	158	9	163	282	194	42	131	251
211	443	217	110	292	567	508	69	466	59
182	429	212	15	206	298	264	78	114	209
124	229	138	62	151	258	207	0	61	62
168	332	210	9	270	397	281	107	159	140
173	192	118	56	132	318	250	29	2096	117
195	366	359	57	375	439	357	54	385	149
234	477	305	30	321	526	395	53	284	148
222	410	231	78	323	434	448	240	366	174
135	236	214	28	183	305	229	107	885	131
342	539	312	113	459	594	512	153	366	231
178	233	189	6	196	269	220	106	186	90
53	83	117	10	58	31	12	2	101	569
382	607	423	78	475	686	716	347	358	251
121	160	144	33	93	233	270	13	81	70
83	162	154	31	177	129	216	47	47	44
4	38	93	27	41	106	93	15	41	28
189	247	301	0	158	258	413	66	307	120
133	183	129	26	101	184	312	41	310	48
21	74	34	12	24	62	48	0	5	2
103	152	50	29	55	65	112	33	163	67
309	506	481	146	465	694	543	11	1735	287

高等林业院

Basic Statistics of

地区 Region	学校数(所) Institutions	本专科学生数 Undergraduate Students			教职 Teachers, Staff			
					合计 Total	校本部 Teachers, Staff & Workers		
						计 Subtotal	专任 Full-time	
		毕业生数 Graduates	招生数 Students Admitted	在校学生数 Enrolment			计 Subtotal	教授 Professors
总计 Total	11	4937	6206	18424	10551	8569	4144	180
北京 Beijing	1	444	547	1849	1422	994	492	49
天津 Tianjin	0	0	0	0	0	0	0	0
河北 Hebei	1	323	343	893	490	418	171	4
山西 Shanxi	0	0	0	0	0	0	0	0
内蒙古 Inner Mongolia	1	372	495	1736	727	672	426	7
辽宁 Liaoning	0	0	0	0	0	0	0	0
吉林 Jilin	1	374	430	1461	824	533	234	2
黑龙江 Heilongjiang	1	1079	1305	3667	2093	1798	800	59
上海 Shanghai	0	0	0	0	0	0	0	0
江苏 Jiangsu	1	625	718	2250	1590	1120	588	20
浙江 Zhejiang	1	240	242	840	480	428	208	4
安徽 Anhui	0	0	0	0	0	0	0	0
福建 Fujian	1	360	516	1583	676	563	273	7
江西 Jiangxi	0	0	0	0	0	0	0	0
山东 Shandong	0	0	0	0	0	0	0	0
河南 Henan	0	0	0	0	0	0	0	0
湖北 Hubei	0	0	0	0	0	0	0	0
湖南 Hunan	1	515	739	2103	1038	963	402	9
广东 Guangdong	0	0	0	0	0	0	0	0
广西 Guangxi	0	0	0	0	0	0	0	0
海南 Hainan	0	0	0	0	0	0	0	0
四川 Sichuan	0	0	0	0	0	0	0	0
贵州 Guizhou	0	0	0	0	0	0	0	0
云南 Yunnan	1	213	393	757	592	520	258	9
西藏 Tibet	0	0	0	0	0	0	0	0
陕西 Shaanxi	1	392	478	1285	619	560	292	10
甘肃 Gansu	0	0	0	0	0	0	0	0
青海 Qinghai	0	0	0	0	0	0	0	0
宁夏 Ningxia	0	0	0	0	0	0	0	0
新疆 Xinjiang	0	0	0	0	0	0	0	0

校基本情况

Institutions of Forestry

单位：人

工　数 & Workers									
教　职　工 in College or Uni. Proper							科研机构人员 Personnel in Affiliated Research Org.	校办工厂、农场职工 Employees in School－run Factories, Farms	附设机构人员 Personnel in Other Subsidiary Units
教　师 Teachers				教辅人员 Supporting Staff	行政人员 Adm. Personnel	工勤人员 Workers			
副教授 Asso. Professors	讲　师 Lecturers	助　教 Assistants	教　员 Instructors						
999	1676	1172	117	1113	1754	1558	314	944	724
151	167	117	8	175	208	119	123	98	207
0	0	0	0	0	0	0	0	0	0
27	79	56	5	58	111	78	0	46	26
0	0	0	0	0	0	0	0	0	0
86	147	154	32	58	46	142	13	15	27
0	0	0	0	0	0	0	0	0	0
57	73	102	0	83	98	118	11	258	22
229	328	171	13	218	375	405	0	269	26
0	0	0	0	0	0	0	0	0	0
172	265	131	0	185	215	132	140	145	185
33	90	58	23	34	107	79	0	32	20
0	0	0	0	0	0	0	0	0	0
60	87	110	9	60	119	111	8	28	77
0	0	0	0	0	0	0	0	0	0
0	0	0	0	0	0	0	0	0	0
0	0	0	0	0	0	0	0	0	0
0	0	0	0	0	0	0	0	0	0
82	179	132	0	113	256	192	19	28	28
0	0	0	0	0	0	0	0	0	0
0	0	0	0	0	0	0	0	0	0
0	0	0	0	0	0	0	0	0	0
0	0	0	0	0	0	0	0	0	0
0	0	0	0	0	0	0	0	0	0
53	145	45	6	73	121	68	0	0	72
0	0	0	0	0	0	0	0	0	0
49	116	96	21	56	98	114	0	25	34
0	0	0	0	0	0	0	0	0	0
0	0	0	0	0	0	0	0	0	0
0	0	0	0	0	0	0	0	0	0
0	0	0	0	0	0	0	0	0	0

高等医药院

Basic Statistics of

地区 Region	学校数(所) Institutions	本专科学生数 Undergraduate Students 毕业生数 Graduates	招生数 Students Admitted	在校学生数 Enrolment	教职 Teachers, Staff 合计 Total	校本部 Teachers, Staff & Workers 计 Subtotal	专任 Full-time 计 Subtotal	教授 Professors
总计 Total	121	44486	54693	206492	110556	95753	43169	3421
北京 Beijing	5	1705	1703	8153	7537	6830	3013	546
天津 Tianjin	3	965	1010	4253	2718	2349	1111	128
河北 Hebei	6	2059	3141	10384	5663	4213	1792	80
山西 Shanxi	4	1144	1698	5814	2802	2597	1237	75
内蒙古 Inner Mongolia	3	1063	1305	4581	2062	2033	978	50
辽宁 Liaoning	6	2567	3665	13009	6302	5419	2312	159
吉林 Jilin	4	1873	1897	7596	4333	3604	1762	216
黑龙江 Heilongjiang	5	1942	2230	8378	4315	3354	1452	126
上海 Shanghai	5	1973	2031	9462	7057	5437	2246	257
江苏 Jiangsu	8	3103	3457	14069	7958	6892	2886	215
浙江 Zhejiang	3	1444	1878	6706	3130	2675	1182	110
安徽 Anhui	5	1444	1885	6924	3233	2929	1347	105
福建 Fujian	2	1089	1117	4159	1601	1485	630	31
江西 Jiangxi	5	1722	2362	8603	3267	3263	1568	61
山东 Shandong	9	2749	3102	12746	6457	5753	2786	172
河南 Henan	5	1951	2663	9179	4245	3830	1656	90
湖北 Hubei	7	2870	3283	12011	6732	5703	2557	134
湖南 Hunan	4	1935	2364	8091	4287	3671	1566	90
广东 Guangdong	5	1915	2151	9203	4888	4180	1908	177
广西 Guangxi	4	1185	1652	5550	2485	2129	1023	31
海南 Hainan	0	224	250	983	394	378	154	11
四川 Sichuan	5	2780	3378	12749	6847	5835	2713	256
贵州 Guizhou	4	836	1290	4524	2442	2322	1035	39
云南 Yunnan	3	990	1321	4625	2282	2007	985	59
西藏 Tibet	0	0	41	193	115	115	53	2
陕西 Shaanxi	3	900	1240	4573	3074	2675	1496	106
甘肃 Gansu	2	705	896	3375	1280	1211	461	26
青海 Qinghai	1	162	266	892	382	382	192	2
宁夏 Ningxia	1	258	269	1185	528	528	249	24
新疆 Xinjiang	4	933	1148	4522	2140	1954	819	43

校基本情况

Institutions of Medicine & Pharmacy

单位: 人

工数 & Workers									
教职工 in College or Uni. Proper							科研机构人员 Personnel in Affiliated Research Org.	校办工厂、农场职工 Employees in School-run Factories, Farms	附设机构人员 Personnel in Other Subsidiary Units
教师 Teachers				教辅人员 Supporting Staff	行政人员 Adm. Personnel	工勤人员 Workers			
副教授 Asso. Professors	讲师 Lecturers	助教 Assistants	教员 Instructors						
8338	16037	12511	2862	15804	19326	17454	4194	3227	7382
508	725	659	575	962	1550	1305	289	184	234
234	448	233	68	417	524	297	194	104	71
353	696	556	107	620	888	913	88	54	1308
267	470	386	39	336	504	520	36	95	74
187	443	236	62	407	271	377	0	0	29
371	895	752	135	790	1318	999	298	390	195
515	441	560	30	544	637	661	238	133	358
270	550	497	9	561	657	684	476	263	222
444	637	669	239	1057	1314	820	216	301	1103
650	1199	658	164	1484	1298	1224	349	312	405
162	514	283	113	446	506	541	213	104	138
365	428	379	70	522	518	542	68	60	176
120	210	259	10	292	326	237	22	31	63
306	551	572	78	369	657	669	4	0	0
479	1154	903	78	949	1171	847	114	53	537
333	807	414	12	579	795	800	16	138	261
366	998	918	141	1074	1110	962	220	233	576
267	543	408	258	599	772	734	335	29	252
362	718	564	87	846	760	666	286	87	335
253	399	282	58	345	450	311	82	105	169
25	88	30	0	55	91	78	3	0	13
470	1151	716	120	936	1153	1033	291	353	368
154	359	261	222	321	510	456	76	29	15
175	375	334	42	214	429	379	48	0	227
2	12	21	16	4	26	32	0	0	0
351	620	381	38	446	323	410	178	121	100
86	176	141	32	183	262	305	54	0	15
32	73	55	30	51	66	73	0	0	0
42	95	88	0	104	67	108	0	0	0
189	262	296	29	291	373	471	0	48	138

高等师范院

Basic Statistics of

地区 Region	学校数(所) Institutions	本专科学生数 Undergraduate Students			教职 Teachers, Staff			
		毕业生数 Graduates	招生数 Students Admitted	在校学生数 Enrolment	合计 Total	校本部 Teachers, Staff & Workers		
						计 Subtotal	专任 Full-time	
							计 Subtotal	教授 Professors
总计 Total	253	161059	186913	492362	170584	151917	75060	1916
北京 Beijing	3	3261	3654	11100	6652	5243	2529	263
天津 Tianjin	3	2398	2458	6804	3208	2490	1255	55
河北 Hebei	13	8495	10477	23976	7719	7015	3421	56
山西 Shanxi	9	3715	5329	14874	4581	4280	1907	19
内蒙古 Inner Mongolia	6	3682	3757	10238	4095	3827	1913	25
辽宁 Liaoning	14	7093	8569	22921	7625	7084	3929	57
吉林 Jilin	8	5731	6275	16672	7039	6107	3056	63
黑龙江 Heilongjiang	10	4840	6539	17453	6621	5969	2845	57
上海 Shanghai	5	4789	5280	14270	7813	6083	2959	166
江苏 Jiangsu	9	7515	9009	21588	6319	5772	2951	101
浙江 Zhejiang	10	5109	5726	13873	5166	4846	2465	42
安徽 Anhui	13	7329	8264	20366	7053	6523	3450	83
福建 Fujian	9	7221	7828	18392	5397	5009	2542	69
江西 Jiangxi	8	7347	7908	22079	5924	5421	2739	28
山东 Shandong	15	13308	13745	33220	10765	9722	4474	77
河南 Henan	14	11306	13195	31230	10605	9917	4821	155
湖北 Hubei	9	4799	7250	22721	7616	5772	2889	82
湖南 Hunan	13	8710	10936	30237	8646	7760	3763	101
广东 Guangdong	7	6811	7306	18771	5012	4480	2213	98
广西 Guangxi	8	4063	5435	14070	4883	4348	2083	39
海南 Hainan	2	933	1196	2968	884	848	399	12
四川 Sichuan	17	12888	13938	39549	11824	10635	5155	90
贵州 Guizhou	10	2986	3240	9791	3904	3734	1802	16
云南 Yunnan	11	4068	4505	12028	4076	3776	1950	20
西藏 Tibet	0	0	0	0	0	0	0	0
陕西 Shaanxi	10	4947	5810	17461	6963	6113	2910	74
甘肃 Gansu	6	4086	4568	11979	4522	3725	1832	52
青海 Qinghai	3	757	865	2808	1207	1172	614	6
宁夏 Ningxia	2	437	546	1476	523	506	263	0
新疆 Xinjiang	6	2435	3305	9447	3942	3740	1931	10

校基本情况

Teachers Colleges

单位：人

工数 & Workers									
教职工 in College or Uni. Proper							科研机构人员 Personnel in Affiliated Research Org.	校办工厂、农场职工 Employees in School－run Factories, Farms	附设机构人员 Personnel in Other Subsidiary Units
教师 Teachers				教辅人员 Supporting Staff	行政人员 Adm. Personnel	工勤人员 Workers			
副教授 Asso. Professors	讲师 Lecturers	助教 Assistants	教员 Instructors						
14596	29787	23957	4804	18927	31653	26277	3589	5436	9642
895	1053	243	75	892	785	1037	543	271	595
299	598	279	24	294	518	423	18	502	198
642	1424	1054	245	825	1532	1237	131	212	361
295	692	748	153	488	945	940	24	66	211
346	753	737	52	558	765	591	34	66	168
682	1594	1384	212	760	1467	928	87	115	339
633	1247	982	131	827	1281	943	143	216	573
561	1235	884	108	627	1232	1265	23	271	358
769	1232	679	113	802	1362	960	602	468	660
577	1334	817	122	715	1074	1032	32	139	376
388	1065	802	168	639	951	791	23	132	165
703	1260	1080	324	702	1284	1087	71	146	313
459	962	883	169	735	1056	676	83	134	171
466	1004	1038	203	679	1034	969	58	188	257
798	1537	1737	325	1172	2321	1755	288	311	444
890	2029	1574	173	1211	2122	1763	52	205	431
605	994	955	253	799	1259	825	254	648	942
894	1642	867	259	914	1579	1504	119	171	596
512	980	584	39	565	940	762	248	60	224
383	731	690	240	631	854	780	58	191	286
79	169	125	14	119	162	168	12	0	24
965	2021	1626	453	1310	2319	1851	326	112	751
308	633	703	142	489	841	602	19	61	90
253	678	817	182	515	742	569	83	42	175
0	0	0	0	0	0	0	0	0	0
476	1120	1093	147	685	1340	1178	125	143	582
318	710	594	158	510	736	647	101	488	208
62	277	138	131	81	298	179	0	35	0
41	116	92	14	64	108	71	6	0	11
297	697	752	175	319	746	744	26	43	133

高等语文院

Basic Statistics of

地区 Region	学校数(所) Institutions	本专科学生数 Undergraduate Students			教职 Teachers, Staff			
		毕业生数 Graduates	招生数 Students Admitted	在校学生数 Enrolment	合计 Total	校本部 Teachers, Staff & Workers		
						计 Subtotal	专任 Full-time	
							计 Subtotal	教授 Professors
总计 Total	14	3955	4891	14679	11125	9851	4541	188
北京 Beijing	7	1647	1684	5902	5773	4995	2317	117
天津 Tianjin	1	309	403	1003	500	500	183	7
河北 Hebei	0	0	0	0	0	0	0	0
山西 Shanxi	0	0	0	0	0	0	0	0
内蒙古 Inner Mongolia	0	44	62	190	209	197	90	0
辽宁 Liaoning	1	336	408	1210	573	534	243	3
吉林 Jilin	0	0	0	0	0	0	0	0
黑龙江 Heilongjiang	0	0	0	0	0	0	0	0
上海 Shanghai	1	394	637	1891	1349	1295	575	21
江苏 Jiangsu	0	0	0	0	0	0	0	0
浙江 Zhejiang	1	81	146	262	137	134	61	1
安徽 Anhui	0	0	0	0	0	0	0	0
福建 Fujian	0	0	0	0	0	0	0	0
江西 Jiangxi	0	0	0	0	0	0	0	0
山东 Shandong	0	0	0	0	0	0	0	0
河南 Henan	0	0	0	0	0	0	0	0
湖北 Hubei	0	0	0	0	0	0	0	0
湖南 Hunan	0	0	0	0	0	0	0	0
广东 Guangdong	1	374	400	1342	941	806	346	11
广西 Guangxi	0	0	0	0	0	0	0	0
海南 Hainan	0	0	0	0	0	0	0	0
四川 Sichuan	1	491	691	1774	812	706	336	7
贵州 Guizhou	0	0	0	0	0	0	0	0
云南 Yunnan	0	0	0	0	0	0	0	0
西藏 Tibet	0	0	0	0	0	0	0	0
陕西 Shaanxi	1	279	460	1105	831	684	390	21
甘肃 Gansu	0	0	0	0	0	0	0	0
青海 Qinghai	0	0	0	0	0	0	0	0
宁夏 Ningxia	0	0	0	0	0	0	0	0
新疆 Xinjiang	0	0	0	0	0	0	0	0

校基本情况

Teachers Colleges

单位：人

工数 & Workers									
教职工 in College or Uni. Proper							科研机构人员 Personnel in Affiliated Research Org.	校办工厂农场职工 Employees in School-run Factories, Farms	附设机构人员 Personnel in Other Subsidiary Units
教师 Teachers				教辅人员 Supporting Staff	行政人员 Adm. Personnel	工勤人员 Workers			
副教授 Asso. Professors	讲师 Lecturers	助教 Assistants	教员 Instructors						
1069	2013	1073	198	1214	2020	2076	200	34	1040
624	1077	389	110	498	1010	1170	101	31	646
44	96	33	3	76	152	89	0	0	0
0	0	0	0	0	0	0	0	0	0
0	0	0	0	0	0	0	0	0	0
8	35	45	2	11	56	40	6	0	6
47	112	70	11	59	125	107	14	0	25
0	0	0	0	0	0	0	0	0	0
0	0	0	0	0	0	0	0	0	0
128	265	126	35	318	167	235	42	0	12
0	0	0	0	0	0	0	0	0	0
10	6	10	34	15	30	28	0	3	0
0	0	0	0	0	0	0	0	0	0
0	0	0	0	0	0	0	0	0	0
0	0	0	0	0	0	0	0	0	0
0	0	0	0	0	0	0	0	0	0
0	0	0	0	0	0	0	0	0	0
0	0	0	0	0	0	0	0	0	0
0	0	0	0	0	0	0	0	0	0
68	153	114	0	94	197	169	17	0	118
0	0	0	0	0	0	0	0	0	0
0	0	0	0	0	0	0	0	0	0
77	127	122	3	83	173	114	20	0	86
0	0	0	0	0	0	0	0	0	0
0	0	0	0	0	0	0	0	0	0
0	0	0	0	0	0	0	0	0	0
63	142	164	0	60	110	124	0	0	147
0	0	0	0	0	0	0	0	0	0
0	0	0	0	0	0	0	0	0	0
0	0	0	0	0	0	0	0	0	0
0	0	0	0	0	0	0	0	0	0

高等财经院

Basic Statistics of

地区 Region	学校数(所) Institutions	本专科学生数 Undergraduate Students 毕业生数 Graduates	招生数 Students Admitted	在校学生数 Enrolment	教职 Teachers, Staff 合计 Total	校本部 Teachers, Staff & Workers 计 Subtotal	专任 Full-time 计 Subtotal	教授 Professors
总计 Total	82	36523	49041	136139	48093	43316	20204	581
北京 Beijing	7	3075	3724	12552	6322	5283	2593	122
天津 Tianjin	3	2142	2755	7279	2509	2408	1014	48
河北 Hebei	3	1154	1797	4081	1113	1062	494	2
山西 Shanxi	3	1694	2286	6205	1717	1634	878	16
内蒙古 Inner Mongolia	1	411	629	1995	647	610	279	2
辽宁 Liaoning	4	2558	3270	8779	2861	2643	1224	43
吉林 Jilin	4	1155	1495	4130	1645	1599	770	9
黑龙江 Heilongjiang	4	1345	2124	5668	2095	1966	1053	11
上海 Shanghai	6	2313	2942	8326	3206	2925	1226	51
江苏 Jiangsu	4	1162	1530	4279	1545	1352	617	12
浙江 Zhejiang	3	1634	2217	5831	2009	1697	740	15
安徽 Anhui	4	1732	2104	5166	1721	1612	746	4
福建 Fujian	2	521	712	1774	405	366	174	1
江西 Jiangxi	1	1197	1425	4049	1253	1219	463	15
山东 Shandong	3	1289	1634	5140	1815	1612	771	5
河南 Henan	4	1760	2902	7476	2906	2265	996	18
湖北 Hubei	3	1627	2264	6972	2728	2388	1088	69
湖南 Hunan	4	1861	2419	6947	1994	1900	888	14
广东 Guangdong	3	1646	1924	5383	1238	1197	558	13
广西 Guangxi	2	499	985	2068	519	500	246	1
海南 Hainan	0	0	0	0	0	0	0	0
四川 Sichuan	4	1830	2740	7603	2611	2207	1067	54
贵州 Guizhou	2	558	661	2021	930	880	423	4
云南 Yunnan	1	632	766	2251	665	600	286	2
西藏 Tibet	0	0	0	0	0	0	0	0
陕西 Shaanxi	4	1574	2166	5767	1894	1801	821	39
甘肃 Gansu	1	587	718	1812	706	647	315	9
青海 Qinghai	0	0	0	0	0	0	0	0
宁夏 Ningxia	0	0	0	0	0	0	0	0
新疆 Xinjiang	2	567	852	2585	1039	943	474	2

校 基 本 情 况

nstitutions of Finance & Economics

单位:人

工 数 & Workers									
教 职 工 n College or Uni. Proper							科研机构人员 Personnel in Affiliated Research Org.	校办工厂、农场职工 Employees in School-run Factories, Farms	附设机构人员 Personnel in Other Subsidiary Units
教 师 Teachers				教辅人员 Supporting Staff	行政人员 Adm. Personnel	工勤人员 Workers			
副教授 Asso. Professors	讲 师 Lecturers	助 教 Assistants	教 员 Instructors						
3539	7964	6805	1315	4292	10678	8142	829	1523	2425
5731	043	592	263	479	1342	869	180	375	484
210	498	241	17	238	699	457	16	25	60
56	209	198	29	74	280	214	14	0	37
138	342	352	30	128	333	295	24	20	39
30	102	118	27	61	130	140	14	0	23
210	474	431	66	225	632	562	66	0	152
124	285	326	26	241	302	286	8	3	35
164	423	314	141	240	397	276	9	34	86
199	549	365	62	302	764	633	85	16	180
101	207	253	44	169	292	274	22	128	43
135	362	202	26	169	368	420	18	196	98
93	311	285	53	183	347	336	4	0	105
15	65	67	26	25	103	64	1	14	24
89	195	153	11	94	399	263	34	0	0
102	160	416	88	173	390	278	13	20	170
165	391	381	41	249	659	361	37	383	221
230	458	273	58	191	680	429	36	74	230
183	333	312	46	241	347	424	2	17	75
94	194	225	32	134	272	233	5	0	36
37	70	109	29	45	112	97	2	9	8
0	0	0	0	0	0	0	0	0	0
236	448	250	79	172	635	333	147	135	122
54	168	183	14	117	189	151	24	22	4
53	124	107	0	62	144	108	13	5	47
0	0	0	0	0	0	0	0	0	0
143	305	317	17	159	466	355	23	23	47
55	122	125	4	51	174	107	12	24	23
0	0	0	0	0	0	0	0	0	0
0	0	0	0	0	0	0	0	0	0
50	126	210	86	70	222	177	20	0	76

高 等 政 法 院

Basic Statistics o

地　区 Region	学校数(所) Institutions	本专科学生数 Undergraduate Students			教职 Teachers, Staff			
						校本部 Teachers, Staff & Workers		
							专任 Full-time	
		毕业生数 Graduates	招生数 Students Admitted	在校学生数 Enrolment	合计 Total	计 Subtotal	计 Subtotal	教授 Professors
总　计 Total	25	8052	9514	28166	12584	11587	4686	163
北　京 Beijing	5	1623	2009	6241	4029	3711	1349	79
天　津 Tianjin	0	0	0	0	0	0	0	0
河　北 Hebei	0	0	0	0	0	0	0	0
山　西 Shanxi	0	0	0	0	0	0	0	0
内蒙古 Inner Mongolia	0	0	0	0	0	0	0	0
辽　宁 Liaoning	2	475	554	1730	944	899	395	6
吉　林 Jilin	1	149	150	450	252	246	104	0
黑龙江 Heilongjiang	0	70	0	0	0	0	0	0
上　海 Shanghai	3	965	1246	3924	1589	1412	570	11
江　苏 Jiangsu	1	362	410	1105	354	344	169	2
浙　江 Zhejiang	1	127	220	491	224	224	89	0
安　徽 Anhui	0	0	0	0	0	0	0	0
福　建 Fujian	1	149	198	528	162	162	74	0
江　西 Jiangxi	1	179	201	587	209	209	94	0
山　东 Shandong	1	237	240	722	355	336	120	3
河　南 Henan	1	97	200	557	223	223	115	1
湖　北 Hubei	2	924	975	3092	1088	1022	438	21
湖　南 Hunan	1	217	350	945	212	207	92	0
广　东 Guangdong	0	0	0	0	0	0	0	0
广　西 Guangxi	0	0	0	0	0	0	0	0
海　南 Hainan	0	0	0	0	0	0	0	0
四　川 Sichuan	1	1083	1141	3244	1182	1046	418	24
贵　州 Guizhou	0	0	0	0	0	0	0	0
云　南 Yunnan	2	542	597	1609	562	517	198	0
西　藏 Tibet	0	0	0	0	0	0	0	0
陕　西 Shaanxi	1	709	777	2461	916	761	346	14
甘　肃 Gansu	1	144	246	480	283	268	115	2
青　海 Qinghai	0	0	0	0	0	0	0	0
宁　夏 Ningxia	0	0	0	0	0	0	0	0
新　疆 Xinjiang	0	0	0	0	0	0	0	0

校基本情况

Institutions of Political Science & Law

单位:人

工　　数

& Workers

教职工 in College or Uni. Proper							科研机构人员 Personnel in Affiliated Research Org.	校办工厂、农场职工 Employees in School-run Factories, Farms	附设机构人员 Personnel in Other Subsidiary Units
教师 Teachers				教辅人员 Supporting Staff	行政人员 Adm. Personnel	工勤人员 Workers			
副教授 Asso. Professors	讲师 Lecturers	助教 Assistants	教员 Instructors						
767	1960	1430	366	1382	3331	2188	215	136	646
320	616	240	94	595	896	871	95	22	201
0	0	0	0	0	0	0	0	0	0
0	0	0	0	0	0	0	0	0	0
0	0	0	0	0	0	0	0	0	0
0	0	0	0	0	0	0	0	0	0
56	196	127	10	98	268	138	0	0	45
14	35	54	1	37	72	33	6	0	0
0	0	0	0	0	0	0	0	0	0
65	271	157	66	124	438	280	41	69	67
17	71	66	13	33	104	38	0	0	10
9	26	38	16	21	76	38	0	0	0
0	0	0	0	0	0	0	0	0	0
8	23	29	14	17	64	7	0	0	0
5	35	38	16	20	64	31	0	0	0
19	59	28	11	16	118	82	0	19	0
11	42	46	15	14	66	28	0	0	0
65	166	166	20	77	328	179	12	0	54
8	29	39	16	15	52	48	0	0	5
0	0	0	0	0	0	0	0	0	0
0	0	0	0	0	0	0	0	0	0
0	0	0	0	0	0	0	0	0	0
80	150	143	21	138	282	208	23	0	113
0	0	0	0	0	0	0	0	0	0
15	38	95	50	44	194	81	10	0	35
0	0	0	0	0	0	0	0	0	0
62	168	99	3	100	236	79	23	19	113
13	35	65	0	33	73	47	5	7	3
0	0	0	0	0	0	0	0	0	0
0	0	0	0	0	0	0	0	0	0
0	0	0	0	0	0	0	0	0	0

高等体育院

Basic Statistics of

地区 Region	学校数(所) Institutions	本专科学生数 Undergraduate Students			教职 Teachers, Staff			
						校本部 Teachers, Staff & Workers		
							专任 Full-time	
		毕业生数 Graduates	招生数 Students Admitted	在校学生数 Enrolment	合计 Total	计 Subtotal	计 Subtotal	教授 Professors
总计 Total	15	3648	4230	13332	7470	6986	3360	137
北京 Beijing	1	421	515	1867	1132	1034	487	28
天津 Tianjin	1	189	195	487	487	459	227	13
河北 Hebei	1	171	180	541	207	201	99	0
山西 Shanxi	0	0	0	0	0	0	0	0
内蒙古 Inner Mongolia	0	0	0	0	0	0	0	0
辽宁 Liaoning	1	323	351	1118	687	610	308	16
吉林 Jilin	1	133	140	480	192	192	88	7
黑龙江 Heilongjiang	1	240	292	863	373	373	169	1
上海 Shanghai	1	351	395	1381	772	649	362	17
江苏 Jiangsu	1	118	146	420	184	184	89	3
浙江 Zhejiang	0	0	0	0	0	0	0	0
安徽 Anhui	0	0	0	0	0	0	0	0
福建 Fujian	1	179	216	622	274	265	131	0
江西 Jiangxi	0	0	0	0	0	0	0	0
山东 Shandong	1	155	150	517	379	379	139	2
河南 Henan	0	0	0	0	0	0	0	0
湖北 Hubei	1	348	362	1163	823	756	377	10
湖南 Hunan	0	0	0	0	0	0	0	0
广东 Guangdong	1	348	381	1206	478	455	197	15
广西 Guangxi	1	151	242	394	119	119	63	0
海南 Hainan	0	0	0	0	0	0	0	0
四川 Sichuan	1	281	301	1139	685	685	342	12
贵州 Guizhou	0	0	0	0	0	0	0	0
云南 Yunnan	0	0	0	0	0	0	0	0
西藏 Tibet	0	0	0	0	0	0	0	0
陕西 Shaanxi	1	240	364	1134	678	625	282	13
甘肃 Gansu	0	0	0	0	0	0	0	0
青海 Qinghai	0	0	0	0	0	0	0	0
宁夏 Ningxia	0	0	0	0	0	0	0	0
新疆 Xinjiang	0	0	0	0	0	0	0	0

校基本情况

Institutions of Physical Culture

单位:人

工数 & Workers									
教职工 in College or Uni. Proper							科研机构人员 Personnel in Affiliated Research Org.	校办工厂、农场职工 Employees in School-run Factories, Farms	附设机构人员 Personnel in Other Subsidiary Units
教师 Teachers				教辅人员 Supporting Staff	行政人员 Adm. Personnel	工勤人员 Workers			
副教授 Asso. Professors	讲师 Lecturers	助教 Assistants	教员 Instrructors						
760	1487	910	66	547	1575	1504	89	19	376
154	198	89	18	201	81	265	32	0	66
52	124	38	0	22	103	107	0	0	28
17	43	32	7	14	54	34	0	0	6
0	0	0	0	0	0	0	0	0	0
0	0	0	0	0	0	0	0	0	0
67	131	94	0	51	117	134	0	0	77
21	28	32	0	13	61	30	0	0	0
34	58	76	0	23	100	81	0	0	0
87	162	95	1	45	126	116	29	15	79
22	42	19	3	7	55	33	0	0	0
0	0	0	0	0	0	0	0	0	0
0	0	0	0	0	0	0	0	0	0
19	55	50	7	14	78	42	0	0	9
0	0	0	0	0	0	0	0	0	0
28	56	47	6	18	124	98	0	0	0
0	0	0	0	0	0	0	0	0	0
89	185	84	9	34	155	190	19	0	48
0	0	0	0	0	0	0	0	0	0
44	95	34	9	11	175	72	9	4	10
12	24	27	0	0	34	22	0	0	0
0	0	0	0	0	0	0	0	0	0
59	151	114	6	34	175	134	0	0	0
0	0	0	0	0	0	0	0	0	0
0	0	0	0	0	0	0	0	0	0
0	0	0	0	0	0	0	0	0	0
55	135	79	0	60	137	146	0	0	53
0	0	0	0	0	0	0	0	0	0
0	0	0	0	0	0	0	0	0	0
0	0	0	0	0	0	0	0	0	0
0	0	0	0	0	0	0	0	0	0

高等艺术院

Basic Statistics of

地区 Region	学校数(所) Institutions	本专科学生数 Undergraduate Students: 毕业生数 Graduates	招生数 Students Admitted	在校学生数 Enrolment	教职 Teachers, Staff: 合计 Total	校本部 Teachers, Staff & Workers: 计 Subtotal	专任 Full-time: 计 Subtotal	教授 Professors
总计 Total	31	3464	4786	12513	12220	11416	5551	296
北京 Beijing	8	452	673	2039	3289	3091	1251	81
天津 Tianjin	2	178	319	816	651	587	303	32
河北 Hebei	0	0	0	0	0	0	0	0
山西 Shanxi	0	0	0	0	0	0	0	0
内蒙古 Inner Mongolia	0	40	81	195	147	147	64	1
辽宁 Liaoning	2	348	449	1155	914	869	438	18
吉林 Jilin	1	168	239	514	599	577	334	7
黑龙江 Heilongjiang	0	0	0	0	0	0	0	0
上海 Shanghai	2	183	175	479	862	778	325	26
江苏 Jiangsu	1	147	180	525	448	426	266	20
浙江 Zhejiang	1	92	84	257	429	373	183	20
安徽 Anhui	0	0	0	0	0	0	0	0
福建 Fujian	0	61	0	0	0	0	0	0
江西 Jiangxi	0	0	0	0	0	0	0	0
山东 Shandong	2	198	338	868	728	674	329	4
河南 Henan	0	0	0	0	0	0	0	0
湖北 Hubei	2	198	384	901	686	667	329	16
湖南 Hunan	0	0	0	0	0	0	0	0
广东 Guangdong	2	353	419	1129	664	612	329	21
广西 Guangxi	1	172	214	524	406	381	191	4
海南 Hainan	0	0	0	0	0	0	0	0
四川 Sichuan	2	332	448	1017	780	680	350	19
贵州 Guizhou	1	69	140	330	110	105	85	0
云南 Yunnan	1	198	221	734	457	441	210	1
西藏 Tibet	0	0	0	0	0	0	0	0
陕西 Shaanxi	2	205	308	774	740	698	377	23
甘肃 Gansu	0	0	0	0	0	0	0	0
青海 Qinghai	0	0	0	0	0	0	0	0
宁夏 Ningxia	0	0	0	0	0	0	0	0
新疆 Xinjiang	1	70	114	256	310	310	187	3

校基本情况

Institutions of Art

单位:人

工数 & Workers 教职工 in College or Uni. Proper 教师 Teachers 副教授 Asso. Professors	讲师 Lecturers	助教 Assistants	教员 Instructors	教辅人员 Supporting Staff	行政人员 Adm. Personnel	工勤人员 Workers	科研机构人员 Personnel in Affiliated Research Org.	校办工厂、农场职工 Employees in School-run Factories, Farms	附设机构人员 Personnel in Other Subsidiary Units
1277	2057	1417	504	1211	2495	2159	260	123	421
315	445	243	167	581	616	643	105	4	89
69	111	77	14	45	148	91	19	13	32
0	0	0	0	0	0	0	0	0	0
0	0	0	0	0	0	0	0	0	0
15	10	10	28	18	28	37	0	0	0
91	170	148	11	78	213	140	3	8	34
51	118	99	59	55	108	80	13	5	4
0	0	0	0	0	0	0	0	0	0
112	128	30	29	38	246	169	27	24	33
59	135	52	0	31	75	54	0	0	22
68	63	32	0	42	92	56	0	16	40
0	0	0	0	0	0	0	0	0	0
0	0	0	0	0	0	0	0	0	0
0	0	0	0	0	0	0	0	0	0
68	93	111	53	19	169	157	27	13	14
0	0	0	0	0	0	0	0	0	0
86	109	100	18	64	149	125	6	9	4
0	0	0	0	0	0	0	0	0	0
79	125	85	19	39	142	102	28	0	24
41	82	59	5	52	74	64	6	0	19
0	0	0	0	0	0	0	0	0	0
90	122	98	21	44	134	152	18	18	64
13	27	34	11	8	10	2	3	0	2
25	95	64	25	36	84	111	5	0	11
0	0	0	0	0	0	0	0	0	0
68	138	125	23	43	154	124	0	13	29
0	0	0	0	0	0	0	0	0	0
0	0	0	0	0	0	0	0	0	0
0	0	0	0	0	0	0	0	0	0
27	86	50	21	18	53	52	0	0	0

高等民族院

Basic Statistics of

地区 Region	学校数(所) Institutions	本专科学生数 Undergraduate Students			教职 Teachers, Staff			
						校本部 Teachers, Staff & Workers		
							专任 Full－time	
		毕业生数 Graduates	招生数 Students Admitted	在校学生数 Enrolment	合计 Total	计 Subtotal	计 Subtotal	教授 Professors
总计 Total	11	5933	7702	22839	10570	9369	4332	92
北京 Beijing	1	773	740	2366	1877	1600	687	28
天津 Tianjin	0	0	0	0	0	0	0	0
河北 Hebei	0	0	0	0	0	0	0	0
山西 Shanxi	0	0	0	0	0	0	0	0
内蒙古 Inner Mongolia	0	0	0	0	0	0	0	0
辽宁 Liaoning	0	0	0	0	0	0	0	0
吉林 Jilin	0	0	0	0	0	0	0	0
黑龙江 Heilongjiang	0	0	0	0	0	0	0	0
上海 Shanghai	0	0	0	0	0	0	0	0
江苏 Jiangsu	0	0	0	0	0	0	0	0
浙江 Zhejiang	0	0	0	0	0	0	0	0
安徽 Anhui	0	0	0	0	0	0	0	0
福建 Fujian	0	0	0	0	0	0	0	0
江西 Jiangxi	0	0	0	0	0	0	0	0
山东 Shandong	0	0	0	0	0	0	0	0
河南 Henan	0	0	0	0	0	0	0	0
湖北 Hubei	2	947	1497	5099	1814	1550	746	18
湖南 Hunan	0	0	0	0	0	0	0	0
广东 Guangdong	1	421	571	1198	399	372	174	5
广西 Guangxi	1	580	1052	2492	1018	901	426	9
海南 Hainan	0	0	0	0	0	0	0	0
四川 Sichuan	1	723	853	2740	1161	1002	440	6
贵州 Guizhou	1	477	451	1450	843	837	385	3
云南 Yunnan	1	799	803	2562	953	856	389	5
西藏 Tibet	1	160	194	618	574	535	232	0
陕西 Shaanxi	0	0	0	0	0	0	0	0
甘肃 Gansu	1	584	831	2299	998	903	444	12
青海 Qinghai	1	293	330	1124	614	527	241	4
宁夏 Ningxia	0	176	380	891	319	286	168	2
新疆 Xinjiang	0	0	0	0	0	0	0	0

校基本情况

Institutions of Nationalities

单位:人

工　数 & Workers									
教　职　工 in College or Uni. Proper							科研机构人员 Personnel in Affiliated Research Org.	校办工厂、农场职工 Employees in School－run Factories, Farms	附设机构人员 Personnel in Other Subsidiary Units
教　师 Teachers				教辅人员 Supporting Staff	行政人员 Adm. Personnel	工勤人员 Workers			
副教授 Asso. Professors	讲　师 Lecturers	助　教 Assistants	教　员 Instructors						
834	1916	1209	281	888	2343	1806	363	113	725
153	335	167	4	104	325	484	112	0	165
0	0	0	0	0	0	0	0	0	0
0	0	0	0	0	0	0	0	0	0
0	0	0	0	0	0	0	0	0	0
0	0	0	0	0	0	0	0	0	0
0	0	0	0	0	0	0	0	0	0
0	0	0	0	0	0	0	0	0	0
0	0	0	0	0	0	0	0	0	0
0	0	0	0	0	0	0	0	0	0
0	0	0	0	0	0	0	0	0	0
0	0	0	0	0	0	0	0	0	0
0	0	0	0	0	0	0	0	0	0
0	0	0	0	0	0	0	0	0	0
0	0	0	0	0	0	0	0	0	0
0	0	0	0	0	0	0	0	0	0
0	0	0	0	0	0	0	0	0	0
161	268	246	53	198	365	241	69	25	170
0	0	0	0	0	0	0	0	0	0
42	93	31	3	42	84	72	9	0	18
99	188	109	21	116	192	167	0	0	117
0	0	0	0	0	0	0	0	0	0
102	226	74	32	129	270	163	51	51	57
51	139	164	28	4	289	159	6	0	0
60	176	110	38	77	263	127	55	0	42
36	92	85	19	48	141	114	4	22	13
0	0	0	0	0	0	0	0	0	0
89	201	86	56	65	245	149	29	14	52
33	132	66	6	76	135	75	25	0	62
8	66	71	21	29	34	55	3	1	29
0	0	0	0	0	0	0	0	0	0

普通高等学校女学

Number of Female Students, Teachers, Staff &

地区 Region	本专科学生数 Undergraduate Students			教职 Teachers, Staff			
					校本部 Teachers, Staff & Workers		
						专任 Full-time	
	毕业生数 Graduates	招生数 Students Admitted	在校学生数 Enrolment	合计 Total	计 Subtotal	计 Subtotal	教授 Professors
总计 Total	201928	258123	735942	373399	296220	116314	2063
北京 Beijing	14216	15476	51742	40405	32784	12942	438
天津 Tianjin	5680	6774	20871	10931	8427	3514	93
河北 Hebei	9988	14870	36615	13350	10560	4502	42
山西 Shanxi	5529	7644	23348	8461	7366	3140	36
内蒙古 Inner Mongolia	4215	4328	14198	5390	4618	2092	16
辽宁 Liaoning	14536	18208	51918	22157	18667	7868	87
吉林 Jilin	8644	9705	28921	14182	11174	4732	82
黑龙江 Heilongjiang	7837	10271	31009	14741	11575	4835	65
上海 Shanghai	11950	13947	43102	26087	19480	6830	177
江苏 Jiangsu	12153	15751	44694	23633	18527	6981	108
浙江 Zhejiang	6080	7730	20998	9609	7860	2816	53
安徽 Anhui	4661	5727	15871	8216	6690	2619	43
福建 Fujian	5172	5741	16267	6779	5694	2386	25
江西 Jiangxi	4279	5502	15550	8611	6155	2288	13
山东 Shandong	11135	21735	45688	16298	12832	5179	86
河南 Henan	8198	10923	28333	12894	10115	4137	43
湖北 Hubei	8907	11420	35980	25050	18541	6544	88
湖南 Hunan	7304	10537	28642	14430	11352	3791	60
广东 Guangdong	9812	10112	30121	15221	11927	4440	115
广西 Guangxi	3591	5201	13413	6427	5174	1913	7
海南 Hainan	653	1061	2721	1160	823	310	5
四川 Sichuan	13270	15270	45523	24401	19579	7411	181
贵州 Guizhou	2704	2764	9340	5221	4706	1861	16
云南 Yunnan	4486	6179	17298	6733	5803	2500	26
西藏 Tibet	190	303	985	619	547	233	0
陕西 Shaanxi	8145	9956	30236	17370	13348	5294	129
甘肃 Gansu	3359	4156	11357	5424	4204	1614	14
青海 Qinghai	725	859	2738	1108	997	466	0
宁夏 Ningxia	838	1168	3533	1373	1147	558	6
新疆 Xinjiang	3671	4805	14930	7118	5548	2518	9

生和女教职工数

Workers in Regular Higher Educational Institutions

单位:人

工数 & Workers

教职工 in College or Uni. Proper							科研机构人员 Personnel in Affiliated Research Org.	校办工厂、农场职工 Employees in School-run Factories, Farms	附设机构人员 Personnel in Other Subsidiary Units
教师 Teachers				教辅人员 Supporting Staff	行政人员 Adm. Personnel	工勤人员 Workers			
副教授 Asso. Professors	讲师 Lecturers	助教 Assistants	教员 Instructors						
17977	47391	41154	7729	59597	61674	58635	12756	22256	42167
3096	5438	2867	1103	6796	7097	5949	2131	1566	3924
587	1831	915	88	1858	1593	1462	602	828	1074
451	1955	1713	341	1964	2054	2040	244	664	1882
365	1107	1452	180	1175	1298	1753	168	342	585
270	854	800	152	975	697	854	88	286	398
835	3011	3415	520	3853	4209	2737	465	930	2095
570	1885	1945	250	2303	2233	1906	475	929	1604
610	1933	2041	186	2174	2318	2248	533	1196	1437
1218	2911	2191	333	3626	4451	4573	1585	1794	3228
1291	3007	2194	381	4011	3981	3554	826	1655	2625
368	1180	901	314	1605	1486	1953	247	499	1003
507	999	856	214	1528	1321	1222	282	314	930
224	891	1105	141	1167	1154	987	166	219	700
321	803	972	179	1114	1213	1540	57	1673	726
855	1802	2114	322	2890	2413	2350	443	925	2098
506	1759	1610	209	1988	2041	1949	146	1209	1424
1119	2652	2155	530	3986	4065	3946	1078	1789	3642
543	1616	1207	365	2441	2265	2855	460	913	1705
759	2006	1387	173	2401	2545	2541	538	497	2259
251	709	788	158	1005	1100	1156	104	364	785
31	134	132	8	178	153	182	5	64	268
1300	3116	2379	435	3991	4529	3648	990	797	3035
219	660	763	203	754	1210	881	64	147	304
287	963	1075	149	902	1272	1129	149	103	678
7	68	104	54	84	123	107	4	21	47
815	2131	2011	208	2559	2548	2947	628	968	2426
213	648	592	147	902	766	922	208	504	508
31	200	144	91	177	209	145	6	25	80
69	221	211	51	210	154	225	27	95	104
259	901	1105	244	980	1176	874	37	940	593

中等专业学

Basic Statistics of

地区 Region	学校数(所) Schools	毕业生数 Graduates	招生数 Entrants			在校学生数 Enrolment		
			计 Total	招高中毕业生数 Graduates From Senior Sec. School	招初中毕业生数 Graduates From Junior Sec. School		合计 Total	
								计 Subtotal
总计 Total	3903	742957	879242	211988	667254	2408365	503000	463967
北京 Beijing	117	16190	17119	2594	14525	56406	14752	13618
天津 Tianjin	73	11353	13264	2961	10303	38837	10213	9562
河北 Hebei	217	35569	45190	12564	32626	118747	24819	23393
山西 Shanxi	124	29535	31018	8282	22736	88659	17172	16325
内蒙古 Inner Mongolia	100	16754	18133	4013	14120	52792	15606	14784
辽宁 Liaoning	165	33377	39517	9706	29811	110011	25295	23300
吉林 Jilin	117	20890	26237	7084	19153	74115	17248	15551
黑龙江 Heilongjiang	110	22578	23806	5565	18241	69766	17709	15822
上海 Shanghai	103	18603	24573	5581	18992	64149	14948	13752
江苏 Jiangsu	195	42813	51161	7209	43952	149413	24821	22904
浙江 Zhejiang	142	22708	27205	8044	19161	71990	15424	14076
安徽 Anhui	135	27498	30174	6475	23699	81221	16190	14905
福建 Fujian	107	18291	23978	4202	19776	65329	11706	11022
江西 Jiangxi	98	21113	26051	10039	16012	66040	13430	12218
山东 Shandong	234	52088	55353	11453	43900	158309	32857	30470
河南 Henan	174	49440	54704	13065	41639	148971	26132	24100
湖北 Hubei	223	47692	64294	12977	51317	167960	28653	26439
湖南 Hunan	135	33761	42352	8701	33651	106578	21516	18970
广东 Guangdong	227	42277	48773	12647	36126	130791	20565	19648
广西 Guangxi	123	23645	27034	8507	18527	74768	16461	14378
海南 Hainan	27	3769	4886	1585	3301	12111	2401	2335
四川 Sichuan	287	52971	65921	16331	49590	170799	37926	34004
贵州 Guizhou	113	18072	20183	4972	15211	56954	11876	11285
云南 Yunnan	142	22678	26716	4289	22427	77511	14518	14217
西藏 Tibet	14	1006	1303	81	1222	4713	1315	1241
陕西 Shaanxi	110	19633	23950	6225	17725	65771	17611	15155
甘肃 Gansu	115	15773	17832	5853	11979	51596	12592	11887
青海 Qinghai	38	3756	3814	1192	2622	10611	3020	2993
宁夏 Ningxia	26	4174	4090	993	3097	11345	3037	2899
新疆 Xinjiang	112	14950	20611	8798	11813	52102	13187	12714

校基本情况

Specialized Secondary Schools

单位:人

教职工数 Teachers, Staff & Workers										兼任教师数(不在教工数中) Part-time Teachers
校本部教职工 Employees in the School Proper								校办厂、场职工 Employees in School-run Factories & Farms	附设机构人员 Employees in Subsidiary Units	
专任教师 Full-time Teachers					教辅人员 Supporting Staff	行政人员 Adm. Personnel	工勤人员 Workers			
计 Subtotal	高级讲师 Senior Lecturers	讲师 Lecturers	助理讲师 Assistant Lecturers	教员 Instructors						
235134	22374	73020	97451	42289	45190	97673	85970	24666	14367	3944
6380	831	2274	2282	993	1489	3141	2608	841	293	328
4630	484	1650	1980	516	945	2143	1844	397	254	90
12260	1030	3785	5385	2060	2149	4678	4306	984	442	266
8467	743	2480	3442	1802	1408	3480	2970	558	289	6
7379	607	2336	3318	1118	1600	3106	2699	624	198	33
11856	1160	3857	4963	1876	2286	5028	4130	1215	780	117
7885	855	2776	2976	1278	1432	3394	2840	1253	444	103
7227	852	2833	2640	902	1651	3374	3570	1061	826	86
6299	683	2846	2215	555	1680	2798	2975	803	393	166
11839	1073	3696	5017	2053	2324	4589	4152	1656	261	369
7169	655	2391	3209	914	1408	3027	2472	988	360	156
7898	637	2422	3381	1458	1388	3160	2459	923	362	190
6159	471	1848	2684	1156	939	2370	1554	471	213	138
6201	714	1797	2880	810	1077	2541	2399	958	254	56
15972	1363	3936	6881	3792	2778	6670	5050	1590	797	127
12526	1178	3722	5519	2107	2221	5254	4099	847	1185	62
14465	1358	4192	5516	3399	2472	5166	4336	1341	873	275
9238	1206	3398	3334	1300	2198	3991	3543	1544	1002	165
10185	918	3210	3949	2108	1982	4020	3461	440	477	421
7406	739	2132	3324	1211	1390	2830	2752	729	1354	124
1133	79	348	440	266	181	439	582	39	27	18
16339	1951	5116	6395	2877	3715	7272	6678	2724	1198	181
5820	381	1435	2610	1394	910	2589	1966	146	445	54
7377	458	1798	3449	1672	1306	2674	2860	154	147	55
654	8	168	209	269	56	264	267	31	43	11
7111	636	2409	2911	1155	1580	3558	2906	1669	787	163
5994	561	1569	2650	1214	1036	2355	2502	322	383	24
1571	79	391	551	550	237	604	581	6	21	18
1484	107	481	701	195	257	546	612	100	38	21
6210	557	1724	2640	1289	1095	2612	2797	252	221	121

中 等 技 术 学

Basic Statistics of

地区 Region	学校数(所) Schools	毕业生数 Graduates	招生数 Entrants 计 Total	招高中毕业生数 Graduates From Senior Sec. School	招初中毕业生数 Graduates From Junior Sec. School	在校学生数 Enrolment	合计 Total	计 Subtotal
总　计 Total	2984	507241	638385	179333	459052	1742748	396626	362048
北　京 Beijing	97	12106	12840	2594	10246	44162	12178	11171
天　津 Tianjin	62	8569	11256	2961	8295	32562	8661	8084
河　北 Hebei	134	21780	30826	9009	21817	81221	18319	17093
山　西 Shanxi	100	20253	21892	6782	15110	63058	13839	13120
内蒙古 Inner Mongolia	79	12392	14047	4013	10034	40162	12644	11921
辽　宁 Liaoning	135	23813	29285	7740	21545	80564	20391	18637
吉　林 Jilin	94	15135	19167	5144	14023	53307	14292	12857
黑龙江 Heilongjiang	80	15718	17313	5135	12178	49869	13808	12111
上　海 Shanghai	92	15710	21637	5581	16056	54451	13226	12135
江　苏 Jiangsu	160	33967	42190	6364	35826	124091	20108	18681
浙　江 Zhejiang	113	16318	20134	7995	12139	52020	12475	11352
安　徽 Anhui	90	19187	21948	4704	17244	58759	11919	10779
福　建 Fujian	82	11608	15862	3026	12836	44106	8527	7954
江　西 Jiangxi	71	12488	16505	8200	8305	41250	10132	9026
山　东 Shandong	175	34408	39829	8669	31160	116252	25293	23298
河　南 Henan	129	26368	30653	13065	17588	85521	18953	17090
湖　北 Hubei	188	37532	54045	11170	42875	141524	24058	22200
湖　南 Hunan	103	23033	31394	4645	26749	80096	17634	15255
广　东 Guangdong	182	31361	36926	10812	26114	98450	15833	15039
广　西 Guangxi	98	16058	19478	8507	10971	52307	12894	11001
海　南 Hainan	19	1995	3016	985	2031	7422	1483	1471
四　川 Sichuan	178	31378	44659	14485	30174	111650	28246	24605
贵　州 Guizhou	84	12345	13985	4427	9558	38988	9298	8758
云　南 Yunnan	114	15339	18606	4289	14317	53392	11297	11004
西　藏 Tibet	9	591	826	81	745	2774	807	755
陕　西 Shaanxi	88	11703	16627	4561	12066	45689	14802	12413
甘　肃 Gansu	93	10409	13071	4908	8163	36201	10260	9607
青　海 Qinghai	23	1895	2183	852	1331	5902	2037	2010
宁　夏 Ningxia	22	2556	2627	873	1754	7650	2491	2363
新　疆 Xinjiang	90	11226	15558	7756	7802	39348	10721	10258

校基本情况

Secondary Technical Schools

单位:人

教职工数 Teachers, Staff & Workers										兼任教师数(不在教工数中) Part-time Teachers
校本部教职工 Employees in the School Proper								校办厂、场职工 Employees in School-run Factories & Farms	附设机构人员 Employees in Subsidiary Units	
专任教师 Full-time Teachers					教辅人员 Supporting Staff	行政人员 Adm. Personnel	工勤人员 Workers			
计 Subtotal	高级讲师 Senior Lecturers	讲师 Lecturers	助理讲师 Assistant Lecturers	教员 Instructors						
178086	16838	57920	73077	30251	37691	77904	68367	21605	12973	3710
5075	614	1847	1870	744	1256	2601	2239	754	253	324
3911	397	1445	1630	439	817	1742	1614	371	206	90
8819	777	2765	3932	1345	1658	3445	3171	826	400	248
6786	567	1994	2851	1374	1206	2758	2370	455	264	6
5840	475	1926	2575	864	1423	2543	2115	543	180	27
9170	930	3150	3705	1385	1992	4051	3424	1030	724	117
6409	737	2417	2356	899	1326	2721	2401	1034	401	103
5359	635	2166	1909	649	1444	2519	2789	951	746	86
5406	556	2499	1895	456	1511	2498	2720	706	385	166
9523	874	3069	3903	1677	1973	3794	3391	1210	217	364
5616	534	1964	2457	661	1209	2476	2051	860	263	148
5612	474	1764	2364	1010	1017	2369	1781	844	296	188
4328	335	1379	1930	684	753	1704	1169	418	155	132
4363	517	1346	1907	593	851	1933	1879	885	221	1
11969	1023	3160	5100	2686	2180	5231	3918	1249	746	127
8475	760	2682	3564	1469	1762	3835	3018	742	1121	35
11766	1008	3506	4664	2588	2080	4661	3693	1095	763	257
7297	928	2762	2547	1060	1871	3216	2871	1454	925	153
7421	699	2490	2938	1294	1607	3369	2642	393	401	398
5435	541	1647	2384	863	1164	2289	2113	692	1201	122
701	36	216	262	187	122	301	347	3	9	18
11295	1279	3841	4357	1818	2943	5474	4893	2473	1168	160
4284	284	1119	1879	1002	791	2073	1610	138	402	35
5568	367	1390	2634	1177	1060	2189	2187	150	143	53
400	5	107	131	157	36	163	156	31	21	9
5546	519	1946	2212	869	1381	3003	2483	1654	735	162
4709	419	1281	2067	942	893	1874	2131	295	358	23
968	47	260	404	257	185	444	413	6	21	18
1175	76	388	561	150	224	459	505	96	32	21
4860	425	1394	2089	952	956	2169	2273	247	216	119

中等工业学

Basic Statistics of

地区 Region	学校数(所) Schools	毕业生数 Graduates	招生数 Entrants			在校学生数 Enrolment	合计 Total	
			计 Total	招高中毕业生数 Graduates From Senior Sec. School	招初中毕业生数 Graduates From Junior Sec. School			计 Subtotal
总计 Total	908	187780	243727	59222	184505	705259	161813	143238
北京 Beijing	31	6136	6863	1480	5383	25418	6127	5300
天津 Tianjin	25	4320	6358	1415	4943	18760	4802	4326
河北 Hebei	33	6769	9481	2044	7437	27731	6789	5962
山西 Shanxi	26	6320	7844	2890	4954	22008	5073	4730
内蒙古 Inner Mongolia	26	4436	5162	1024	4138	15732	5091	4677
辽宁 Liaoning	49	10769	14300	3225	11075	40647	10051	9096
吉林 Jilin	24	4831	6429	1972	4457	17919	4885	4548
黑龙江 Heilongjiang	24	4530	5273	2563	2710	15517	4609	3976
上海 Shanghai	39	7448	9196	2869	6327	25769	7155	6412
江苏 Jiangsu	67	18816	23849	2068	21781	73312	10658	9648
浙江 Zhejiang	33	5207	6572	3137	3435	16911	4842	4149
安徽 Anhui	30	8148	8609	1607	7002	25836	4568	4082
福建 Fujian	26	4724	5956	1088	4868	18812	3664	3262
江西 Jiangxi	23	4770	5853	2828	3025	16234	4429	3807
山东 Shandong	57	11377	13990	2054	11936	43345	9285	8306
河南 Henan	29	8081	9633	2577	7056	30278	6483	5747
湖北 Hubei	63	13933	22008	3696	18312	59319	10265	9152
湖南 Hunan	31	7739	11464	1350	10114	31122	7360	6174
广东 Guangdong	53	11409	13450	2780	10670	39564	6197	5839
广西 Guangxi	27	5699	6199	1702	4497	18926	4137	3774
海南 Hainan	3	230	522	88	434	1082	206	206
四川 Sichuan	56	11737	18146	6036	12110	46651	12930	10469
贵州 Guizhou	21	3056	3726	1095	2631	11434	2722	2510
云南 Yunnan	24	4107	5021	870	4151	15015	3526	3374
西藏 Tibet	1	39	41	1	40	161	76	76
陕西 Shaanxi	26	4397	6545	1569	4976	18470	6595	5076
甘肃 Gansu	31	4291	5695	2846	2849	14681	4670	4207
青海 Qinghai	7	362	423	60	363	1450	562	547
宁夏 Ningxia	5	573	559	123	436	1766	761	687
新疆 Xinjiang	18	3526	4560	2165	2395	11389	3295	3119

校基本情况

econdary Industrial Schools

单位:人

教职工数 Teachers, Staff & Workers										兼任教师数(不在教工数中) Part-time Teachers
校本部教职工 Employees in the School Proper								校办厂、场职工 Employees in School-run Factories & Farms	附设机构人员 Employees in Subsidiary Units	
专任教师 Full-time Teachers					教辅人员 Supporting Staff	行政人员 Adm. Personnel	工勤人员 Workers			
计 ubtotal	高级讲师 Senior Lecturers	讲师 Lecturers	助理讲师 Assistant Lecturers	教员 Instructors						
8658	7234	23457	28910	9057	16731	30269	27580	13880	4695	910
2322	309	913	843	257	681	1237	1060	615	212	101
2052	247	750	876	179	538	880	856	327	149	19
2998	266	1018	1347	367	630	1240	1094	548	279	21
2356	240	665	1162	289	480	937	957	265	78	0
2205	219	785	978	223	629	996	847	341	73	4
4353	491	1478	1905	479	1130	1841	1772	699	256	14
2118	292	861	700	265	592	959	879	232	105	0
1864	235	855	621	153	551	735	826	416	217	0
2762	280	1292	926	264	913	1293	1444	576	167	59
4908	462	1610	2062	774	1125	1886	1729	901	109	118
1929	201	741	799	188	497	915	808	605	88	37
2081	136	628	920	397	395	854	752	420	66	79
1743	121	599	799	224	339	678	502	317	85	16
1765	213	542	827	183	424	888	730	455	167	0
4186	351	1119	1997	719	850	1796	1474	720	259	15
2777	317	914	1172	374	642	1260	1068	599	137	14
4779	460	1504	2072	743	930	1969	1474	731	382	112
2888	373	1116	1050	349	799	1312	1175	846	340	9
2789	326	932	1196	335	726	1320	1004	217	141	110
1932	235	554	942	201	428	740	674	312	51	19
96	6	17	35	38	10	51	49	0	0	0
4600	632	1694	1678	596	1374	2311	2184	2031	430	42
1228	93	375.	509	251	257	558	467	62	150	3
1672	129	426	850	267	345	695	662	118	34	15
35	0	9	3	23	2	19	20	0	0	0
2181	250	852	892	187	617	1170	1108	1149	370	84
1956	187	552	894	323	389	825	1037	196	267	8
249	15	71	79	84	59	111	128	6	9	1
328	9	113	176	30	63	148	148	53	21	0
1506	139	472	600	295	316	645	652	123	53	10

中等农业学

Basic Statistics of

地区 Region	学校数(所) Schools	毕业生数 Graduates	招生数 Entrants 计 Total	招高中毕业生数 Graduates From Senior Sec. School	招初中毕业生数 Graduates From Junior Sec. School	在校学生数 Enrolment	合计 Total	计 Subtotal
总计 Total	377	59674	79565	13913	65652	214641	50041	45457
北京 Beijing	1	268	295	108	187	1269	360	304
天津 Tianjin	3	171	365	0	365	974	331	331
河北 Hebei	22	3235	5707	1469	4238	13943	2758	2601
山西 Shanxi	16	2845	2485	100	2385	8631	1828	1749
内蒙古 Inner Mongolia	11	1348	1615	171	1444	5122	1928	1733
辽宁 Liaoning	12	1949	2671	236	2435	7354	2158	1890
吉林 Jilin	9	1721	2724	405	2319	8032	1891	1752
黑龙江 Heilongjiang	11	3097	3419	268	3151	8240	2828	2305
上海 Shanghai	3	422	736	0	736	1808	473	434
江苏 Jiangsu	10	1606	2445	219	2226	6696	1564	1405
浙江 Zhejiang	11	1023	1385	123	1262	4091	1088	1008
安徽 Anhui	12	2356	2484	320	2164	6476	1236	1153
福建 Fujian	12	1321	1973	153	1820	5933	1110	1094
江西 Jiangxi	11	1642	2345	1704	641	4646	1504	1173
山东 Shandong	14	3842	4216	335	3881	11771	3006	2654
河南 Henan	14	2670	3789	2287	1502	9359	1800	1734
湖北 Hubei	22	4824	6926	437	6489	17788	2773	2570
湖南 Hunan	22	4288	5812	444	5368	14561	2952	2706
广东 Guangdong	18	3017	3831	502	3329	10274	1560	1475
广西 Guangxi	18	1741	3051	1127	1924	8549	1998	1736
海南 Hainan	5	548	730	144	586	1833	470	465
四川 Sichuan	28	4375	6262	874	5388	15985	3465	3221
贵州 Guizhou	15	2313	2462	175	2287	6848	1684	1592
云南 Yunnan	24	3153	3401	243	3158	10553	2109	2078
西藏 Tibet	1	102	236	0	236	631	151	112
陕西 Shaanxi	12	1759	2209	120	2089	6755	2342	1792
甘肃 Gansu	13	1197	1628	120	1508	5396	1526	1416
青海 Qinghai	2	238	408	200	208	1097	312	300
宁夏 Ningxia	3	471	487	108	379	1508	484	436
新疆 Xinjiang	22	2132	3468	1521	1947	8518	2352	2238

校基本情况

Secondary Agricultural Schools

单位：人

教职工数 Teachers, Staff & Workers										兼任教师数 不在教(工数中) Part-time Teachers
校本部教职工 Employees in the School Proper								校办厂、场职工 Employees in School-run Factories & Farms	附设机构人员 Employees in Subsidiary Units	
专任教师 Full-time Teachers					教辅人员 Supporting Staff	行政人员 Adm. Personnel	工勤人员 Workers			
计 Subtotal	高级讲师 Senior Lecturers	讲师 Lecturers	助理讲师 Assistant Lecturers	教员 Instructors						
21685	2321	6345	8753	4266	4965	8802	10005	3688	896	190
125	37	44	30	14	45	62	72	30	26	18
163	24	68	55	16	30	79	59	0	0	0
1439	152	387	602	298	242	475	445	145	12	0
808	92	239	247	230	182	421	338	65	14	2
814	79	255	353	127	229	337	353	156	39	0
906	114	330	320	142	160	451	373	232	36	12
804	86	276	334	108	203	307	438	114	25	0
903	144	333	329	97	243	471	688	432	91	3
191	19	83	67	22	59	72	112	15	24	0
696	112	226	260	98	201	223	285	134	25	3
499	60	170	215	54	152	167	190	61	19	21
545	40	160	203	142	111	232	265	64	19	0
572	52	181	234	105	114	217	191	15	1	6
575	74	147	246	108	110	130	358	320	11	1
1299	152	345	546	256	285	545	525	190	162	0
865	81	270	353	161	176	319	374	48	18	0
1357	106	291	502	458	261	431	521	145	58	1
1252	151	376	479	246	348	542	564	221	25	27
684	67	232	278	107	147	277	367	69	16	19
747	95	217	302	133	247	339	403	218	44	8
184	8	58	68	50	47	89	145	0	5	18
1532	159	465	674	234	372	654	663	204	40	14
729	65	172	321	171	180	327	356	45	47	2
1067	65	257	520	225	188	370	453	29	2	0
71	1	12	28	30	10	11	20	25	14	0
758	82	237	295	144	224	408	402	490	60	30
672	48	153	282	189	138	240	366	79	31	0
155	9	31	83	32	30	70	45	0	12	0
223	20	73	94	36	55	65	93	43	5	0
1050	127	257	433	233	176	471	541	99	15	5

中等林业学

Basic Statistics of

地　区 Region		学校数(所) Schools	毕业生数 Graduates	招生数 Entrants			在校学生数 Enrolment		
				计 Total	招高中毕业生数 Graduates From Senior Sec. School	招初中毕业生数 Graduates From Junior Sec. School		合计 Total	计 Subtotal
总　计	Total	52	8057	10523	1680	8843	31713	8166	7527
北　京	Beijing	1	122	73	0	73	311	95	91
天　津	Tianjin	1	31	126	33	93	315	153	153
河　北	Hebei	1	25	243	0	243	739	142	138
山　西	Shanxi	1	190	240	0	240	911	182	152
内蒙古	Inner Mongolia	2	410	305	0	305	1101	361	361
辽　宁	Liaoning	1	201	317	0	317	844	246	240
吉　林	Jilin	3	652	630	0	630	2162	643	614
黑龙江	Heilongjiang	5	1179	968	200	768	3279	862	826
上　海	Shanghai	1	39	174	0	174	338	138	129
江　苏	Jiangsu	1	157	231	0	231	696	263	243
浙　江	Zhejiang	2	356	386	39	347	1318	282	268
安　徽	Anhui	2	242	247	0	247	1011	253	241
福　建	Fujian	2	379	463	0	463	1487	312	268
江　西	Jiangxi	2	357	652	432	220	1226	314	266
山　东	Shandong	1	38	330	0	330	1081	371	283
河　南	Henan	3	291	358	0	358	1378	354	338
湖　北	Hubei	5	717	1437	305	1132	3402	569	465
湖　南	Hunan	1	391	400	39	361	992	269	269
广　东	Guangdong	2	266	385	169	216	1152	181	176
广　西	Guangxi	3	304	602	193	409	1601	420	335
海　南	Hainan	0	0	0	0	0	0	0	0
四　川	Sichuan	1	439	501	154	347	1458	382	319
贵　州	Guizhou	2	201	290	0	290	1093	204	200
云　南	Yunnan	2	290	376	116	260	905	242	240
西　藏	Tibet	0	0	0	0	0	0	0	0
陕　西	Shaanxi	3	255	400	0	400	1148	372	360
甘　肃	Gansu	2	239	274	0	274	1086	246	242
青　海	Qinghai	0	0	0	0	0	0	0	0
宁　夏	Ningxia	1	156	40	0	40	268	86	86
新　疆	Xinjiang	1	130	75	0	75	411	224	224

校基本情况

Secondary Forestry Schools

单位:人

教职工数 Teachers, Staff & Workers										兼任教师数(不在教工数中) Part-time Teachers
校本部教职工 Employees in the School Proper								校办厂、场职工 Employees in School-run Factories & Farms	附设机构人员 Employees in Subsidiary Units	
专任教师 Full-time Teachers					教辅人员 Supporting Staff	行政人员 Adm. Personnel	工勤人员 Workers			
计 Subtotal	高级讲师 Senior Lecturers	讲师 Lecturers	助理讲师 Assistant Lecturers	教员 Instructors						
3491	402	1019	1547	523	774	1515	1747	511	128	19
36	5	20	11	0	16	20	19	4	0	0
76	5	26	21	24	5	24	48	0	0	0
77	0	10	59	8	11	28	22	4	0	0
76	17	13	37	9	12	39	25	30	0	0
158	23	34	86	15	16	76	111	0	0	0
116	14	36	57	9	39	32	53	0	6	0
314	49	136	115	14	75	93	132	20	9	0
348	45	108	158	37	72	213	193	36	0	10
50	2	26	17	5	8	37	34	9	0	0
95	14	40	35	6	30	47	71	3	17	0
163	21	46	71	25	25	31	49	11	3	0
123	9	25	55	34	15	62	41	0	12	0
138	13	36	76	13	29	48	53	40	4	0
124	10	27	58	29	32	58	52	48	0	0
115	17	27	36	35	39	65	64	72	16	0
175	23	54	78	20	33	48	82	12	4	0
233	17	51	91	74	36	76	120	85	19	0
129	27	44	41	17	43	40	57	0	0	0
83	8	25	36	14	27	36	30	0	5	4
160	18	36	85	21	32	67	76	62	23	0
0	0	0	0	0	0	0	0	0	0	0
133	26	59	41	7	35	71	80	63	0	0
83	7	20	48	8	21	50	46	0	4	0
111	10	27	50	24	17	55	57	0	2	0
0	0	0	0	0	0	0	0	0	0	0
147	10	41	67	29	36	75	102	10	2	0
112	2	25	55	30	34	44	52	2	2	0
0	0	0	0	0	0	0	0	0	0	0
35	1	11	18	5	12	18	21	0	0	0
81	9	16	45	11	24	62	57	0	0	5

Basic Statistics of

地区 Region	学校数(所) Schools	毕业生数 Graduates	招生数 Entrants 计 Total	招高中毕业生数 Graduates From Senior Sec. School	招初中毕业生数 Graduates From Junior Sec. School	在校学生数 Enrolment	合计 Total	计 Subtotal
总计 Total	551	93883	106215	11239	94976	311040	67387	60208
北京 Beijing	38	3198	2861	146	2715	7930	2170	2105
天津 Tianjin	8	1590	1781	291	1490	5056	807	799
河北 Hebei	21	2542	3887	438	3449	11378	2323	2244
山西 Shanxi	15	3382	3415	805	2610	10655	2102	1918
内蒙古 Inner Mongolia	15	2111	2293	1125	1168	6309	2060	1990
辽宁 Liaoning	21	4834	4778	307	4471	14130	2927	2561
吉林 Jilin	13	2787	2109	473	1636	6060	2554	1744
黑龙江 Heilongjiang	16	4000	4192	80	4112	12641	2829	2396
上海 Shanghai	24	2602	3839	210	3629	10117	2184	2170
江苏 Jiangsu	21	5918	5602	0	5602	18984	2269	2242
浙江 Zhejiang	21	3372	3716	189	3527	11502	2048	1988
安徽 Anhui	19	2163	3092	112	2980	8201	2283	2006
福建 Fujian	14	2219	2743	190	2553	7275	1266	1193
江西 Jiangxi	13	2415	3311	101	3210	9969	1707	1682
山东 Shandong	29	6335	7308	94	7214	22704	4076	3923
河南 Henan	22	5518	5229	1420	3809	15151	4740	3763
湖北 Hubei	35	7406	9033	176	8857	26314	3908	3612
湖南 Hunan	16	4190	5068	70	4998	13467	3066	2558
广东 Guangdong	36	5671	6928	191	6737	19427	2638	2493
广西 Guangxi	22	3600	3395	1983	1412	9264	3483	2323
海南 Hainan	3	612	815	0	815	2577	362	355
四川 Sichuan	38	5770	7342	1096	6246	19892	5473	4702
贵州 Guizhou	14	1892	2049	440	1609	5909	1548	1381
云南 Yunnan	18	2413	2884	325	2559	9312	1859	1772
西藏 Tibet	2	141	101	0	101	521	154	154
陕西 Shaanxi	14	2412	2859	30	2829	8372	2382	2126
甘肃 Gansu	14	1697	2065	272	1793	6671	1464	1450
青海 Qinghai	7	514	550	0	550	1559	496	496
宁夏 Ningxia	3	537	570	40	530	1621	404	398
新疆 Xinjiang	19	2042	2400	635	1765	8072	1805	1664

校基本情况

Secondary Health Schools

单位:人

教职工数 Teachers, Staff & Workers										兼任教师数(不在教工数中) Part-time Teachers
校本部教职工 Employees in the School Proper								校办厂、场职工 Employees in School-run Factories & Farms	附设机构人员 Employees in Subsidiary Units	
专任教师 Full-time Teachers					教辅人员 Supporting Staff	行政人员 Adm. Personnel	工勤人员 Workers			
计 Subtotal	高级讲师 Senior Lecturers	讲师 Lecturers	助理讲师 Assistant Lecturers	教员 Instructors						
30562	3243	10449	11891	4979	7042	11668	10936	1243	5936	1390
1014	85	313	397	219	287	437	367	54	11	190
445	34	120	206	85	67	157	130	3	5	27
1128	139	413	439	137	294	377	445	4	75	194
1025	90	404	367	164	233	337	323	40	144	2
980	69	326	392	193	285	402	323	22	48	23
1224	141	474	437	172	336	532	469	20	346	46
903	130	307	333	133	137	320	384	568	242	73
1075	124	434	406	111	325	462	534	20	413	10
1091	120	521	408	42	238	377	464	14	0	9
1098	114	367	479	138	249	419	476	13	14	131
1052	124	357	443	128	195	411	330	3	57	65
1130	153	371	472	134	208	408	260	93	184	49
641	73	193	288	87	135	235	182	13	60	54
926	125	323	384	94	166	282	308	0	25	0
2123	203	564	890	466	419	794	587	46	107	52
1775	179	641	684	271	452	866	670	68	909	3
1898	153	581	788	376	454	629	631	31	265	112
1279	207	631	314	127	315	531	433	2	506	43
1375	139	526	466	244	258	466	394	0	145	93
1165	104	387	481	193	264	419	475	92	1068	53
181	14	70	78	19	37	65	72	3	4	0
2323	249	696	853	525	619	931	829	119	652	18
741	64	178	327	172	126	298	216	15	152	8
1001	97	267	410	227	192	238	341	0	87	10
80	1	30	22	27	8	37	29	0	0	1
953	104	361	315	173	275	491	407	0	256	3
790	100	238	315	137	157	215	288	0	14	11
242	8	58	81	95	36	104	114	0	0	10
183	23	66	80	14	57	71	87	0	6	9
721	77	232	336	76	218	357	368	0	141	91

中等财经学

Basic Statistics of Secondary

地区 Region	学校数(所) Schools	毕业生数 Graduates	招生数 Entrants			在校学生数 Enrolment		
			计 Total	招高中毕业生数 Graduates From Senior Sec. School	招初中毕业生数 Graduates From Junior Sec. School		合计 Total	计 Subtotal
总计 Total	550	102075	126635	64326	62309	299900	58960	56992
北京 Beijing	9	1291	1478	558	920	4421	1152	1131
天津 Tianjin	11	1587	1555	591	964	4304	1319	1273
河北 Hebei	29	6409	7048	3757	3291	17410	3670	3618
山西 Shanxi	21	4882	4940	2292	2648	12415	2218	2166
内蒙古 Inner Mongolia	1	143	227	227	0	413	89	89
辽宁 Liaoning	20	3977	4874	3422	1452	10184	2249	2144
吉林 Jilin	15	2357	3861	1754	2107	8620	1718	1687
黑龙江 Heilongjiang	15	1664	2247	1129	1118	6310	1574	1521
上海 Shanghai	12	2221	2843	1704	1139	6814	1331	1251
江苏 Jiangsu	31	6216	8164	3387	4777	19474	3367	3208
浙江 Zhejiang	23	3145	4633	3355	1278	9279	2432	2228
安徽 Anhui	18	4802	5628	1742	3886	12716	2406	2124
福建 Fujian	16	2387	3312	854	2458	7440	1253	1251
江西 Jiangxi	11	2062	2772	2336	436	5286	1292	1222
山东 Shandong	35	7847	8647	4028	4619	24290	4702	4425
河南 Henan	31	7198	8155	4789	3366	20278	3326	3285
湖北 Hubei	29	7144	9790	5148	4642	22280	3719	3648
湖南 Hunan	20	5172	6430	1685	4745	15295	2600	2505
广东 Guangdong	36	6662	7353	4015	3338	16898	2494	2413
广西 Guangxi	18	3293	4367	2454	1913	9497	1666	1649
海南 Hainan	5	543	669	589	80	1432	286	286
四川 Sichuan	36	7324	9731	4691	5040	21511	4067	3999
贵州 Guizhou	21	2949	3349	1722	1627	8975	1935	1895
云南 Yunnan	29	3676	4663	1764	2899	12638	2332	2322
西藏 Tibet	2	245	323	80	243	948	222	211
陕西 Shaanxi	16	1828	2648	1456	1192	6193	1720	1696
甘肃 Gansu	14	1713	2015	1173	842	4305	1082	1036
青海 Qinghai	3	501	583	495	88	1111	340	340
宁夏 Ningxia	5	408	499	339	160	1261	409	409
新疆 Xinjiang	18	2429	3831	2790	1041	7902	1990	1960

校基本情况

Finance & Economics Schools

单位:人

教职工数 Teachers, Staff & Workers										兼任教师数(不在教工数中) Part-time Teachers
校本部教职工 Employees in the School Proper								校办厂、场职工 Employees in School-run Factories & Farms	附设机构人员 Employees in Subsidiary Units	
专任教师 Full-time Teachers					教辅人员 Supporting Staff	行政人员 Adm. Personnel	工勤人员 Workers			
计 Subtotal	高级讲师 Senior Lecturers	讲师 Lecturers	助理讲师 Assistant Lecturers	教员 Instructors						
27999	1791	8201	12657	5350	4472	13942	10579	1290	678	407
494	29	208	225	32	63	315	259	17	4	5
521	33	175	248	65	105	321	326	23	23	19
1738	134	467	868	269	272	834	774	44	8	4
1070	45	248	539	238	175	555	366	33	19	2
37	1	18	13	5	22	16	14	0	0	0
1096	67	379	527	123	137	534	377	77	28	2
823	75	326	334	88	161	416	287	11	20	10
688	62	265	265	96	119	387	327	31	22	54
573	52	249	220	52	116	325	237	61	19	26
1665	102	458	742	363	244	727	572	128	31	26
1087	70	340	570	107	212	464	465	129	75	13
1132	91	343	504	194	148	517	327	267	15	49
696	34	209	312	141	76	323	156	0	2	5
544	43	178	248	75	82	350	246	62	8	0
2206	136	489	1026	555	355	1096	768	112	165	50
1693	83	461	784	365	307	753	532	15	26	17
1922	153	588	715	466	250	865	611	40	31	5
1211	118	391	514	188	283	559	452	81	14	1
1227	73	363	507	284	214	593	379	60	21	60
800	46	241	371	142	117	409	323	8	9	0
150	2	41	48	59	13	63	60	0	0	0
1805	128	565	765	347	279	1061	854	23	45	15
911	33	219	413	246	136	528	320	16	24	16
1132	43	247	539	303	157	559	474	3	7	7
105	0	32	38	35	5	44	57	6	5	0
834	33	206	418	177	143	463	256	4	20	12
527	41	129	259	98	77	276	156	15	31	0
153	4	40	86	23	22	88	77	0	0	7
217	8	67	128	14	21	87	84	0	0	2
942	52	259	431	200	161	414	443	24	6	0

中等政法学

Basic Statistics of Secondary

地　区 Region	学校数(所) Schools	毕业生数 Graduates	招生数 Entrants			在校学生数 Enrolment		
			计 Total	招高中毕业生数 Graduates From Senior Sec. School	招初中毕业生数 Graduates From Junior Sec. School		合计 Total	计 Subtotal
总　计 Total	133	20995	24525	22339	2186	48819	13423	13208
北　京 Beijing	4	509	435	287	148	1602	408	408
天　津 Tianjin	3	494	607	607	0	1347	374	356
河　北 Hebei	9	996	1354	998	356	2724	842	816
山　西 Shanxi	4	754	745	695	50	1547	536	512
内蒙古 Inner Mongolia	0	0	0	0	0	0	0	0
辽　宁 Liaoning	7	691	534	420	114	1254	567	563
吉　林 Jilin	6	448	515	416	99	1263	521	517
黑龙江 Heilongjiang	5	644	895	895	0	1710	607	607
上　海 Shanghai	3	541	684	515	169	1284	564	535
江　苏 Jiangsu	5	617	778	618	160	1400	609	575
浙　江 Zhejiang	8	1205	1141	1031	110	2270	641	619
安　徽 Anhui	3	841	950	750	200	1692	405	405
福　建 Fujian	4	273	658	618	40	1081	272	272
江　西 Jiangxi	5	650	706	706	0	1254	318	318
山　东 Shandong	8	1341	1630	1590	40	3121	829	810
河　南 Henan	7	1457	1754	1754	0	3393	578	578
湖　北 Hubei	9	1246	1078	934	144	2486	615	612
湖　南 Hunan	2	478	732	676	56	1486	288	288
广　东 Guangdong	8	2601	2709	2709	0	5156	916	916
广　西 Guangxi	4	897	1002	998	4	1840	505	499
海　南 Hainan	1	0	160	160	0	160	48	48
四　川 Sichuan	5	946	1310	1209	101	2452	655	646
贵　州 Guizhou	3	768	720	640	80	1573	343	340
云　南 Yunnan	5	556	724	724	0	1378	353	347
西　藏 Tibet	1	43	85	0	85	264	74	74
陕　西 Shaanxi	5	682	1161	1161	0	2054	544	537
甘　肃 Gansu	2	359	312	312	0	512	200	200
青　海 Qinghai	2	236	208	97	111	569	249	249
宁　夏 Ningxia	2	221	299	180	119	740	166	166
新　疆 Xinjiang	3	501	639	639	0	1207	396	395

校基本情况

Politics & Law Schools

单位:人

教职工数 Teachers, Staff & Workers										兼任教师数(不在教工数中) Part-time Teachers
校本部教职工 Employees in the School Proper								校办厂、场职工 Employees in School-run Factories & Farms	附设机构人员 Employees in Subsidiary Units	
专任教师 Full-time Teachers					教辅人员 Supporting Staff	行政人员 Adm. Personnel	工勤人员 Workers			
计 Subtotal	高级讲师 Senior Lecturers	讲师 Lecturers	助理讲师 Assistant Lecturers	教员 Instructors						
5633	348	1628	2506	1151	1158	4280	2137	106	109	51
183	9	50	83	41	12	154	59	0	0	0
147	10	68	57	12	32	124	53	18	0	0
367	18	99	189	61	96	211	142	0	26	3
208	13	33	103	59	35	161	108	15	9	0
0	0	0	0	0	0	0	0	0	0	0
205	5	66	94	40	74	219	65	0	4	0
235	19	108	68	40	44	169	69	4	0	0
233	13	71	76	73	70	164	140	0	0	9
186	16	79	67	24	26	178	145	29	0	0
219	12	50	112	45	41	208	107	16	18	0
261	16	99	116	30	62	215	81	10	12	5
166	8	36	77	45	35	139	65	0	0	0
129	4	26	74	25	22	95	26	0	0	0
120	12	33	57	18	27	103	68	0	0	0
341	23	91	133	94	66	311	92	5	14	0
263	20	76	142	25	61	178	76	0	0	0
283	33	71	103	76	28	230	71	0	3	0
129	15	37	40	37	31	67	61	0	0	0
359	23	112	154	70	71	322	164	0	0	5
235	15	50	94	76	65	145	54	0	6	0
17	0	2	14	1	7	15	9	0	0	0
295	21	104	128	42	89	175	87	9	0	0
176	5	43	94	34	20	99	45	0	3	0
161	3	24	81	53	18	110	58	0	6	0
32	0	8	13	11	3	26	13	0	0	0
229	11	72	126	20	31	219	58	0	7	17
79	1	7	45	26	11	65	45	0	0	4
113	9	34	50	20	29	62	45	0	0	0
92	7	26	40	19	11	28	35	0	0	0
170	7	53	76	34	41	88	96	0	1	8

中等体育学

Basic Statistics of Secondary

地　区 Region	学校数(所) Schools	毕业生数 Graduates	招生数 Entrants			在校学生数 Enrolment		
			计 Total	招高中毕业生数 Graduates From Senior Sec. School	招初中毕业生数 Graduates From Junior Sec. School		合计 Total	计 Subtotal
总　计 Total	168	11120	13542	1160	12382	43652	13913	13387
北　京 Beijing	6	210	259	0	259	923	701	693
天　津 Tianjin	5	80	167	0	167	676	284	255
河　北 Hebei	6	390	553	0	553	1490	537	492
山　西 Shanxi	6	766	885	0	885	3181	683	676
内蒙古 Inner Mongolia	14	2703	2927	1050	1877	7369	1863	1821
辽　宁 Liaoning	14	791	920	0	920	3452	1132	1084
吉　林 Jilin	5	97	245	0	245	1025	404	402
黑龙江 Heilongjiang	3	580	50	0	50	1472	303	284
上　海 Shanghai	3	35	181	0	181	405	545	373
江　苏 Jiangsu	12	268	431	0	431	1434	506	506
浙　江 Zhejiang	3	109	144	0	144	425	183	183
安　徽 Anhui	2	140	335	0	335	1141	210	210
福　建 Fujian	3	69	277	0	277	739	127	127
江　西 Jiangxi	3	236	338	0	338	1161	236	226
山　东 Shandong	17	986	1130	0	1130	3088	1275	1251
河　南 Henan	8	638	674	0	674	2699	660	660
湖　北 Hubei	8	696	986	0	986	3149	759	756
湖　南 Hunan	3	154	275	6	269	629	231	226
广　东 Guangdong	13	615	875	100	775	2176	696	630
广　西 Guangxi	1	68	122	0	122	470	184	184
海　南 Hainan	1	32	50	4	46	100	19	19
四　川 Sichuan	3	43	182	0	182	579	204	195
贵　州 Guizhou	2	286	264	0	264	841	383	380
云　南 Yunnan	4	236	311	0	311	895	384	379
西　藏 Tibet	1	16	30	0	30	129	51	49
陕　西 Shaanxi	6	225	310	0	310	1369	370	353
甘　肃 Gansu	10	414	344	0	344	1543	554	544
青　海 Qinghai	0	0	0	0	0	0	0	0
宁　夏 Ningxia	0	0	0	0	0	0	0	0
新　疆 Xinjiang	6	237	277	0	277	1092	429	429

校基本情况

Physical Culture Schools

单位: 人

教职工数 Teachers, Staff & Workers										兼任教师数(不在教工数中) Part-time Teachers
校本部教职工 Employees in the School Proper								校办厂、场职工 Employees in School-run Factories & Farms	附设机构人员 Employees in Subsidiary Units	
专任教师 Full-time Teachers					教辅人员 Supporting Staff	行政人员 Adm. Personnel	工勤人员 Workers			
计 Subtotal	高级讲师 Senior Lecturers	讲师 Lecturers	助理讲师 Assistant Lecturers	教员 Instructors						
7172	432	2299	2465	1976	784	3038	2393	122	404	126
265	21	81	130	33	11	187	230	8	0	10
154	8	75	42	29	1	60	40	0	29	0
267	17	94	90	66	39	80	106	45	0	5
439	26	131	148	134	28	113	96	7	0	0
901	50	263	464	124	156	437	327	22	20	0
619	57	201	177	184	56	233	176	2	46	0
229	16	98	57	58	8	103	62	2	0	0
120	4	52	28	36	43	58	63	16	3	0
103	10	46	38	9	67	110	93	0	172	0
323	16	114	74	119	14	117	52	0	0	35
108	3	31	15	59	1	42	32	0	0	0
105	9	50	34	12	22	53	30	0	0	0
81	9	30	39	3	8	23	15	0	0	9
120	9	29	34	48	5	56	45	0	10	0
748	47	183	197	321	9	276	218	5	19	5
354	23	100	141	90	44	179	83	0	0	1
461	21	132	153	155	36	148	111	2	1	16
111	9	52	27	23	10	49	56	0	5	14
314	11	78	104	121	69	128	119	0	66	27
99	12	65	16	6	0	58	27	0	0	0
15	3	2	7	3	0	3	1	0	0	0
114	9	56	25	24	8	58	15	9	0	0
217	6	59	67	85	3	95	65	0	3	4
118	3	36	50	29	100	92	69	0	5	0
25	0	4	12	9	1	14	9	0	2	0
192	7	72	49	64	8	73	80	1	16	0
304	15	87	135	67	29	115	96	3	7	0
0	0	0	0	0	0	0	0	0	0	0
0	0	0	0	0	0	0	0	0	0	0
266	11	78	112	65	8	78	77	0	0	0

中等艺术学

Basic Statistics of

地　区 Region	学校数(所) Schools	毕业生数 Graduates	招生数 Entrants			在校学生数 Enrolment	合计 Total	
			计 Total	招高中毕业生数 Graduates From Senior Sec. School	招初中毕业生数 Graduates From Junior Sec. School			计 Subtotal
总　计 Total	146	9126	12910	1310	11600	38064	14466	14217
北　京 Beijing	6	326	404	15	389	1740	1125	1099
天　津 Tianjin	4	161	209	24	185	746	424	424
河　北 Hebei	5	230	517	0	517	1201	637	626
山　西 Shanxi	10	1114	1338	0	1338	3710	1193	1193
内蒙古 Inner Mongolia	8	835	1053	397	656	2649	1119	1117
辽　宁 Liaoning	7	306	501	0	501	1453	729	729
吉　林 Jilin	2	328	465	44	421	969	261	260
黑龙江 Heilongjiang	1	24	269	0	269	700	196	196
上　海 Shanghai	6	346	387	0	387	1350	675	675
江　苏 Jiangsu	10	206	432	28	404	1497	684	671
浙　江 Zhejiang	5	201	313	0	313	785	382	367
安　徽 Anhui	3	260	250	30	220	863	432	432
福　建 Fujian	4	192	390	33	357	1203	491	455
江　西 Jiangxi	2	273	435	0	435	1279	276	276
山　东 Shandong	10	1115	922	128	794	2993	963	944
河　南 Henan	12	339	863	40	823	2585	881	855
湖　北 Hubei	12	799	1224	254	970	3695	787	755
湖　南 Hunan	4	185	306	50	256	1009	245	245
广　东 Guangdong	11	538	763	117	646	1961	777	729
广　西 Guangxi	2	169	372	35	337	959	212	212
海　南 Hainan	1	30	70	0	70	238	92	92
四　川 Sichuan	6	302	316	44	272	1107	608	608
贵　州 Guizhou	2	141	151	0	151	374	120	101
云　南 Yunnan	2	169	168	0	168	624	238	238
西　藏 Tibet	1	5	10	0	10	120	79	79
陕　西 Shaanxi	4	145	335	65	270	1028	363	363
甘　肃 Gansu	2	42	118	0	118	268	157	157
青　海 Qinghai	1	4	11	0	11	116	78	78
宁　夏 Ningxia	1	112	50	0	50	164	90	90
新　疆 Xinjiang	2	229	268	6	262	678	152	151

校基本情况

Secondary Art Schools

单位:人

教职工数 Teachers, Staff & Workers										兼任教师数（不在教工数中） Part-time Teachers
校本部教职工 Employees in the School Proper								校办厂、场职工 Employees in School-run Factories & Farms	附设机构人员 Employees in Subsidiary Units	
专任教师 Full-time Teachers					教辅人员 Supporting Staff	行政人员 Adm. Personnel	工勤人员 Workers			
计 Subtotal	高级讲师 Senior Lecturers	讲师 Lecturers	助理讲师 Assistant Lecturers	教员 Instructors						
8751	759	3261	2569	2162	1128	2528	1810	177	72	327
607	110	210	142	145	139	180	173	26	0	0
272	32	139	79	22	35	51	66	0	0	17
416	32	180	129	75	37	95	78	11	0	8
790	44	257	238	251	59	187	157	0	0	0
665	28	205	255	177	76	257	119	2	0	0
485	29	130	140	186	41	122	81	0	0	39
176	17	80	60	19	31	20	33	1	0	0
128	8	48	26	46	21	29	18	0	0	0
368	54	172	109	33	60	83	164	0	0	72
403	28	156	97	122	59	123	86	12	1	19
231	22	91	88	30	20	79	37	6	9	0
276	24	128	75	49	69	57	30	0	0	0
314	27	105	100	82	26	74	41	33	3	37
165	27	63	40	35	3	47	61	0	0	0
583	57	223	176	127	75	179	107	15	4	0
528	30	150	188	160	38	187	102	0	26	0
497	37	197	111	152	43	162	53	28	4	9
165	15	58	28	64	21	37	22	0	0	34
400	36	155	120	89	46	180	103	42	6	27
138	7	51	30	50	9	45	20	0	0	0
58	3	26	12	17	8	15	11	0	0	0
301	41	142	81	37	99	108	100	0	0	47
57	4	24	16	13	13	16	15	0	19	0
164	9	66	58	31	30	22	22	0	0	0
52	3	12	15	22	7	12	8	0	0	8
212	22	94	45	51	27	79	45	0	0	0
95	7	30	29	29	18	31	13	0	0	0
56	2	26	25	3	9	9	4	0	0	0
55	3	26	19	7	3	11	21	0	0	10
94	1	17	38	38	6	31	20	1	0	0

其他中等技术

Basic Statistics of Other

地区 Region	学校数(所) Schools	毕业生数 Graduates	招生数 Entrants			在校学生数 Enrolment		
			计 Total	招高中毕业生数 Graduates From Senior Sec. School	招初中毕业生数 Graduates From Junior Sec. School		合计 Total	计 Subtotal
总计 Total	99	14531	20743	4144	16599	49660	8457	7814
北京 Beijing	1	46	172	0	172	548	40	40
天津 Tianjin	2	135	88	0	88	384	167	167
河北 Hebei	8	1184	2036	303	1733	4605	621	596
山西 Shanxi	1	0	0	0	0	0	24	24
内蒙古 Inner Mongolia	2	406	465	19	446	1467	133	133
辽宁 Liaoning	4	295	390	130	260	1246	332	330
吉林 Jilin	17	1914	2189	80	2109	7257	1415	1333
黑龙江 Heilongjiang	0	0	0	0	0	0	0	0
上海 Shanghai	1	2056	3597	283	3314	6566	161	156
江苏 Jiangsu	3	163	258	44	214	598	188	183
浙江 Zhejiang	7	1700	1844	121	1723	5439	577	542
安徽 Anhui	1	235	353	143	210	823	126	126
福建 Fujian	1	44	90	90	0	136	32	32
江西 Jiangxi	1	83	93	93	0	195	56	56
山东 Shandong	4	1527	1656	440	1216	3859	786	702
河南 Henan	3	176	198	198	0	400	131	130
湖北 Hubei	5	767	1563	220	1343	3091	663	630
湖南 Hunan	4	436	907	325	582	1535	623	284
广东 Guangdong	5	582	632	229	403	1842	374	368
广西 Guangxi	3	287	368	15	353	1201	289	289
海南 Hainan	0	0	0	0	0	0	0	0
四川 Sichuan	5	442	869	381	488	2015	462	446
贵州 Guizhou	4	739	974	355	619	1941	359	359
云南 Yunnan	6	739	1058	247	811	2072	254	254
西藏 Tibet	0	0	0	0	0	0	0	0
陕西 Shaanxi	2	0	160	160	0	300	114	110
甘肃 Gansu	5	457	620	185	435	1739	361	355
青海 Qinghai	1	40	0	0	0	0	0	0
宁夏 Ningxia	2	78	123	83	40	322	91	91
新疆 Xinjiang	1	0	40	0	40	79	78	78

学校基本情况

Secondary Technical Schools

单位:人

教职工数 Teachers, Staff & Workers										兼任教师数(不在教工数中) Part-time Teachers
校本部教职工 Employees in the School Proper								校办厂、场职工 Employees in School-run Factories & Farms	附设机构人员 Employees in Subsidiary Units	
专任教师 Full-time Teachers					教辅人员 Supporting Staff	行政人员 Adm. Personnel	工勤人员 Workers			
计 Subtotal	高级讲师 Senior Lecturers	讲师 Lecturers	助理讲师 Assistant Lecturers	教员 Instructors						
4135	308	1261	1779	787	637	1862	1180	588	55	290
29	9	8	9	3	2	9	0	0	0	0
81	4	24	46	7	4	46	36	0	0	8
389	19	97	209	64	37	105	65	25	0	13
14	0	4	10	0	2	8	0	0	0	0
80	6	40	34	0	10	22	21	0	0	0
166	12	56	48	50	19	87	58	0	2	4
807	53	225	355	174	75	334	117	82	0	20
0	0	0	0	0	0	0	0	0	0	0
82	3	31	43	5	24	23	27	2	3	0
116	14	48	42	12	10	44	13	3	2	32
286	17	89	140	40	45	152	59	35	0	7
54	4	23	24	3	14	47	11	0	0	11
14	2	0	8	4	4	11	3	0	0	5
24	4	4	13	3	2	19	11	0	0	0
368	37	119	99	113	82	169	83	84	0	5
45	4	16	22	3	9	45	31	0	1	0
336	28	91	129	88	42	151	101	33	0	2
133	13	57	54	9	21	79	51	304	35	25
190	16	67	77	30	49	47	82	5	1	53
159	9	46	63	41	2	67	61	0	0	42
0	0	0	0	0	0	0	0	0	0	0
192	14	60	112	6	68	105	81	15	1	24
142	7	29	84	22	35	102	80	0	0	2
142	8	40	76	18	13	48	51	0	0	21
0	0	0	0	0	0	0	0	0	0	0
40	0	11	5	24	20	25	25	0	4	16
174	18	60	53	43	40	63	78	0	6	0
0	0	0	0	0	0	0	0	0	0	0
42	5	6	6	25	2	31	16	0	0	0
30	2	10	18	0	6	23	19	0	0	0

中等师范学

Basic Statistics of

地区 Region		学校数(所) Schools	毕业生数 Graduates	招生数 Entrants			在校学生数 Enrolment		
				计 Total	招高中毕业生数 Graduates From Senior Sec. School	招初中毕业生数 Graduates From Junior Sec. School		合计 Total	计 Subtotal
总计	**Total**	919	235716	240857	32655	208202	665617	106374	101919
北京	Beijing	20	4084	4279	0	4279	12244	2574	2447
天津	Tianjin	11	2784	2008	0	2008	6275	1552	1478
河北	Hebei	83	13789	14364	3555	10809	37526	6500	6300
山西	Shanxi	24	9282	9126	1500	7626	25601	3333	3205
内蒙古	Inner Mongolia	21	4362	4086	0	4086	12630	2962	2863
辽宁	Liaoning	30	9564	10232	1966	8266	29447	4904	4663
吉林	Jilin	23	5755	7070	1940	5130	20808	2956	2694
黑龙江	Heilongjiang	30	6860	6493	430	6063	19897	3901	3711
上海	Shanghai	11	2893	2936	0	2936	9698	1722	1617
江苏	Jiangsu	35	8846	8971	845	8126	25322	4713	4223
浙江	Zhejiang	29	6390	7071	49	7022	19970	2949	2724
安徽	Anhui	45	8311	8226	1771	6455	22462	4271	4126
福建	Fujian	25	6683	8116	1176	6940	21223	3179	3068
江西	Jiangxi	27	8625	9546	1839	7707	24790	3298	3192
山东	Shandong	59	17680	15524	2784	12740	42057	7564	7172
河南	Henan	45	23072	24051	0	24051	63450	7179	7010
湖北	Hubei	35	10160	10249	1807	8442	26436	4595	4239
湖南	Hunan	32	10728	10958	4056	6902	26482	3882	3715
广东	Guangdong	45	10916	11847	1835	10012	32341	4732	4609
广西	Guangxi	25	7587	7556	0	7556	22461	3567	3377
海南	Hainan	8	1774	1870	600	1270	4689	918	864
四川	Sichuan	109	21593	21262	1846	19416	59149	9680	9399
贵州	Guizhou	29	5727	6198	545	5653	17966	2578	2527
云南	Yunnan	28	7339	8110	0	8110	24119	3221	3213
西藏	Tibet	5	415	477	0	477	1939	508	486
陕西	Shaanxi	22	7930	7323	1664	5659	20082	2809	2742
甘肃	Gansu	22	5364	4761	945	3816	15395	2332	2280
青海	Qinghai	15	1861	1631	340	1291	4709	983	983
宁夏	Ningxia	4	1618	1463	120	1343	3695	546	536
新疆	Xinjiang	22	3724	5053	1042	4011	12754	2466	2456

校基本情况

Teacher Training Schools

单位:人

教职工数 Teachers, Staff & Workers — 校本部教职工 Employees in the School Proper — 专任教师 Full-time Teachers: 计 Subtotal	高级讲师 Senior Lecturers	讲师 Lecturers	助理讲师 Assistant Lecturers	教员 Instructors	教辅人员 Supporting Staff	行政人员 Adm. Personnel	工勤人员 Workers	校办厂、场职工 Employees in School-run Factories & Farms	附设机构人员 Employees in Subsidiary Units	兼任教师数(不在教工数中) Part-time Teachers
57048	5536	15100	24374	12038	7499	19769	17603	3061	1394	234
1305	217	427	412	249	233	540	369	87	40	4
719	87	205	350	77	128	401	230	26	48	0
3441	253	1020	1453	715	491	1233	1135	158	42	18
1681	176	486	591	428	202	722	600	103	25	0
1539	132	410	743	254	177	563	584	81	18	6
2686	230	707	1258	491	294	977	706	185	56	0
1476	118	359	620	379	106	673	439	219	43	0
1868	217	667	731	253	207	855	781	110	80	0
893	127	347	320	99	169	300	255	97	8	0
2316	199	627	1114	376	351	795	761	446	44	5
1553	121	427	752	253	199	551	421	128	97	8
2286	163	658	1017	448	371	791	678	79	66	2
1831	136	469	754	472	186	666	385	53	58	6
1838	197	451	973	217	226	608	520	73	33	55
4003	340	776	1781	1106	598	1439	1132	341	51	0
4051	418	1040	1955	638	459	1419	1081	105	64	27
2699	350	686	852	811	392	505	643	246	110	18
1941	278	636	787	240	327	775	672	90	77	12
2764	219	720	1011	814	375	651	819	47	76	23
1971	198	485	940	348	226	541	639	37	153	2
432	43	132	178	79	59	138	235	36	18	0
5044	672	1275	2038	1059	772	1798	1785	251	30	21
1536	97	316	731	392	119	516	356	8	43	19
1809	91	408	815	495	246	485	673	4	4	2
254	3	61	78	112	20	101	111	0	22	2
1565	117	463	699	286	199	555	423	15	52	1
1285	142	288	583	272	143	481	371	27	25	1
603	32	131	147	293	52	160	168	0	0	0
309	31	93	140	45	33	87	107	4	6	0
1350	132	330	551	337	139	443	524	5	5	2

中等师范学校中幼

Basic Statistics of Pre－primary

地　区 Region	学校数(所) Schools	毕业生数 Graduates	招　生　数 Entrants 计 Total	 招高中毕业生数 Graduates From Senior Sec. School	 招初中毕业生数 Graduates From Junior Sec. School	在校学生数 Enrolment	合　计 Total	计 Subtotal
总　计　Total	65	12427	14268	814	13454	39340	7738	7186
北　京　Beijing	1	170	255	0	255	659	154	154
天　津　Tianjin	2	414	533	0	533	1603	426	364
河　北　Hebei	4	576	526	0	526	1557	206	206
山　西　Shanxi	4	881	815	0	815	2437	405	374
内蒙古　Inner Mongolia	2	149	281	0	281	996	232	231
辽　宁　Liaoning	4	759	622	0	622	2077	653	607
吉　林　Jilin	5	920	1019	100	919	2534	539	476
黑龙江　Heilongjiang	3	577	566	0	566	1698	303	302
上　海　Shanghai	2	549	599	0	599	1620	281	275
江　苏　Jiangsu	4	580	601	0	601	1638	353	327
浙　江　Zhejiang	3	325	450	49	401	1342	319	241
安　徽　Anhui	3	501	488	0	488	1596	323	288
福　建　Fujian	2	439	584	46	538	1532	274	242
江　西　Jiangxi	1	100	118	0	118	459	81	81
山　东　Shandong	5	1481	1425	240	1185	3557	786	755
河　南　Henan	1	361	365	0	365	1086	155	155
湖　北　Hubei	4	1156	1661	117	1544	4288	623	558
湖　南　Hunan	2	489	532	191	341	1368	236	220
广　东　Guangdong	3	568	807	55	752	2140	379	365
广　西　Guangxi	1	242	278	0	278	802	168	140
海　南　Hainan	0	0	0	0	0	0	0	0
四　川　Sichuan	4	595	720	0	720	2078	438	424
贵　州　Guizhou	1	88	120	0	120	301	69	68
云　南　Yunnan	1	177	201	0	201	508	88	88
西　藏　Tibet	0	0	0	0	0	0	0	0
陕　西　Shaanxi	1	282	246	0	246	606	119	119
甘　肃　Gansu	1	48	143	16	127	465	70	68
青　海　Qinghai	0	0	0	0	0	0	0	0
宁　夏　Ningxia	0	0	0	0	0	0	0	0
新　疆　Xinjiang	1	0	313	0	313	393	58	58

儿师范学校基本情况

Teacher Training Schools

单位:人

教职工数 Teachers, Staff & Workers										兼任教师数(不在教工数中) Part-time Teachers
校本部教职工 Employees in the School Proper								校办厂、场职工 Employees in School-run Factories & Farms	附设机构人员 Employees in Subsidiary Units	
专任教师 Full-time Teachers					教辅人员 Supporting Staff	行政人员 Adm. Personnel	工勤人员 Workers			
计 Subtotal	高级讲师 Senior Lecturers	讲师 Lecturers	助理讲师 Assistant Lecturers	教员 Instructors						
4060	419	1145	1702	794	468	1597	1061	221	331	12
76	18	30	18	10	12	39	27	0	0	0
190	30	58	91	11	27	76	71	17	45	0
122	8	37	44	33	15	50	19	0	0	0
192	27	65	68	32	29	82	71	14	17	0
137	16	30	87	4	19	44	31	1	0	0
375	28	80	199	68	40	119	73	9	37	0
255	17	57	103	78	21	139	61	42	21	0
168	19	64	62	23	22	86	26	1	0	0
146	15	53	63	15	24	65	40	6	0	0
181	19	57	78	27	9	81	56	11	15	0
142	12	51	64	15	15	45	39	25	53	0
179	13	45	85	36	11	67	31	22	13	0
136	14	35	53	34	6	63	37	3	29	0
49	6	17	22	4	2	24	6	0	0	0
387	17	89	183	98	35	189	144	24	7	0
97	15	26	20	36	5	32	21	0	0	0
352	60	104	103	85	52	66	88	12	53	0
111	11	36	42	22	18	51	40	8	8	12
234	13	70	79	72	35	64	32	12	2	0
77	14	25	28	10	13	22	28	0	28	0
0	0	0	0	0	0	0	0	0	0	0
230	23	66	107	34	38	89	67	14	0	0
44	9	14	17	4	2	17	5	0	1	0
44	4	15	20	5	4	26	14	0	0	0
0	0	0	0	0	0	0	0	0	0	0
58	2	15	29	12	10	39	12	0	0	0
41	6	6	21	8	4	10	13	0	2	0
0	0	0	0	0	0	0	0	0	0	0
0	0	0	0	0	0	0	0	0	0	0
37	3	0	16	18	0	12	9	0	0	0

中等专业学校女学

Number of Female Students, Teachers, Staff

地区 Region	学校数(所) Schools	毕业生数 Graduates	招生数 Entrants 计 Total	招高中毕业生数 Graduates From Senior Sec. School	招初中毕业生数 Graduates From Junior Sec. School	在校学生数 Enrolment	合计 Total	计 Subtotal
总计 Total	3903	331921	405346	72602	332744	1110884	199791	183464
北京 Beijing	117	9258	9462	959	8503	30364	7464	6997
天津 Tianjin	73	5948	6410	1119	5291	20261	4548	4300
河北 Hebei	217	19123	24029	5873	18156	63005	10066	9573
山西 Shanxi	124	15607	15015	3172	11843	46747	7107	6817
内蒙古 Inner Mongolia	100	7211	8679	1433	7246	24924	6637	6343
辽宁 Liaoning	165	17337	20736	3872	16864	59772	10644	9923
吉林 Jilin	117	10575	13381	2876	10505	38258	7358	6625
黑龙江 Heilongjiang	110	12870	13304	2219	11085	39126	7585	6719
上海 Shanghai	103	9803	12072	2018	10054	33162	6577	6121
江苏 Jiangsu	195	18593	23953	2139	21814	66675	9207	8415
浙江 Zhejiang	142	9431	12023	1922	10101	31649	6102	5542
安徽 Anhui	135	9852	11953	1774	10179	30867	5611	5118
福建 Fujian	107	7930	11501	1412	10089	30292	4202	3914
江西 Jiangxi	98	7407	10440	2470	7970	26372	4881	4374
山东 Shandong	234	23755	26153	3764	22389	73285	11998	11090
河南 Henan	174	22425	26035	4051	21984	71672	9882	8825
湖北 Hubei	223	20167	27460	3593	23867	73077	11146	10167
湖南 Hunan	135	13866	17417	3466	13951	43216	8328	7319
广东 Guangdong	227	16948	21863	3554	18309	57365	8490	8088
广西 Guangxi	123	9613	11988	2676	9312	31670	6901	5728
海南 Hainan	27	1467	2111	425	1686	5619	917	865
四川 Sichuan	287	21516	28531	5759	22772	72526	14229	12601
贵州 Guizhou	113	6407	6978	1378	5600	19458	4855	4563
云南 Yunnan	142	9213	11580	1592	9988	33193	6152	6027
西藏 Tibet	14	448	601	42	559	1945	545	509
陕西 Shaanxi	110	8518	10274	1928	8346	29204	6170	5256
甘肃 Gansu	115	5456	7034	1751	5283	19975	4201	3964
青海 Qinghai	38	1643	1723	518	1205	4565	1050	1032
宁夏 Ningxia	26	1745	2023	443	1580	5474	1308	1253
新疆 Xinjiang	112	7789	10617	4404	6213	27166	5630	5396

生和女教职工数

& Workers in Specialized Secondary Schools

单位: 人

教职工数 Teachers, Staff & Workers										兼任教师数不在教（工数中） Part-time Teachers
校本部教职工 Employees in the School Proper								校办厂、场职工 Employees in School-run Factories & Farms	附设机构人员 Employees in Subsidiary Units	
专任教师 Full-time Teachers					教辅人员 Supporting Staff	行政人员 Adm. Personnel	工勤人员 Workers			
计 Subtotal	高级讲师 Senior Lecturers	讲师 Lecturers	助理讲师 Assistant Lecturers	教员 Instructors						
93199	5221	27475	42523	17980	25588	33394	31283	8160	8167	973
3538	329	1247	1386	576	889	1484	1086	353	114	153
2290	152	685	1156	297	511	899	600	135	113	6
5516	249	1645	2651	971	1309	1387	1361	281	212	104
3706	153	986	1708	859	910	1148	1053	139	151	0
3216	164	950	1559	543	1006	1205	916	185	109	18
5521	261	1632	2677	951	1256	1814	1332	326	395	47
3744	259	1255	1568	662	832	1226	823	463	270	22
3312	222	1261	1406	423	896	1252	1259	358	508	9
2796	178	1181	1161	276	784	1165	1376	253	203	54
4326	245	1308	1948	825	1154	1452	1483	654	138	71
2708	154	864	1323	367	810	1015	1009	335	225	33
2598	145	799	1170	484	759	969	792	270	223	17
2085	71	520	1044	450	516	737	576	152	136	41
2008	186	558	991	273	619	806	941	364	143	12
6100	330	1499	2718	1553	1526	1863	1601	480	428	27
4668	240	1323	2219	886	1287	1591	1279	347	710	8
4956	287	1421	2080	1168	1455	1952	1804	455	524	38
3254	269	1155	1342	488	1294	1348	1423	546	463	28
4009	198	1144	1736	931	1058	1452	1569	146	256	100
2673	136	757	1322	458	771	985	1299	220	953	36
325	8	81	140	96	105	157	278	29	23	0
5938	420	1753	2565	1200	1989	2448	2226	887	741	45
2248	79	485	1125	559	586	947	782	53	239	11
2973	93	595	1552	733	717	1050	1287	43	82	16
287	3	55	92	137	40	84	98	19	17	6
2452	119	762	1134	437	861	1003	940	463	451	29
1967	120	486	893	468	601	602	794	100	137	3
575	6	129	250	190	138	174	145	2	16	4
655	28	208	336	83	177	185	236	29	26	4
2755	117	731	1271	636	732	994	915	73	161	31

普通中学校数、

Number of General Secondary Schools

地区 Region		学校数(所) Schools 计 Total	初级中学 Junior Sec. Schools	高级中学 Senior Sec. Schools	完全中学 Complete Sec. Schools	计 Total	小计 Subtotal
总计	**Total**	84021	69171	3199	11651	961666	818787
北京	Beijing	685	406	5	274	12034	9924
天津	Tianjin	672	503	40	129	9190	7640
河北	Hebei	5314	4712	206	396	48510	42393
山西	Shanxi	3641	3238	164	239	30792	26138
内蒙古	Inner Mongolia	1984	1583	85	316	22785	18749
辽宁	Liaoning	2457	2074	236	147	39423	34269
吉林	Jilin	1911.	1596	148	167	25647	22137
黑龙江	Heilongjiang	2738	2188	189	361	37273	31983
上海	Shanghai	724	479	22	223	12226	9832
江苏	Jiangsu	5349	4368	46	935	59417	50953
浙江	Zhejiang	3283	2782	117	384	38186	33365
安徽	Anhui	4284	3662	32	590	42677	37383
福建	Fujian	1491	1090	1	400	25861	22157
江西	Jiangxi	2802	2243	20	539	34084	28868
山东	Shandong	5897	5265	334	298	70216	61067
河南	Henan	6893	6104	576	213	66466	57853
湖北	Hubei	4320	3707	295	318	43461	37022
湖南	Hunan	5107	4274	265	568	51384	43031
广东	Guangdong	3783	2961	45	777	49985	42968
广西	Guangxi	2853	2405	85	363	30588	26260
海南	Hainan	468	293	1	174	5244	4180
四川	Sichuan	6229	5093	41	1095	79902	68369
贵州	Guizhou	1638	1269	14	355	19947	17161
云南	Yunnan	2120	1624	7	489	25843	22019
西藏	Tibet	62	42	0	20	581	458
陕西	Shaanxi	2900	2299	155	446	29659	23690
甘肃	Gansu	1595	1124	10	461	19749	15852
青海	Qinghai	488	288	16	184	4636	3522
宁夏	Ningxia	430	311	4	115	5556	4409
新疆	Xinjiang	1903	1188	40	675	20344	15135

班数(总计)

and Classes (Regional Aggregates)

班数(个) Classes							
初中 Junior Sec. Schools				高中 Senior Sec. Schools			
一年级 Grade 1	二年级 Grade 2	三年级 Grade 3	四年级 Grade 4	小计 Subtotal	一年级 Grade 1	二年级 Grade 2	三年级 Grade 3
290567	271996	254909	1315	142879	47144	46795	48940
3861	3346	2713	4	2110	637	702	771
2753	2671	2210	6	1550	498	514	538
15574	14194	12409	216	6117	1988	2011	2118
9071	8720	8329	18	4654	1591	1536	1527
6437	6204	6079	29	4036	1313	1332	1391
12205	11546	10457	61	5154	1716	1698	1740
7983	7296	6794	64	3510	1160	1135	1215
11306	10776	9670	231	5290	1731	1729	1830
3505	3255	3058	14	2394	828	794	772
17690	16855	16373	35	8464	2892	2794	2778
11602	11256	10502	5	4821	1609	1538	1674
13246	12399	11718	20	5294	1715	1724	1855
8206	7359	6592	0	3704	1270	1232	1202
9925	9679	9251	13	5216	1725	1676	1815
21117	20244	19264	442	9149	3112	3027	3010
20933	19498	17363	59	8613	2847	2844	2922
13566	12396	11033	27	6439	2157	2021	2261
15134	14382	13506	9	8353	2812	2745	2796
16524	14071	12363	10	7017	2325	2325	2367
9690	8693	7867	10	4328	1457	1423	1448
1628	1368	1184	0	1064	352	345	367
22810	22365	23176	18	11533	3798	3848	3887
5976	5611	5573	1	2786	914	921	951
7556	7359	7095	9	3824	1302	1261	1261
214	136	108	0	123	39	40	44
8296	8043	7349	2	5969	1879	1959	2131
5452	5343	5056	1	3897	1219	1223	1455
1220	1160	1135	7	1114	343	345	426
1502	1458	1448	1	1147	381	380	386
5585	4313	5234	3	5209	1534	1673	2002

普通中学校数、

Number of General Secondary

地区 Region	学校数(所) Schools 计 Total	初级中学 Junior Sec. Schools	高级中学 Senior Sec. Schools	完全中学 Complete Sec. Schools	计 Total	小计 Subtotal
总计 Total	11715	6885	695	4135	184467	138343
北京 Beijing	292	104	4	184	6321	4933
天津 Tianjin	268	182	8	78	4227	3395
河北 Hebei	669	454	24	191	9394	7556
山西 Shanxi	381	234	21	126	5771	4263
内蒙古 Inner Mongolia	314	167	31	116	5415	3801
辽宁 Liaoning	698	504	101	93	12595	10042
吉林 Jilin	435	298	59	78	7485	5841
黑龙江 Heilongjiang	686	456	87	143	10642	8235
上海 Shanghai	380	240	9	131	6055	4580
江苏 Jiangsu	542	343	3	196	8870	7048
浙江 Zhejiang	292	168	17	107	5247	3931
安徽 Anhui	442	254	4	184	6445	5015
福建 Fujian	160	70	1	89	3493	2557
江西 Jiangxi	330	176	6	148	5295	3751
山东 Shandong	689	478	60	151	11246	8189
河南 Henan	726	499	83	144	9992	7608
湖北 Hubei	794	520	65	209	11597	8856
湖南 Hunan	567	308	12	247	7850	5743
广东 Guangdong	509	247	19	243	9732	7280
广西 Guangxi	176	103	6	67	3289	2558
海南 Hainan	27	13	0	14	478	353
四川 Sichuan	715	358	15	342	9947	6922
贵州 Guizhou	211	122	8	81	2707	1979
云南 Yunnan	225	96	4	125	3089	2157
西藏 Tibet	13	4	0	9	206	143
陕西 Shaanxi	449	232	23	194	6423	4563
甘肃 Gansu	226	74	3	149	3897	2716
青海 Qinghai	79	13	8	58	1041	729
宁夏 Ningxia	64	32	4	28	1062	753
新疆 Xinjiang	356	136	10	210	4656	2846

班数(城市)

Schools and Classes (Urban)

班　数(个) Classes							
初　中 Junior Sec. Schools				高　中 Senior Sec. Schools			
一年级 Grade 1	二年级 Grade 2	三年级 Grade 3	四年级 Grade 4	小计 Subtotal	一年级 Grade 1	二年级 Grade 2	三年级 Grade 3
47411	46126	44461	345	46124	14973	15065	16086
1920	1677	1332	4	1388	420	464	504
1182	1215	992	6	832	267	273	292
2684	2553	2318	1	1838	584	598	656
1414	1420	1419	10	1508	506	492	510
1232	1272	1277	20	1614	529	533	552
3505	3506	2986	45	2553	840	845	868
2085	1952	1782	22	1644	543	526	575
2747	2825	2610	53	2407	778	787	842
1631	1491	1458	0	1475	503	494	478
2371	2319	2341	17	1822	605	599	618
1329	1315	1283	4	1316	443	411	462
1727	1663	1614	11	1430	443	467	520
858	855	844	0	936	316	305	315
1130	1266	1346	9	1544	510	496	538
2781	2707	2638	63	3057	1037	1014	1006
2482	2527	2557	42	2384	776	783	825
3066	2960	2817	13	2741	925	871	945
1948	1899	1896	0	2107	693	676	738
2657	2397	2218	8	2452	761	815	876
949	789	815	5	731	245	238	248
127	129	97	0	125	38	41	46
2310	2186	2418	8	3025	960	1015	1050
642	653	684	0	728	237	241	250
674	728	752	3	932	318	311	303
63	46	34	0	63	19	20	24
1512	1517	1534	0	1860	575	590	695
890	927	899	0	1181	375	376	430
242	245	242	0	312	82	96	134
256	250	247	0	309	99	101	109
997	837	1011	1	1810	546	587	677

普通中学校数、

Number of General Secondary Schools

地区 Region		学校数(所) Schools 计 Total	初级中学 Junior Sec. Schools	高级中学 Senior Sec. Schools	完全中学 Complete Sec. Schools	计 Total	小计 Subtotal
总 计	**Total**	16772	10783	1373	4616	242596	175778
北 京	Beijing	138	82	1	55	2530	1993
天 津	Tianjin	89	42	11	36	1550	1091
河 北	Hebei	1174	857	147	170	13551	9835
山 西	Shanxi	462	316	68	78	6423	4169
内蒙古	Inner Mongolia	511	286	48	177	7961	5709
辽 宁	Liaoning	368	235	103	30	6452	4375
吉 林	Jilin	590	420	86	84	9025	7220
黑龙江	Heilongjiang	714	473	84	157	11253	8861
上 海	Shanghai	85	37	13	35	1718	1082
江 苏	Jiangsu	1403	955	19	429	19030	14643
浙 江	Zhejiang	2073	1709	96	268	24560	21152
安 徽	Anhui	466	269	5	192	7023	4912
福 建	Fujian	445	235	0	210	10450	8304
江 西	Jiangxi	563	295	4	264	9869	6972
山 东	Shandong	409	286	57	66	6746	4335
河 南	Henan	926	666	234	26	11224	7449
湖 北	Hubei	399	261	87	51	5168	3358
湖 南	Hunan	823	520	97	206	10808	7139
广 东	Guangdong	430	215	16	199	8057	5527
广 西	Guangxi	393	207	39	147	5875	3619
海 南	Hainan	61	19	0	42	1311	812
四 川	Sichuan	1953	1297	21	635	28646	21487
贵 州	Guizhou	313	151	6	156	5007	3457
云 南	Yunnan	561	303	2	256	8476	6138
西 藏	Tibet	48	37	0	11	372	312
陕 西	Shaanxi	640	370	92	178	8519	5406
甘 肃	Gansu	217	65	4	148	3802	2167
青 海	Qinghai	148	62	7	79	1652	1096
宁 夏	Ningxia	70	26	0	44	1363	845
新 疆	Xinjiang	300	87	26	187	4175	2313

班数(县镇)

and Classes (Country Seats & Towns)

班数(个) Classes							
初中 Junior Sec. Schools				高中 Senior Sec. Schools			
一年级 Grade 1	二年级 Grade 2	三年级 Grade 3	四年级 Grade 4	小计 Subtotal	一年级 Grade 1	二年级 Grade 2	三年级 Grade 3
61196	58246	56136	200	66818	22414	21874	22530
787	661	545	0	537	166	175	196
395	378	318	0	459	149	153	157
3552	3276	2953	54	3716	1223	1230	1263
1429	1387	1352	1	2254	767	738	749
1921	1866	1918	4	2252	729	741	782
1519	1474	1382	0	2077	708	681	688
2542	2374	2278	26	1805	599	589	617
3018	2947	2855	41	2392	797	781	814
394	357	331	0	636	225	210	201
5030	4900	4704	9	4387	1514	1460	1413
7326	7132	6694	0	3408	1134	1095	1179
1706	1631	1574	1	2111	707	687	717
3053	2752	2499	0	2146	738	715	693
2327	2315	2329	1	2897	964	934	999
1469	1431	1389	46	2411	860	787	764
2628	2494	2326	1	3775	1288	1234	1253
1191	1147	1020	0	1810	616	561	633
2526	2350	2263	0	3669	1255	1207	1207
2077	1828	1622	0	2530	861	835	834
1329	1195	1093	2	2256	763	738	755
303	263	246	0	499	166	161	172
7170	6994	7314	9	7159	2410	2377	2372
1174	1125	1157	1	1550	522	514	514
2073	2035	2027	3	2338	796	767	775
150	89	73	0	60	20	20	20
1854	1833	1718	1	3113	978	1034	1101
729	730	708	0	1635	513	506	616
381	365	350	0	556	184	173	199
288	278	279	0	518	178	171	169
855	639	819	0	1862	584	600	678

普通中学校数、

Number of General Secondary

地区 Region	学校数(所) Schools 计 Total	初级中学 Junior Sec. Schools	高级中学 Senior Sec. Schools	完全中学 Complete Sec. Schools	计 Total	小计 Subtotal
总计 Total	55534	51503	1131	2900	534603	504666
北京 Beijing	255	220	0	35	3183	2998
天津 Tianjin	315	279	21	15	3413	3154
河北 Hebei	3471	3401	35	35	25565	25002
山西 Shanxi	2798	2688	75	35	18598	17706
内蒙古 Inner Mongolia	1159	1130	6	23	9409	9239
辽宁 Liaoning	1391	1335	32	24	20376	19852
吉林 Jilin	886	878	3	5	9137	9076
黑龙江 Heilongjiang	1338	1259	18	61	15378	14887
上海 Shanghai	259	202	0	57	4453	4170
江苏 Jiangsu	3404	3070	24	310	31517	29262
浙江 Zhejiang	918	905	4	9	8379	8282
安徽 Anhui	3376	3139	23	214	29209	27456
福建 Fujian	886	785	0	101	11918	11296
江西 Jiangxi	1909	1772	10	127	18920	18145
山东 Shandong	4799	4501	217	81	52224	48543
河南 Henan	5241	4939	259	43	45250	42796
湖北 Hubei	3127	2926	143	58	26696	24808
湖南 Hunan	3717	3446	156	115	32726	30149
广东 Guangdong	2844	2499	10	335	32196	30161
广西 Guangxi	2284	2095	40	149	21424	20083
海南 Hainan	380	261	1	118	3455	3015
四川 Sichuan	3561	3438	5	118	41309	39960
贵州 Guizhou	1114	996	0	118	12233	11725
云南 Yunnan	1334	1225	1	108	14278	13724
西藏 Tibet	1	1	0	0	3	3
陕西 Shaanxi	1811	1697	40	74	14717	13721
甘肃 Gansu	1152	985	3	164	12050	10969
青海 Qinghai	261	213	1	47	1943	1697
宁夏 Ningxia	296	253	0	43	3131	2811
新疆 Xinjiang	1247	965	4	278	11513	9976

班数(农村)

Schools and Classes (Rural)

班数(个) Classes							
初中 Junior Sec. Schools				高中 Senior Sec. Schools			
一年级 Grade 1	二年级 Grade 2	三年级 Grade 3	四年级 Grade 4	小计 Subtotal	一年级 Grade 1	二年级 Grade 2	三年级 Grade 3
181960	167624	154312	770	29937	9757	9856	10324
1154	1008	836	0	185	51	63	71
1176	1078	900	0	259	82	88	89
9338	8365	7138	161	563	181	183	199
6228	5913	5558	7	892	318	306	268
3284	3066	2884	5	170	55	58	57
7181	6566	6089	16	524	168	172	184
3356	2970	2734	16	61	18	20	23
5541	5004	4205	137	491	156	161	174
1480	1407	1269	14	283	100	90	93
10289	9636	9328	9	2255	773	735	747
2947	2809	2525	1	97	32	32	33
9813	9105	8530	8	1753	565	570	618
4295	3752	3249	0	622	216	212	194
6468	6098	5576	3	775	251	246	278
16867	16106	15237	333	3681	1215	1226	1240
15823	14477	12480	16	2454	783	827	844
9309	8289	7196	14	1888	616	589	683
10660	10133	9347	9	2577	864	862	851
11790	9846	8523	2	2035	703	675	657
7412	6709	5959	3	1341	449	447	445
1198	976	841	0	440	148	143	149
13330	13185	13444	1	1349	428	456	465
4160	3833	3732	0	508	155	166	187
4809	4596	4316	3	554	188	183	183
1	1	1	0	0	0	0	0
4930	4693	4097	1	996	326	335	335
3833	3686	3449	1	1081	331	341	409
597	550	543	7	246	77	76	93
958	930	922	1	320	104	108	108
3733	2837	3404	2	1537	404	486	647

普通中学毕业生数、招生数、毕业班学生数(总计)

Number of Graduates, Entrants & Graduates for Next Year in General Secondary Schools (Regional Aggregates)

单位:人

地区 Region	毕业生数 Graduates 初中 Junior Sec. Schools	毕业生数 Graduates 高中 Senior Sec. Schools	招生数 Entrants 初中 Junior Sec. Schools	招生数 Entrants 高中 Senior Sec. Schools	毕业班学生数 Graduates for Next Year 初中 Junior Sec. Schools	毕业班学生数 Graduates for Next Year 高中 Senior Sec. Schools
总计 Total	11022484	2261252	14650128	2347321	11969135	2386521
北京 Beijing	86952	32471	155609	25790	99007	28632
天津 Tianjin	77461	21479	114724	21091	86392	21576
河北 Hebei	489396	100542	792288	101625	556273	106975
山西 Shanxi	354247	72404	409927	80247	367358	82416
内蒙古 Inner Mongolia	252097	63055	298220	64760	262166	65031
辽宁 Liaoning	454607	85525	632128	89050	489563	86297
吉林 Jilin	296814	57632	409454	59747	330105	57185
黑龙江 Heilongjiang	423982	84935	524557	88203	435374	90160
上海 Shanghai	117447	30808	158532	38515	132583	32641
江苏 Jiangsu	707514	127104	893327	148077	764092	137467
浙江 Zhejiang	414170	81345	584140	77254	496533	78679
安徽 Anhui	555528	85781	723561	84963	594751	94622
福建 Fujian	234319	47812	389575	64025	304466	54029
江西 Jiangxi	448792	83887	558218	89243	482255	91765
山东 Shandong	1001339	154502	1161633	167074	1006287	160343
河南 Henan	848900	150122	1100956	152815	910203	152606
湖北 Hubei	493980	109014	725052	114970	547964	115881
湖南 Hunan	553822	126882	784543	139114	610273	134846
广东 Guangdong	577866	114171	880805	116294	599453	119949
广西 Guangxi	326045	67605	514755	76197	376976	76233
海南 Hainan	53547	16872	83533	16697	56836	17980
四川 Sichuan	949060	166483	1068133	179345	973357	179914
贵州 Guizhou	230522	39912	303985	45201	278046	44166
云南 Yunnan	292936	54697	392532	64002	332924	60518
西藏 Tibet	5346	1597	7775	1577	4215	1396
陕西 Shaanxi	268280	94784	387935	88684	316305	100779
甘肃 Gansu	215094	66659	254799	58267	233111	71848
青海 Qinghai	44863	17927	56221	14690	52119	18511
宁夏 Ningxia	71123	20727	75025	18131	75077	20469
新疆 Xinjiang	176435	84518	208186	61673	195071	83607

普通中学毕业生数、招生数、毕业班学生数(城市)

Number of Graduates, Entrants & Graduates for Next Year in General Secondary Schools (Urban)

单位:人

地区 Region		毕业生数 Graduates		招生数 Entrants		毕业班学生数 Graduates for Next Year	
		初中 Junior Sec. Schools	高中 Senior Sec. Schools	初中 Junior Sec. Schools	高中 Senior Sec. Schools	初中 Junior Sec. Schools	高中 Senior Sec. Schools
总　计	Total	1850051	705377	2275733	713364	2047925	735192
北　京	Beijing	42341	20905	77769	17233	50330	17697
天　津	Tianjin	36736	12124	49232	11587	39355	11337
河　北	Hebei	86868	28649	126196	27810	101964	30720
山　西	Shanxi	58494	23509	65703	25002	66872	26471
内蒙古	Inner Mongolia	51231	24487	57688	25577	54890	24473
辽　宁	Liaoning	128589	41725	185160	41442	149539	40555
吉　林	Jilin	81418	28182	118386	28418	91757	27538
黑龙江	Heilongjiang	115030	38733	139448	38056	123954	39635
上　海	Shanghai	55989	19137	71123	22550	61529	20366
江　苏	Jiangsu	99797	25223	111021	28846	105209	26452
浙　江	Zhejiang	50979	21705	66565	20707	62321	21253
安　徽	Anhui	72800	21113	86355	20367	79624	22377
福　建	Fujian	33588	13519	39748	15248	38409	14307
江　西	Jiangxi	62838	23255	52283	25213	65789	26155
山　东	Shandong	137140	51523	150112	56460	135537	54361
河　南	Henan	111395	35020	118517	39288	122436	39159
湖　北	Hubei	115035	43582	152417	47839	131946	46686
湖　南	Hunan	73185	28536	92856	31886	85535	32240
广　东	Guangdong	93298	41054	135290	37722	106014	41981
广　西	Guangxi	30760	10678	44313	12069	36181	12063
海　南	Hainan	3808	2542	7831	1846	5015	2644
四　川	Sichuan	95816	38845	95633	39874	94700	41589
贵　州	Guizhou	28370	10493	27897	10985	31181	11627
云　南	Yunnan	32226	13576	30232	14876	35312	14300
西　藏	Tibet	2482	1057	2757	880	1441	805
陕　西	Shaanxi	55926	27353	67242	25055	66886	29325
甘　肃	Gansu	37752	19755	42147	17307	42427	20052
青　海	Qinghai	8051	5507	11823	3501	11162	5571
宁　夏	Ningxia	9888	4801	11501	4175	10747	4924
新　疆	Xinjiang	38221	28789	38488	21545	39863	28529

普通中学毕业生数、招生数、毕业班学生数(县镇)

Number of Graduates, Entrants & Graduates for Next Year in General Secondary Schools (County Seats & Towns)

单位:人

地 区 Region	毕业生数 Graduates		招生数 Entrants		毕业班学生数 Graduates for Next Year	
	初中 Junior Sec. Schools	高中 Senior Sec. Schools	初中 Junior Sec. Schools	高中 Senior Sec. Schools	初中 Junior Sec. Schools	高中 Senior Sec. Schools
总 计 Total	2457036	1087955	3148143	1153334	2759099	1157062
北 京 Beijing	18525	8688	32902	6756	20607	8367
天 津 Tianjin	11596	5847	17369	5981	13160	6458
河 北 Hebei	121391	61812	191349	64372	143885	66024
山 西 Shanxi	64340	37172	71234	39397	70004	41837
内蒙古 Inner Mongolia	86149	35835	92752	36474	91316	37937
辽 宁 Liaoning	63404	35566	82573	38941	67667	36388
吉 林 Jilin	101584	28283	130114	30494	111070	28533
黑龙江 Heilongjiang	134083	38258	150509	42852	136411	42244
上 海 Shanghai	13516	8263	18446	10994	15185	8735
江 苏 Jiangsu	209258	67643	255174	78076	228543	73645
浙 江 Zhejiang	268405	57967	372717	55016	320874	55883
安 徽 Anhui	71869	34652	93836	36163	82905	39622
福 建 Fujian	94278	28065	149662	37992	121680	31701
江 西 Jiangxi	118894	48898	132869	51973	128236	53123
山 东 Shandong	76708	41870	84864	48620	80117	44323
河 南 Henan	125511	73705	149910	72709	137539	71510
湖 北 Hubei	48845	32703	65314	34288	53349	34466
湖 南 Hunan	95011	59751	137256	64166	110484	61742
广 东 Guangdong	79122	43524	121108	45754	88268	46710
广 西 Guangxi	49098	37625	71038	41732	57767	42311
海 南 Hainan	14356	9160	17534	8942	15191	10246
四 川 Sichuan	294886	105887	341965	118328	319419	115798
贵 州 Guizhou	50576	22573	60759	26809	62765	24853
云 南 Yunnan	87574	34010	108795	39993	100828	38081
西 藏 Tibet	2826	540	4931	697	2733	591
陕 西 Shaanxi	62688	53118	88756	48618	77037	56618
甘 肃 Gansu	33949	29040	37510	25446	37292	32236
青 海 Qinghai	14555	9341	17438	7977	16309	9176
宁 夏 Ningxia	14556	10478	15436	9344	15744	10147
新 疆 Xinjiang	29483	27681	34023	24430	32714	27757

普通中学毕业生数、招生数、毕业班学生数(农村)

Number of Graduates, Entrants & Graduates for Next Year in General Secondary Schools (Rural)

单位:人

地区 Region		毕业生数 Graduates		招生数 Entrants		毕业班学生数 Graduates for Next Year	
		初中 Junior Sec. Schools	高中 Senior Sec. Schools	初中 Junior Sec. Schools	高中 Senior Sec. Schools	初中 Junior Sec. Schools	高中 Senior Sec. Schools
总计	**Total**	6715397	467920	9226252	480623	7162111	494267
北京	Beijing	26086	2878	44938	1801	28070	2568
天津	Tianjin	29129	3508	48123	3523	33877	3781
河北	Hebei	281137	10081	474743	9443	310424	10231
山西	Shanxi	231413	11723	272990	15848	230482	14108
内蒙古	Inner Mongolia	114717	2733	147780	2709	115960	2621
辽宁	Liaoning	262614	8234	364395	8667	272357	9354
吉林	Jilin	113812	1167	160954	835	127278	1114
黑龙江	Heilongjiang	174869	7944	234600	7295	175009	8281
上海	Shanghai	47942	3408	68963	4971	55869	3540
江苏	Jiangsu	398459	34238	527132	41155	430340	37370
浙江	Zhejiang	94786	1673	144858	1531	113338	1543
安徽	Anhui	410859	30016	543370	28433	432222	32623
福建	Fujian	106453	6228	200165	10785	144377	8021
江西	Jiangxi	267060	11734	373066	12057	288230	12487
山东	Shandong	787491	61109	926657	61994	790633	61659
河南	Henan	611994	41397	832529	40818	650228	41937
湖北	Hubei	330100	32729	507321	32843	362669	34729
湖南	Hunan	385626	38595	554431	43062	414254	40864
广东	Guangdong	405446	29593	624407	32818	405171	31258
广西	Guangxi	246187	19302	399404	22396	283028	21859
海南	Hainan	35383	5170	58168	5909	36630	5090
四川	Sichuan	558358	21751	630535	21143	559238	22527
贵州	Guizhou	151576	6846	215329	7407	184100	7686
云南	Yunnan	173136	7111	253505	9133	196784	8137
西藏	Tibet	38	0	87	0	41	0
陕西	Shaanxi	149666	14313	231937	15011	172382	14836
甘肃	Gansu	143393	17864	175142	15514	153392	19560
青海	Qinghai	22257	3079	26960	3212	24648	3764
宁夏	Ningxia	46679	5448	48088	4612	48586	5398
新疆	Xinjiang	108731	28048	135675	15698	122494	27321

普通中学在校

Enrolment of General Secondary

地　区 Region		合　计 Total	初 Junior Secondary Schools 中			
			计 Subtotal	一　年　级 Grade 1	二　年　级 Grade 2	三　年　级 Grade 3
总　计	**Total**	47707984	40659051	14974931	13611768	12012848
北　京	Beijing	476543	393649	159343	135097	99077
天　津	Tianjin	381472	316799	117757	112344	86480
河　北	Hebei	2392549	2081295	811732	701355	560882
山　西	Shanxi	1422623	1184022	420040	395242	368209
内蒙古	Inner Mongolia	1048169	855234	304631	285327	264189
辽　宁	Liaoning	1969532	1707026	636574	576953	490844
吉　林	Jilin	1297953	1124105	415990	374227	330991
黑龙江	Heilongjiang	1762120	1496720	544176	504261	437783
上　海	Shanghai	552785	445592	162374	149918	132745
江　苏	Jiangsu	2946418	2518465	909028	843464	764472
浙　江	Zhejiang	1883817	1652995	587877	568444	496436
安　徽	Anhui	2276147	2008916	743481	669001	595561
福　建	Fujian	1233562	1054700	396354	353880	304466
江　西	Jiangxi	1858699	1591397	569782	539073	481861
山　东	Shandong	3824857	3335280	1169169	1107053	1034976
河　南	Henan	3597796	3135692	1151899	1070683	911040
湖　北	Hubei	2273218	1936194	736209	650477	548236
湖　南	Hunan	2528700	2120866	798729	711389	610418
广　东	Guangdong	2550239	2201651	886770	715066	599301
广　西	Guangxi	1598292	1368040	529728	460599	377300
海　南	Hainan	261688	210075	84964	68275	56836
四　川	Sichuan	3593049	3054906	1077832	1003014	973414
贵　州	Guizhou	1039874	906923	325856	303021	277986
云　南	Yunnan	1316643	1130092	406298	389903	333573
西　藏	Tibet	23251	18934	9453	5266	4215
陕　西	Shaanxi	1373334	1088664	399631	372640	316315
甘　肃	Gansu	940053	755369	268162	254008	233172
青　海	Qinghai	213632	165668	58649	54631	52043
宁　夏	Ningxia	287839	229594	78276	76241	75027
新　疆	Xinjiang	783130	570188	214167	160916	195000

学生数(总计)

Schools (Regional Aggregates)

单位:人

	高中 Senior Secondary Schools				合计中住宿生
四年级 Grade 4	计 Subtotal	一年级 Grade 1	二年级 Grade 2	三年级 Grade 3	Boarding Students
59504	7048933	2366400	2296012	2386521	13039692
132	82894	26250	28012	28632	28210
218	64673	21673	21424	21576	19733
7326	311254	102320	101959	106975	447176
531	238601	80492	75693	82416	468582
1087	192935	65002	62902	65031	290441
2655	262506	89219	86990	86297	249047
2897	173848	60275	56388	57185	120928
10500	265400	88590	86650	90160	232550
555	107193	39421	35131	32641	25341
1501	427953	149964	140522	137467	518535
238	230822	78206	73937	78679	519302
873	267231	85614	86995	94622	483774
0	178862	64574	60259	54029	414433
681	267302	91043	84494	91765	684638
24082	489577	167307	161927	160343	945528
2070	462104	154500	154998	152606	1225471
1272	337024	115211	105932	115881	1036330
330	407834	140101	132887	134846	875073
514	348588	116583	112056	119949	748795
413	230252	77290	76729	76233	959823
0	51613	17006	16627	17980	73770
646	538143	180194	178035	179914	1047956
60	132951	45669	43116	44166	241767
318	186551	64506	61527	60518	672817
0	4317	1543	1378	1396	11068
78	284670	89478	94413	100779	325836
27	184684	58369	54467	71848	167066
345	47964	14835	14618	18511	30019
50	58245	18468	19308	20469	53990
105	212942	62697	66638	83607	121693

普通中学在校

Enrolment of General Secondary

地区 Region		合计 Total	初中 Junior Secondary Schools 计 Subtotal	一年级 Grade 1	二年级 Grade 2	三年级 Grade 3
总计	**Total**	8787512	6634981	2316036	2245211	2058508
北京	Beijing	252458	199005	79730	68741	50402
天津	Tianjin	178484	143943	51080	53202	39443
河北	Hebei	439184	352203	129004	121172	101962
山西	Shanxi	279585	204312	67323	69123	67564
内蒙古	Inner Mongolia	248197	173868	58214	58657	56286
辽宁	Liaoning	648794	525899	186954	186513	150292
吉林	Jilin	405502	322441	119022	110246	92122
黑龙江	Heilongjiang	529214	413418	141328	144733	125001
上海	Shanghai	266062	200739	73288	65922	61529
江苏	Jiangsu	412089	329447	114139	109278	105332
浙江	Zhejiang	257145	195654	66829	66388	62245
安徽	Anhui	317049	253657	87616	85845	79775
福建	Fujian	162552	118310	40010	39891	38409
江西	Jiangxi	259869	184341	53960	64305	65584
山东	Shandong	604777	439867	150735	145289	140622
河南	Henan	491874	373835	121216	128035	122959
湖北	Hubei	573963	436130	155426	148097	132071
湖南	Hunan	367162	272153	94987	91590	85576
广东	Guangdong	480830	362577	136908	119460	105774
广西	Guangxi	154256	118670	45005	37015	36424
海南	Hainan	26058	19473	7835	6623	5015
四川	Sichuan	401212	278301	96220	87135	94673
贵州	Guizhou	127192	93476	30514	31781	31181
云南	Yunnan	144840	101275	30497	34941	35730
西藏	Tibet	8654	6213	2844	1924	1445
陕西	Shaanxi	284949	204046	69142	68018	66886
甘肃	Gansu	183390	130089	43173	44489	42427
青海	Qinghai	48716	35289	12080	12049	11160
宁夏	Ningxia	47627	34091	11753	11591	10747
新疆	Xinjiang	185828	112259	39204	33158	39872

学生数(城市)

Schools (Urban)

单位:人

	高中 Senior Secondary Schools				合计中住宿生
四年级 Grade 4	计 Subtotal	一年级 Grade 1	二年级 Grade 2	三年级 Grade 3	Boarding Students
15226	2152531	718404	698935	735192	721184
132	53453	17634	18122	17697	6049
218	34541	11797	11407	11337	2837
65	86981	27953	28308	30720	40057
302	75273	25118	23684	26471	31340
711	74329	25634	24222	24473	29628
2140	122895	41546	40794	40555	27684
1051	83061	28772	26751	27538	26293
2356	115796	38243	37918	39635	29798
0	65323	23074	21883	20366	3792
698	82642	29078	27112	26452	8727
192	61491	20978	19260	21253	28819
421	63392	20434	20581	22377	14278
0	44242	15364	14571	14307	24187
492	75528	25492	23881	26155	15351
3221	164910	56478	54071	54361	76052
1625	118039	39615	39265	39159	39647
536	137833	47856	43291	46686	78386
0	95009	32285	30484	32240	48458
435	118253	37859	38413	41981	31335
226	35586	12131	11392	12063	21454
0	6585	1867	2074	2644	1831
273	122911	40042	41280	41589	49512
0	33716	11213	10876	11627	11614
107	43565	14947	14318	14300	25132
0	2441	846	790	805	897
0	80903	25255	26323	29325	20451
0	53301	17327	15922	20052	12759
0	13427	3537	4319	5571	668
0	13536	4175	4437	4924	638
25	73569	21854	23186	28529	13510

普通中学在校

Enrolment of General Secondary

地 区 Region		合 计 Total	初 中 Junior Secondary Schools			
			计 Subtotal	一 年 级 Grade 1	二 年 级 Grade 2	三 年 级 Grade 3
总 计	**Total**	12435570	8996460	3204196	3022415	2760636
北 京	Beijing	105472	82670	33685	28355	20630
天 津	Tianjin	66596	47615	17666	16489	13460
河 北	Hebei	710980	515835	195276	173286	145469
山 西	Shanxi	333372	215259	72430	72756	70033
内蒙古	Inner Mongolia	389213	278762	94651	92588	91327
辽 宁	Liaoning	342045	229166	82762	78737	67667
吉 林	Jilin	454479	366499	131941	121744	111563
黑龙江	Heilongjiang	571509	445033	156631	150202	135935
上 海	Shanghai	81052	51499	18896	17459	15144
江 苏	Jiangsu	967957	739706	259318	251328	228593
浙 江	Zhejiang	1225670	1061026	375228	364924	320874
安 徽	Anhui	373866	261625	92834	87821	80950
福 建	Fujian	516817	411185	151783	137640	121762
江 西	Jiangxi	551949	396163	135131	132653	128329
山 东	Shandong	393736	254249	84927	84307	82560
河 南	Henan	664435	447124	155957	153568	137579
湖 北	Hubei	283568	183703	66228	64126	53349
湖 南	Hunan	560374	373399	139271	123682	110446
广 东	Guangdong	448183	312397	120744	103797	87856
广 西	Guangxi	325688	199671	73799	68017	57787
海 南	Hainan	79073	50394	17894	17309	15191
四 川	Sichuan	1333181	983484	344674	319018	319437
贵 州	Guizhou	266585	189454	63876	62739	62779
云 南	Yunnan	442303	325421	112758	111525	101027
西 藏	Tibet	14428	12552	6522	3308	2722
陕 西	Shaanxi	416697	258212	92567	88534	77060
甘 肃	Gansu	193654	112304	37696	38268	36340
青 海	Qinghai	76627	52111	18358	17444	16309
宁 夏	Ningxia	76712	46993	15972	15277	15744
新 疆	Xinjiang	169349	92949	34721	25514	32714

学生数(县镇)

Schools (County Seats & Towns)

单位:人

四年级 Grade 4	高中 Senior Secondary Schools 计 Subtotal	一年级 Grade 1	二年级 Grade 2	三年级 Grade 3	合计中住宿生 Boarding Students
9213	3439110	1163650	1117978	1157482	3718882
0	22802	6836	7599	8367	12898
0	18981	6225	6298	6458	9701
1804	195145	64844	64277	66024	253509
40	118113	39443	36833	41837	117545
196	110451	36643	35871	37937	102419
0	112879	38972	37519	36388	87378
1251	87980	30662	28785	28533	68228
2265	126476	43018	41214	42244	85193
0	29553	11256	9562	8735	16261
467	228251	79121	75521	73609	193865
0	164644	55694	53067	55883	356427
20	112241	36560	36059	39622	86762
0	105632	38305	35626	31701	169514
50	155786	53142	49291	53353	189417
2455	139487	49068	45846	44573	116274
20	217311	73425	72376	71510	250378
0	99865	34433	30966	34466	109800
0	186975	64626	60607	61742	235841
0	135786	45780	43370	46636	118591
68	126017	42399	41307	42311	145121
0	28679	9139	9294	10246	22107
355	349697	118945	114954	115798	477568
60	77131	26984	25294	24853	59677
111	116882	40356	38445	38081	204400
0	1876	697	588	591	10171
51	158485	49108	52759	56618	106897
0	81350	25503	23590	32257	50032
0	24516	8083	7269	9164	16655
0	29719	9689	9883	10147	17472
0	76400	24694	23908	27798	28781

普通中学在校

Enrolment of General Secondary

地 区 Region		合 计 Total	初中 Junior Secondary Schools 计 Subtotal	一年级 Grade 1	二年级 Grade 2	三年级 Grade 3
总 计	**Total**	26484902	25027610	9454699	8344142	7193704
北 京	Beijing	118613	111974	45928	38001	28045
天 津	Tianjin	136392	125241	49011	42653	33577
河 北	Hebei	1242385	1213257	487452	406897	313451
山 西	Shanxi	809666	764451	280287	253363	230612
内蒙古	Inner Mongolia	410759	402604	151766	134082	116576
辽 宁	Liaoning	978693	951961	366858	311703	272885
吉 林	Jilin	437972	435165	165027	142237	127306
黑龙江	Heilongjiang	661397	638269	246217	209326	176847
上 海	Shanghai	205671	193354	70190	66537	56072
江 苏	Jiangsu	1566372	1449312	535571	482858	430547
浙 江	Zhejiang	401002	396315	145820	137132	113317
安 徽	Anhui	1585232	1493634	563031	495335	434836
福 建	Fujian	554193	525205	204561	176349	144295
江 西	Jiangxi	1046881	1010893	380691	342115	287948
山 东	Shandong	2826344	2641164	933507	877457	811794
河 南	Henan	2441487	2314733	874726	789080	650502
湖 北	Hubei	1415687	1316361	514555	438254	362816
湖 南	Hunan	1601164	1475314	564471	496117	414396
广 东	Guangdong	1621226	1526677	629118	491809	405671
广 西	Guangxi	1118348	1049699	410924	355567	283089
海 南	Hainan	156557	140208	59235	44343	36630
四 川	Sichuan	1858656	1793121	636938	596861	559304
贵 州	Guizhou	646097	623993	231466	208501	184026
云 南	Yunnan	729500	703396	263043	243437	196816
西 藏	Tibet	169	169	87	34	48
陕 西	Shaanxi	671688	626406	237922	216088	172369
甘 肃	Gansu	563009	512976	187293	171251	154405
青 海	Qinghai	88289	78268	28211	25138	24574
宁 夏	Ningxia	163500	148510	50551	49373	48536
新 疆	Xinjiang	427953	364980	140242	102244	122414

学生数(农村)

Schools (Rural)

单位:人

四年级 Grade 4	高中 Senior Secondary Schools 计 Subtotal	一年级 Grade 1	二年级 Grade 2	三年级 Grade 3	合计中住宿生 Boarding Students
35065	1457292	484346	479099	493847	8599626
0	6639	1780	2291	2568	9263
0	11151	3651	3719	3781	7195
5457	29128	9523	9374	10231	153610
189	45215	15931	15176	14108	319697
180	8155	2725	2809	2621	158394
515	26732	8701	8677	9354	133985
595	2807	841	852	1114	26407
5879	23128	7329	7518	8281	117559
555	12317	5091	3686	3540	5288
336	117060	41765	37889	37406	315943
46	4687	1534	1610	1543	134056
432	91598	28620	30355	32623	382734
0	28988	10905	10062	8021	220732
139	35988	12409	11322	12257	479870
18406	185180	61761	62010	61409	753202
425	126754	41460	43357	41937	935446
736	99326	32922	31675	34729	848144
330	125850	43190	41796	40864	590774
79	94549	32944	30273	31332	598869
119	68649	22760	24030	21859	793248
0	16349	6000	5259	5090	49832
18	65535	21207	21801	22527	520876
0	22104	7472	6946	7686	170476
100	26104	9203	8764	8137	443285
0	0	0	0	0	0
27	45282	15115	15331	14836	198488
27	50033	15539	14955	19539	104275
345	10021	3215	3030	3776	12696
50	14990	4604	4988	5398	35880
80	62973	16149	19544	27280	79402

普通中学学生

Number of Female Students in

地　区 Region		合　计 Total	初中 Junior Secondary Schools			
			计 Subtotal	一年级 Grade 1	二年级 Grade 2	三年级 Grade 3
总　计	**Total**	20565146	17812741	6594511	5953870	5237771
北　京	Beijing	233064	191355	76516	65164	49606
天　津	Tianjin	188126	156239	57592	55761	42777
河　北	Hebei	1129146	985702	383352	332264	266788
山　西	Shanxi	669508	558941	197689	185605	175400
内蒙古	Inner Mongolia	500354	406184	142895	134969	127733
辽　宁	Liaoning	954658	830883	309636	281953	237919
吉　林	Jilin	617266	538872	199720	179229	158452
黑龙江	Heilongjiang	854084	727235	262671	244203	215401
上　海	Shanghai	270162	218598	78739	73014	66572
江　苏	Jiangsu	1271178	1116813	406231	373592	336300
浙　江	Zhejiang	848646	756277	271365	259824	224962
安　徽	Anhui	859936	775528	298705	253321	223163
福　建	Fujian	413734	366217	139737	122046	104434
江　西	Jiangxi	684870	598067	217509	203105	177195
山　东	Shandong	1641556	1462522	519754	483819	448979
河　南	Henan	1574508	1393538	510768	478458	403332
湖　北	Hubei	942938	833691	320407	280789	231962
湖　南	Hunan	1066116	923009	351571	309411	261893
广　东	Guangdong	1064088	945474	386860	305717	252654
广　西	Guangxi	631036	551283	214933	184272	151902
海　南	Hainan	103220	86471	34722	28588	23161
四　川	Sichuan	1509459	1315589	470115	430617	414565
贵　州	Guizhou	371285	326108	118193	108693	99202
云　南	Yunnan	559347	483172	170158	167767	145099
西　藏	Tibet	10046	8054	3915	2192	1947
陕　西	Shaanxi	618665	498353	181286	170082	146950
甘　肃	Gansu	382183	315432	111280	106385	97754
青　海	Qinghai	86747	66526	22456	22171	21710
宁　夏	Ningxia	119996	96874	32579	32183	32112
新　疆	Xinjiang	389224	279734	103157	78676	97847

总数中女学生数

General Secondary Schools

单位:人

四年级 Grade 4	高中 Senior Secondary Schools 计 Subtotal	一年级 Grade 1	二年级 Grade 2	三年级 Grade 3	合计中住宿生 Boarding Students
26589	2752405	929848	899099	923458	4976671
69	41709	13169	14359	14181	13787
109	31887	10632	10710	10545	7565
3298	143444	47029	47358	49057	198243
247	110567	38314	35019	37234	208292
587	94170	31571	30862	31737	126822
1375	123775	42001	41274	40500	117777
1471	78394	27594	24935	25865	55389
4960	126849	42148	41574	43127	109080
273	51564	19210	16839	15515	12348
690	154365	55213	50698	48454	182188
126	92369	31040	29731	31598	229692
339	84408	27210	28270	28928	152867
0	47517	17813	16206	13498	129034
258	86803	29716	27648	29439	221528
9970	179034	62621	58609	57804	317853
980	180970	61268	60442	59260	509461
533	109247	37466	35073	36708	371774
134	143107	51063	45811	46233	329427
243	118614	39820	38178	40616	288509
176	79753	26839	26598	26316	353721
0	16749	5551	5404	5794	31747
292	193870	64608	64247	65015	375944
20	45177	15360	14710	15107	73821
148	76175	26196	25193	24786	268980
0	1992	750	648	594	4526
35	120312	37787	40074	42451	134050
13	66751	22306	20165	24280	63519
189	20221	6198	6075	7948	10039
0	23122	7328	7576	8218	20719
54	109490	32027	34813	42650	57969

普通中学教

Number of Teachers, Staff & Workers in General

地区 Region		教职工 Teachers, Staff &				
		合计 Total	专任教师 Full-time Teachers			行政人员 Adm. Personnel
			计 Total	初中 Junior Sec. Schools	高中 Senior Sec. Schools	
总计	**Total**	4112560	3141132	2564987	576145	515235
北京	Beijing	67777	42305	33095	9210	16381
天津	Tianjin	50069	34886	27811	7075	10381
河北	Hebei	205327	161789	135583	26206	24085
山西	Shanxi	141865	110213	91192	19021	16048
内蒙古	Inner Mongolia	108627	79543	62857	16686	13467
辽宁	Liaoning	189663	137044	115098	21946	29171
吉林	Jilin	119896	86962	71410	15552	20292
黑龙江	Heilongjiang	176371	129868	106936	22932	25063
上海	Shanghai	68583	42328	33496	8832	16686
江苏	Jiangsu	248794	177912	144115	33797	29634
浙江	Zhejiang	121668	95268	77687	17581	14174
安徽	Anhui	170278	132380	110882	21498	19883
福建	Fujian	99568	78327	64071	14256	13232
江西	Jiangxi	137488	113346	92640	20706	10962
山东	Shandong	335020	258308	219052	39256	37555
河南	Henan	285797	234894	197326	37568	29707
湖北	Hubei	210233	164556	134103	30453	18479
湖南	Hunan	206293	166189	133004	33185	19213
广东	Guangdong	190186	145370	119239	26131	24681
广西	Guangxi	116756	85843	70351	15492	17131
海南	Hainan	26212	18209	14066	4143	2707
四川	Sichuan	322154	248820	203709	45111	41808
贵州	Guizhou	74789	59006	48593	10413	9097
云南	Yunnan	98391	75239	62408	12831	10746
西藏	Tibet	3210	2377	1781	596	280
陕西	Shaanxi	130290	99841	76003	23838	20640
甘肃	Gansu	77125	62307	48275	14032	7578
青海	Qinghai	20140	16377	11725	4652	2184
宁夏	Ningxia	21752	17160	13014	4146	2361
新疆	Xinjiang	88238	64465	45465	19000	11609

职工数（总计）

Secondary Schools (Regional Aggregates)

单位:人

数 Workers					
工勤人员 Workers	校办工厂、农场职工 Employees in School-run Factories & Farms		代课教师 Substitute Teachers	临时工 Temporary Workers	兼任教师 Part-time Teachers
	计 Total	其中:由厂、场收入支付工资的职工 Employees maintained by income of School-run businesses			
369840	86353	47612	143982	120529	7872
5130	3961	2237	1456	4696	258
2886	1916	362	528	653	77
16104	3349	1568	8625	9197	177
13673	1931	1321	6245	6283	356
14085	1532	626	1776	1489	140
12069	11379	10004	2886	3904	162
8343	4299	3648	4419	1378	82
17226	4214	3080	5791	3023	240
6006	3563	0	453	2032	6
27231	14017	8957	8422	8734	335
7195	5031	3258	16598	6865	126
15652	2363	768	6805	7210	409
6564	1445	952	4736	2205	670
12120	1060	454	4084	3951	394
34498	4659	1479	4199	5929	123
18513	2683	979	10979	5236	451
22451	4747	2251	1828	5242	356
17576	3315	1709	5738	3336	145
19065	1070	347	5994	6596	487
12730	1052	461	9783	3736	138
5186	110	47	580	613	70
27525	4001	603	14162	6402	553
6202	484	209	3717	3488	722
12077	329	157	4282	8486	412
495	58	52	138	379	46
8544	1265	532	3058	3314	209
6633	607	405	1731	1780	128
1410	169	90	237	737	123
2014	217	120	801	1624	131
10637	1527	936	3931	2011	346

普通中学教

Number of Teachers, Staff & Workers in General

地区 Region	教职工 Teachers, Staff &				
	合计 Total	专任教师 Full-time Teachers			行政人员 Adm. Personnel
		计 Total	初中 Junior Sec. Schools	高中 Senior Sec. Schools	
总计 Total	1005116	700375	507496	192879	172113
北京 Beijing	41746	24327	17987	6340	10731
天津 Tianjin	27800	17625	13744	3881	6945
河北 Hebei	48205	34968	27147	7821	7747
山西 Shanxi	32971	23605	17299	6306	5209
内蒙古 Inner Mongolia	30597	21792	14675	7117	5233
辽宁 Liaoning	73702	48697	37665	11032	12123
吉林 Jilin	44192	29859	22268	7591	7947
黑龙江 Heilongjiang	60769	43115	32171	10944	10229
上海 Shanghai	40958	24317	18796	5521	10991
江苏 Jiangsu	50793	31285	23991	7294	8032
浙江 Zhejiang	25212	16731	11768	4963	3791
安徽 Anhui	33050	24918	18594	6324	4863
福建 Fujian	17396	12480	8677	3803	2900
江西 Jiangxi	25935	20533	14471	6062	3046
山东 Shandong	62837	44397	31580	12817	10396
河南 Henan	53007	37989	27998	9991	9516
湖北 Hubei	62006	45800	33084	12716	8449
湖南 Hunan	40159	29435	20727	8708	5236
广东 Guangdong	43387	31644	22399	9245	7319
广西 Guangxi	14385	10501	7865	2636	2317
海南 Hainan	2338	1696	1208	488	368
四川 Sichuan	56293	39684	27182	12502	9260
贵州 Guizhou	13886	10413	7447	2966	2211
云南 Yunnan	15151	10772	7393	3379	2513
西藏 Tibet	1211	892	585	307	96
陕西 Shaanxi	32344	23097	15294	7803	6123
甘肃 Gansu	19036	14226	9590	4636	2894
青海 Qinghai	5522	4013	2589	1424	1010
宁夏 Ningxia	4967	3722	2538	1184	570
新疆 Xinjiang	25261	17842	10764	7078	4048

职 工 数（城 市）

Secondary Schools(Urban)

单位:人

数 Workers			代课教师 Substitute Teachers	临 时 工 Temporary Workers	兼任教师 Part-time Teachers
工勤人员 Workers	校办工厂、农场职工 Employees in School-run Factories & Farms				
	计 Total	其中:由厂、场收入支付工资的职工 Employees maintained by income of School-run businesses			
81954	50674	32917	8251	20263	3636
3332	3356	2053	203	2584	177
1689	1541	319	115	135	71
4188	1302	671	693	1161	105
3136	1021	746	446	1043	226
2761	811	258	109	526	101
4190	8692	8145	236	1592	81
2776	3610	3312	238	464	38
4621	2804	2209	425	739	59
3626	2024	0	282	1482	0
3608	7868	6512	232	693	238
1848	2842	2028	392	1020	64
2530	739	226	350	617	196
1153	863	678	84	300	239
2020	336	70	123	216	179
5741	2303	715	431	728	66
4085	1417	698	289	405	99
5656	2101	885	347	1477	301
3518	1970	1462	174	522	75
3914	510	134	932	1176	338
1253	314	206	194	268	53
267	7	0	68	21	13
5511	1838	376	691	640	188
1091	171	28	229	285	265
1702	164	71	104	318	67
173	50	44	41	62	20
2337	787	369	529	1001	96
1608	308	260	113	281	96
370	129	68	22	75	88
548	127	69	47	58	5
2702	669	305	112	374	92

普通中学教

Number of Teachers, Staff & Workers in General

地区 Region		教职工 Teachers, Staff &				
		合计 Total	专任教师 Full-time Teachers			行政人员 Adm. Personnel
			计 Total	初中 Junior Sec. Schools	高中 Senior Sec. Schools	
总计	**Total**	1100913	817095	554534	262561	143814
北京	Beijing	12255	8179	6051	2128	2930
天津	Tianjin	7942	5675	3742	1933	1498
河北	Hebei	66270	49374	33381	15993	8734
山西	Shanxi	33663	24568	15339	9229	4100
内蒙古	Inner Mongolia	39872	28017	19177	8840	5170
辽宁	Liaoning	35400	24686	16120	8566	5954
吉林	Jilin	43260	31092	23394	7698	7394
黑龙江	Heilongjiang	56241	40594	30666	9928	8394
上海	Shanghai	9165	5469	3288	2181	2083
江苏	Jiangsu	82692	59261	42074	17187	9888
浙江	Zhejiang	76270	61232	48941	12291	8401
安徽	Anhui	32747	24077	15577	8500	4080
福建	Fujian	41024	32179	24061	8118	5621
江西	Jiangxi	42662	34401	22907	11494	3051
山东	Shandong	38613	27180	17241	9939	5461
河南	Henan	58266	45004	28608	16396	6593
湖北	Hubei	28722	21993	13151	8842	2382
湖南	Hunan	49738	38248	23721	14527	5221
广东	Guangdong	35248	26211	16729	9482	4666
广西	Guangxi	28212	19563	11405	8158	4228
海南	Hainan	7171	4793	2930	1863	802
四川	Sichuan	126483	94105	66736	27369	17483
贵州	Guizhou	22311	16559	10934	5625	3005
云南	Yunnan	35632	26092	18498	7594	4231
西藏	Tibet	1979	1474	1185	289	183
陕西	Shaanxi	39615	30208	17893	12315	6206
甘肃	Gansu	17090	12659	6995	5664	2021
青海	Qinghai	7427	5895	3622	2273	767
宁夏	Ningxia	6061	4449	2609	1840	846
新疆	Xinjiang	18882	13858	7559	6299	2421

职 工 数 (县 镇)

Secondary Schools(County Seats & Towns)

单位:人

数 Workers			代课教师 Substitute Teachers	临 时 工 Temporary Workers	兼任教师 Part-time Teachers
工勤人员 Workers	校办工厂、农场职工 Employees in School-run Factories & Farms				
	计 Total	其中:由厂、场收入支付工资的职工 Employees maintained by income of School-run businesses			
118288	21716	9050	32052	37759	1755
830	316	104	472	1036	31
562	207	24	129	236	3
6630	1532	730	1598	4959	38
4261	734	535	942	2236	82
6137	548	279	726	572	27
3048	1712	1302	584	1061	17
4163	611	293	1425	697	32
6313	940	563	1414	647	75
950	663	0	50	229	0
10218	3325	1127	2136	3274	45
4584	2053	1223	10499	4434	57
3763	827	324	844	1736	68
2815	409	193	1288	779	179
4756	454	246	797	1207	65
5035	937	263	144	1065	6
5834	835	229	921	694	18
3512	835	410	159	755	13
5249	1020	203	638	803	50
3998	373	149	607	1544	43
3955	466	110	429	774	36
1546	30	5	60	158	34
13190	1705	138	3940	2368	246
2479	268	167	499	883	174
5182	127	72	625	2670	158
314	8	8	97	315	26
2880	321	137	438	969	78
2230	180	83	210	451	9
734	31	22	101	346	19
680	86	51	38	418	30
2440	163	60	242	443	96

普通中学教

Number of Teachers, Staff & Workers in General

地区 Region	教职工 Teachers, Staff &				
	合计 Total	专任教师 Full-time Teachers			行政人员 Adm. Personnel
		计 Total	初中 Junior Sec. Schools	高中 Senior Sec. Schools	
总计 Total	2006531	1623662	1502957	120705	199308
北京 Beijing	13776	9799	9057	742	2720
天津 Tianjin	14327	11586	10325	1261	1938
河北 Hebei	90852	77447	75055	2392	7604
山西 Shanxi	75231	62040	58554	3486	6739
内蒙古 Inner Mongolia	38158	29734	29005	729	3064
辽宁 Liaoning	80561	63661	61313	2348	11094
吉林 Jilin	32444	26011	25748	263	4951
黑龙江 Heilongjiang	59361	46159	44099	2060	6440
上海 Shanghai	18460	12542	11412	1130	3612
江苏 Jiangsu	115309	87366	78050	9316	11714
浙江 Zhejiang	20186	17305	16978	327	1982
安徽 Anhui	104481	83385	76711	6674	10940
福建 Fujian	41148	33668	31333	2335	4711
江西 Jiangxi	68891	58412	55262	3150	4865
山东 Shandong	233570	186731	170231	16500	21698
河南 Henan	174524	151901	140720	11181	13598
湖北 Hubei	119505	96763	87868	8895	7648
湖南 Hunan	116396	98506	88556	9950	8756
广东 Guangdong	111551	87515	80111	7404	12696
广西 Guangxi	74159	55779	51081	4698	10586
海南 Hainan	16703	11720	9928	1792	1537
四川 Sichuan	139378	115031	109791	5240	15065
贵州 Guizhou	38592	32034	30212	1822	3881
云南 Yunnan	47608	38375	36517	1858	4002
西藏 Tibet	20	11	11	0	1
陕西 Shaanxi	58331	46536	42816	3720	8311
甘肃 Gansu	40999	35422	31690	3732	2663
青海 Qinghai	7191	6469	5514	955	407
宁夏 Ningxia	10724	8989	7867	1122	945
新疆 Xinjiang	44095	32765	27142	5623	5140

职工数（农村）

Secondary Schools (Rural)

单位:人

数 Workers			代课教师 Substitute Teachers	临时工 Temporary Workers	兼任教师 Part-time Teachers
工勤人员 Workers	校办工厂、农场职工 Employees in School-run Factories & Farms				
	计 Total	其中:由厂、场收入支付工资的职工 Employees maintained by income of School-run businesses			
169598	13963	5645	103679	62507	2481
968	289	80	781	1076	50
635	168	19	284	282	3
5286	515	167	6334	3077	34
6276	176	40	4857	3004	48
5187	173	89	941	391	12
4831	975	557	2066	1251	64
1404	78	43	2756	217	12
6292	470	308	3952	1637	106
1430	876	0	121	321	6
13405	2824	1318	6054	4767	52
763	136	7	5707	1411	5
9359	797	218	5611	4857	145
2596	173	81	3364	1126	252
5344	270	138	3164	2528	150
23722	1419	501	3624	4136	51
8594	431	52	9769	4137	334
13283	1811	956	1322	3010	42
8809	325	44	4926	2011	20
11153	187	64	4455	3876	106
7522	272	145	9160	2694	49
3373	73	42	452	434	23
8824	458	89	9531	3394	119
2632	45	14	2989	2320	283
5193	38	14	3553	5498	187
8	0	0	0	2	0
3327	157	26	2091	1344	35
2795	119	62	1408	1048	23
306	9	0	114	316	16
786	4	0	716	1148	96
5495	695	571	3577	1194	158

普通中学教职工总

Number of General Secondary Schools Teachers,

地区 Region	合计 Total	专任教师 Full-time Teachers 计 Total	初中 Junior Sec. Schools	高中 Senior Sec. Schools	行政人员 Adm. Personnel
总计 Total	347606	254856	253435	1421	9635
北京 Beijing	0	0	0	0	0
天津 Tianjin	71	43	43	0	0
河北 Hebei	15579	12601	12561	40	311
山西 Shanxi	13819	10890	10874	16	235
内蒙古 Inner Mongolia	14789	9429	9215	214	369
辽宁 Liaoning	25300	13521	13493	28	984
吉林 Jilin	11968	8265	8214	51	314
黑龙江 Heilongjiang	15346	13200	13128	72	320
上海 Shanghai	0	0	0	0	0
江苏 Jiangsu	44907	24984	24788	196	1839
浙江 Zhejiang	4238	1885	1876	9	101
安徽 Anhui	12612	8717	8710	7	237
福建 Fujian	2755	960	939	21	169
江西 Jiangxi	4182	2435	2421	14	45
山东 Shandong	63032	51697	51674	23	1472
河南 Henan	44522	42398	42103	295	874
湖北 Hubei	11592	5965	5923	42	130
湖南 Hunan	14088	10509	10482	27	196
广东 Guangdong	13168	8780	8657	123	346
广西 Guangxi	7726	6429	6370	59	311
海南 Hainan	264	96	96	0	1
四川 Sichuan	9552	8433	8379	54	288
贵州 Guizhou	1695	1311	1311	0	54
云南 Yunnan	606	471	460	11	16
西藏 Tibet	0	0	0	0	0
陕西 Shaanxi	10484	8329	8259	70	908
甘肃 Gansu	4061	2621	2593	28	61
青海 Qinghai	89	73	73	0	2
宁夏 Ningxia	506	375	373	2	21
新疆 Xinjiang	655	439	420	19	31

(Column group header: 教职工 Teachers, Staff &)

数中民办教职工数

Staff & Workers Maintained by the Communities

单位:人

数 Workers			代课教师 Substitute Teachers	临时工 Temporary Workers	兼任教师 Part-time Teachers
工勤人员 Workers	校办工厂、农场职工 Employees in School-run Factories & Farms				
	计 Total	其中:由厂、场收入支付工资的职工 Employees maintained by income of School-run businesses			
52749	30366	27652	43736	30374	508
0	0	0	0	0	0
28	0	0	57	23	0
2310	357	243	5744	2712	19
2503	191	134	473	610	0
4517	474	363	94	94	5
1906	8889	8666	1163	647	46
307	3082	3062	6	38	1
465	1361	1332	999	1028	0
0	0	0	0	0	0
8884	9200	8315	4641	4990	34
399	1853	1810	5771	2495	8
3192	466	130	1350	1860	55
1303	323	281	627	411	32
1592	110	78	323	1127	67
9262	601	295	3601	2336	12
1148	102	24	9432	3208	74
4514	983	818	401	1207	2
1936	1447	1329	1239	868	6
3901	141	95	1911	3543	63
885	101	65	1501	939	1
166	1	1	138	123	12
694	137	109	1950	374	1
167	163	163	26	63	12
84	35	34	56	54	9
0	0	0	0	0	0
1158	89	56	1310	1062	22
1154	225	221	610	403	11
8	6	0	0	0	0
91	19	19	41	120	13
175	10	9	272	39	3

普通中学教职工总

Number of Female Teachers, Staff &

地区 Region		教职工 Teachers, Staff &				
		合计 Total	专任教师 Full-time Teachers			行政人员 Adm. Personnel
			计 Total	初中 Junior Sec. Schools	高中 Senior Sec. Schools	
总计	**Total**	1322508	1045474	887894	157580	118755
北京	Beijing	38757	26296	21385	4911	8171
天津	Tianjin	25295	19158	15966	3192	4469
河北	Hebei	77184	67581	57870	9711	4505
山西	Shanxi	49648	42713	36937	5776	2972
内蒙古	Inner Mongolia	41958	33561	27551	6010	3490
辽宁	Liaoning	87505	68481	58500	9981	8920
吉林	Jilin	54805	44192	37470	6722	5594
黑龙江	Heilongjiang	82607	65097	54894	10203	8606
上海	Shanghai	33058	21149	17810	3339	7514
江苏	Jiangsu	67156	47787	40893	6894	5194
浙江	Zhejiang	38725	30592	26286	4306	3098
安徽	Anhui	36621	28549	25028	3521	3000
福建	Fujian	28138	22282	19436	2846	2404
江西	Jiangxi	32613	27228	23321	3907	1456
山东	Shandong	87108	72854	63470	9384	6054
河南	Henan	76316	66116	57719	8397	5459
湖北	Hubei	56303	42685	36942	5743	3769
湖南	Hunan	58437	48222	40925	7297	3215
广东	Guangdong	57565	42528	36495	6033	4819
广西	Guangxi	31566	23306	19950	3356	2760
海南	Hainan	7346	3827	3251	576	485
四川	Sichuan	93180	74186	63219	10967	8937
贵州	Guizhou	20672	16165	13465	2700	1977
云南	Yunnan	32804	24010	20890	3120	2598
西藏	Tibet	996	700	539	161	90
陕西	Shaanxi	35415	29621	23405	6216	3356
甘肃	Gansu	18140	15020	12375	2645	1293
青海	Qinghai	7264	6052	4567	1485	674
宁夏	Ningxia	7155	5859	4688	1171	459
新疆	Xinjiang	38171	29657	22647	7010	3417

数中女教职工数

Workers in General Secondary Schools

单位:人

数 Workers			代课教师 Substitute Teachers	临时工 Temporary Workers	兼任教师 Part-time Teachers
工勤人员 Workers	校办工厂、农场职工 Employees in School-run Factories & Farms				
	计 Total	其中:由厂、场收入支付工资的职工 Employees maintained by income of School-run businesses			
122695	35584	22951	54305	41443	1653
2466	1824	1054	894	1881	148
1023	645	74	176	101	21
4076	1022	523	4194	1651	45
3256	707	498	2958	1631	69
4376	531	285	824	545	18
3731	6373	5545	1091	1308	34
2639	2380	2121	1916	655	27
6860	2044	1346	2603	1087	91
3131	1264	0	0	12	4
8486	5689	4340	2740	2462	84
2879	2156	1628	8391	3231	43
4287	785	290	1592	2199	27
2859	593	501	1529	820	72
3636	293	136	928	971	57
6794	1406	537	1624	1054	14
3876	865	426	3749	1320	117
8112	1737	1080	597	1917	78
5619	1381	844	1745	1349	16
9800	418	171	2183	3529	48
5132	368	178	3197	1856	26
2967	67	34	223	384	9
8892	1165	102	4245	1868	67
2334	196	124	1146	1689	128
6076	120	71	1638	4816	110
192	14	13	77	150	18
2030	408	252	1248	709	49
1570	257	213	401	420	16
453	85	57	75	275	26
717	120	71	374	809	72
4426	671	437	1947	744	119

职业中学校数、班数、

Number of Schools, Classes, Graduates & Students

地区 Region		独立设置的学校数(所) Independent Agricultural & Vocational Schools		
	计 Total	初中 Junior Sec. Schools	高中 Senior Sec. Schools	初高中合设 Junior & Senior Sec. Schools
总 计 Total	9860	1593	7746	521
北 京 Beijing	179	0	179	0
天 津 Tianjin	93	5	81	7
河 北 Hebei	383	101	265	17
山 西 Shanxi	376	134	219	23
内蒙古 Inner Mongolia	382	170	183	29
辽 宁 Liaoning	598	79	507	12
吉 林 Jilin	338	32	290	16
黑龙江 Heilongjiang	477	14	456	7
上 海 Shanghai	82	1	81	0
江 苏 Jiangsu	390	0	388	2
浙 江 Zhejiang	367	7	354	6
安 徽 Anhui	591	249	286	56
福 建 Fujian	289	14	258	17
江 西 Jiangxi	396	54	316	26
山 东 Shandong	605	56	535	14
河 南 Henan	636	93	527	16
湖 北 Hubei	499	162	312	25
湖 南 Hunan	601	142	435	24
广 东 Guangdong	564	8	491	65
广 西 Guangxi	206	30	137	39
海 南 Hainan	42	0	42	0
四 川 Sichuan	580	41	516	23
贵 州 Guizhou	235	92	125	18
云 南 Yunnan	228	37	170	21
西 藏 Tibet	1	0	1	0
陕 西 Shaanxi	258	13	233	12
甘 肃 Gansu	189	14	149	26
青 海 Qinghai	74	32	37	5
宁 夏 Ningxia	41	9	26	6
新 疆 Xinjiang	160	4	147	9

毕业生数和招生数(总计)

Admitted in Vocational Schools (Regional Aggregates)

班数(个) Classes		毕业生数(人) Graduates		招生数(人) Students Admitted	
初中 Junior	高中 Senior	初中 Junior	高中 Senior	初中 Junior	高中 Senior
12365	67856	141001	826228	266788	1254589
5	1564	190	16523	117	19015
36	772	1486	8352	969	10573
915	2714	8202	32050	19246	50916
591	1583	9528	22328	11250	36306
1642	1780	17437	18544	37098	28392
208	3548	3454	47428	3055	57196
751	2683	10291	41486	19314	50300
113	3463	1275	43813	2328	56965
6	1420	27	16785	29	27312
15	4667	64	50390	202	83547
45	2531	684	34768	631	48738
1889	2180	21289	27351	34868	39643
173	2308	1429	23844	3277	45976
539	2237	9016	30309	11891	44861
401	6185	4892	87863	7290	131839
470	4144	5332	43271	9135	86200
1151	2253	8864	28544	22026	38587
468	3119	7013	32763	7139	62327
146	4562	1812	65636	3392	74539
264	1643	3591	14442	5594	27558
1	265	0	3272	30	4123
325	5230	6243	49713	4173	99208
539	856	6312	9292	10604	15498
1140	1227	2807	17839	39552	26552
0	6	0	74	0	15
120	1921	1659	23271	2669	39626
67	1064	1575	13822	1376	19644
66	131	2028	2438	2899	2679
74	231	2317	3202	2238	3809
205	1569	2184	16815	4396	22645

职业中学校数、班数、

Number of Schools, Classes, Graduates & Students

地 区 Region	独立设置的学校数(所) Independent Agricultural & Vocational Schools			
	计 Total	初中 Junior Sec. Schools	高中 Senior Sec. Schools	初高中合设 Junior & Senior Sec. Schools
总 计 Total	2820	115	2549	156
北 京 Beijing	28	0	28	0
天 津 Tianjin	11	0	11	0
河 北 Hebei	124	10	110	4
山 西 Shanxi	83	5	66	12
内蒙古 Inner Mongolia	111	11	89	11
辽 宁 Liaoning	90	2	87	1
吉 林 Jilin	139	8	124	7
黑龙江 Heilongjiang	169	3	164	2
上 海 Shanghai	11	0	11	0
江 苏 Jiangsu	162	0	162	0
浙 江 Zhejiang	221	3	213	5
安 徽 Anhui	94	8	73	13
福 建 Fujian	114	2	102	10
江 西 Jiangxi	120	4	104	12
山 东 Shandong	70	2	66	2
河 南 Henan	111	8	100	3
湖 北 Hubei	77	7	65	5
湖 南 Hunan	189	8	174	7
广 东 Guangdong	106	0	96	10
广 西 Guangxi	76	1	65	10
海 南 Hainan	4	0	4	0
四 川 Sichuan	279	11	254	14
贵 州 Guizhou	101	5	91	5
云 南 Yunnan	109	6	91	12
西 藏 Tibet	0	0	0	0
陕 西 Shaanxi	92	5	84	3
甘 肃 Gansu	55	3	52	0
青 海 Qinghai	17	3	10	4
宁 夏 Ningxia	16	0	13	3
新 疆 Xinjiang	41	0	40	1

毕业生数和招生数(县镇)

Admitted in Vocational Schools(County Seats & Towns)

班数(个) Classes		毕业生数(人) Graduates		招生数(人) Students Admitted	
初中 Junior	高中 Senior	初中 Junior	高中 Senior	初中 Junior	高中 Senior
1816	21445	24366	263646	42855	421065
5	263	190	2186	49	4420
5	91	135	772	151	1430
129	1108	1077	12083	3308	23629
56	422	1629	6910	1525	10156
279	726	3349	7836	7331	11747
11	786	43	11143	90	13993
259	1050	4761	14951	6330	19292
30	1202	459	16240	808	20585
0	334	0	1387	0	3024
1	1994	0	22105	0	38591
21	1519	360	20732	228	28549
146	567	2104	6708	2737	11321
90	879	624	9094	2163	17962
85	714	1370	10184	1984	14611
16	961	108	14315	340	21323
35	713	475	9017	605	18233
65	471	628	6222	1291	8922
46	1175	1131	13413	926	25199
9	1046	190	16990	231	19442
51	607	1072	6330	856	10725
0	35	0	605	0	818
97	2398	1716	23396	948	48582
63	527	859	6003	959	9882
222	631	674	10046	7881	13658
0	0	0	0	0	0
43	580	321	7183	775	12239
10	221	372	2816	294	5015
11	54	209	1095	360	1330
11	85	262	994	355	1741
20	286	248	2890	330	4646

职业中学在校学生

Enrolment and Number of Graduates for Next Year

地区 Region	合计 Total	在校学生 Enrolment 初中 Junior Sec. Schools 计 Subtotal	一年级 Grade 1	二年级 Grade 2	三年级 Grade 3
总计 Total	3427628	563848	264452	149679	149717
北京 Beijing	51270	303	0	0	303
天津 Tianjin	28590	987	978	9	0
河北 Hebei	160727	42895	19412	11228	12255
山西 Shanxi	96070	23701	10979	6136	6586
内蒙古 Inner Mongolia	145108	77560	37579	20991	18990
辽宁 Liaoning	155112	6847	3055	2298	1494
吉林 Jilin	151571	37975	19514	9013	9448
黑龙江 Heilongjiang	142705	5455	2328	1384	1743
上海 Shanghai	48764	92	30	33	29
江苏 Jiangsu	198153	597	202	161	234
浙江 Zhejiang	108218	1905	632	746	527
安徽 Anhui	187167	89189	35602	27615	25972
福建 Fujian	96501	7826	3313	2908	1605
江西 Jiangxi	127805	26218	12021	7287	6910
山东 Shandong	315396	18162	7388	5147	5627
河南 Henan	203968	23020	7626	6347	9047
湖北 Hubei	147172	53560	22047	15348	16165
湖南 Hunan	150597	17134	7111	5277	4746
广东 Guangdong	205397	8014	3419	2491	2104
广西 Guangxi	84568	14004	5602	4730	3672
海南 Hainan	10202	30	30	0	0
四川 Sichuan	229966	13515	4188	4484	4843
贵州 Guizhou	64828	27033	10825	8800	7408
云南 Yunnan	102601	45845	39703	3302	2840
西藏 Tibet	112	0	0	0	0
陕西 Shaanxi	82586	5217	2672	1312	1233
甘肃 Gansu	45964	2702	1259	718	725
青海 Qinghai	8455	3292	1036	182	2074
宁夏 Ningxia	12725	3691	1505	247	1939
新疆 Xinjiang	65330	7079	4396	1485	1198

数、毕业班学生数(总计)

in Vocational Schools(Regional Aggregates)

单位:人

生数 计 Subtotal	高中 Senior Sec. Schools 二年制 2-year 一年级 Grade 1	二年级 Grade 2	三年制 3-year 一年级 Grade 1	二年级 Grade 2	三年级 Grade 3	四年制 4-year	毕业班学生数 Graduates for Next Year 初中 Junior Sec. Schools	高中 Senior Sec. Schools
2863780	291833	212942	956607	741827	623954	36617	150408	847312
50967	3666	3735	13580	11853	11108	7025	303	16721
27603	1051	814	6452	5525	4152	9609	847	7072
117832	11698	9207	39265	31828	25664	170	12566	34888
72369	15342	10751	20966	14095	11150	65	7161	21966
67548	3425	3566	24973	20421	15023	140	18636	18642
148265	7338	4936	49716	43856	39433	2986	3007	46580
113596	21503	18855	28507	23788	20361	582	11469	39331
137250	16964	14851	40017	33997	31408	13	1743	46272
48672	12610	3102	14376	10141	7137	1306	29	10444
197556	11735	8030	71039	60013	44747	1992	142	53124
106313	21323	19216	27248	20254	17953	319	527	37222
97978	6376	4935	33461	29583	23432	191	26061	28397
88675	19057	13966	26211	15287	12031	2123	1539	26578
101587	15176	11076	29894	24623	20818	0	8260	31894
297234	24675	13026	107167	81355	70356	655	4653	83968
180948	6812	5685	81028	49581	34202	3640	8592	40750
93612	6616	6312	31890	25268	23046	480	10097	29378
133463	2674	1975	59489	37891	31225	209	5304	33200
197383	15873	13482	58755	54300	54899	74	2104	68421
70564	1310	979	25257	21448	17909	3661	3615	19667
10172	556	376	3568	3034	2638	0	0	3014
216451	16148	9862	83140	59882	47399	20	4498	57281
37795	3656	3479	12000	9409	9153	98	7408	12632
56756	12485	9475	13889	10814	9671	422	2840	19221
112	15	0	0	33	64	0	0	64
77369	20834	13066	18825	12274	11670	700	861	24828
43262	5461	3579	14194	10387	9641	0	921	13220
5163	1742	1223	957	594	607	40	2321	1870
9034	1380	406	2429	2213	2606	0	3079	3142
58251	4332	2977	18314	18080	14451	97	1825	17525

职业中学在校学生

Enrolment and Number of Graduates for Next Year

地区 Region	合计 Total	在校学 Enrolment 初中 Junior Sec. Schools 计 Subtotal	一年级 Grade 1	二年级 Grade 2	三年级 Grade 3
总计 Total	1163669	14763	6445	4030	4288
北京 Beijing	35670	0	0	0	0
天津 Tianjin	21087	316	307	9	0
河北 Hebei	46515	1499	778	313	408
山西 Shanxi	30280	894	368	289	237
内蒙古 Inner Mongolia	29250	633	338	141	154
辽宁 Liaoning	96777	247	76	75	96
吉林 Jilin	50788	390	121	142	127
黑龙江 Heilongjiang	58661	120	40	40	40
上海 Shanghai	30308	92	30	33	29
江苏 Jiangsu	58924	152	92	51	9
浙江 Zhejiang	39286	0	0	0	0
安徽 Anhui	38935	1148	478	414	256
福建 Fujian	34434	235	138	44	53
江西 Jiangxi	28497	0	0	0	0
山东 Shandong	117930	1360	497	382	481
河南 Henan	75894	1359	539	417	403
湖北 Hubei	52280	2785	1103	756	926
湖南 Hunan	51063	356	135	105	116
广东 Guangdong	69422	1494	605	472	417
广西 Guangxi	26204	0	0	0	0
海南 Hainan	2466	0	0	0	0
四川 Sichuan	68075	143	17	0	126
贵州 Guizhou	10502	175	0	85	90
云南 Yunnan	16726	598	344	124	130
西藏 Tibet	112	0	0	0	0
陕西 Shaanxi	31480	230	230	0	0
甘肃 Gansu	15005	111	0	39	72
青海 Qinghai	2120	0	0	0	0
宁夏 Ningxia	3897	30	30	0	0
新疆 Xinjiang	21081	396	179	99	118

数、毕业班学生数(城市)

in Vocational Schools (Urban)

单位:人

生数							毕业班学生数 Graduates for Next Year	
高中 Senior Sec. Schools								
计 Subtotal	二年制 2-year		三年制 3-year			四年制 4-year	初中 Junior Sec. Schools	高中 Senior Sec. Schools
	一年级 Grade 1	二年级 Grade 2	一年级 Grade 1	二年级 Grade 2	三年级 Grade 3			
1148906	68870	55748	402732	317636	274544	29376	4522	338851
35670	2650	2859	8379	7230	7730	6822	0	12416
20771	503	424	3915	3696	2624	9609	176	5154
45016	1812	1446	15178	13838	12622	120	480	14068
29386	4688	3079	8749	7080	5790	0	317	8869
28617	695	1421	11067	8618	6706	110	154	8150
96530	839	1191	34268	29984	27351	2897	96	30709
50398	3223	3223	17225	13763	12964	0	127	16187
58541	6510	6654	18322	14040	13002	13	40	19669
30216	5760	1842	9481	6994	4833	1306	29	6880
58772	540	448	22123	19991	15657	13	9	16118
39286	6467	4726	11832	8526	7466	269	0	12245
37787	939	666	14543	12424	9215	0	345	9881
34199	3052	2599	13478	7861	6419	790	53	9330
28497	3293	2259	9292	7117	6536	0	0	8795
116570	4685	5166	42429	33327	30815	148	481	36100
74535	2270	1908	29225	22068	15975	3089	414	18581
49495	2475	2696	17918	13872	12095	439	735	14960
50707	1149	339	21674	14475	13041	29	140	13380
67928	1976	2487	23046	20887	19532	0	417	22019
26204	214	79	9379	6883	6079	3570	0	6937
2466	34	40	882	738	772	0	0	812
67932	2687	1976	28136	19478	15655	0	126	17631
10327	334	283	3904	3182	2624	0	90	2907
16128	3712	2407	3854	3191	2929	35	130	5371
112	15	0	0	33	64	0	0	64
31250	5614	3260	10183	6284	5792	117	0	9052
14894	1082	790	5253	4277	3492	0	15	4282
2120	515	345	636	407	217	0	0	562
3867	265	14	1393	1089	1106	0	30	1160
20685	872	1121	6968	6283	5441	0	118	6562

职业中学在校学生

Enrolment and Number of Graduates for Next Year

地区 Region	合计 Total	在校学 Enrolment			
		初中 Junior Sec. Schools			
		计 Subtotal	一年级 Grade 1	二年级 Grade 2	三年级 Grade 3
总计 Total	1024590	87599	42241	23008	22350
北京 Beijing	10267	235	0	0	235
天津 Tianjin	3162	151	151	0	0
河北 Hebei	58278	7078	3303	1912	1863
山西 Shanxi	22555	2885	1586	607	692
内蒙古 Inner Mongolia	41432	13366	7093	3274	2999
辽宁 Liaoning	36781	463	90	361	12
吉林 Jilin	57133	14285	6330	3881	4074
黑龙江 Heilongjiang	52134	1789	808	442	539
上海 Shanghai	4954	0	0	0	0
江苏 Jiangsu	88109	49	0	0	49
浙江 Zhejiang	63601	858	228	349	281
安徽 Anhui	33940	7090	2787	2104	2199
福建 Fujian	37775	4705	2198	1875	632
江西 Jiangxi	37521	4124	1974	1085	1065
山东 Shandong	48043	944	340	260	344
河南 Henan	37871	1625	470	353	802
湖北 Hubei	23863	3105	1293	992	820
湖南 Hunan	55544	1691	926	388	377
广东 Guangdong	51112	618	231	201	186
广西 Guangxi	30981	2940	824	1077	1039
海南 Hainan	1862	0	0	0	0
四川 Sichuan	107373	4007	953	1579	1475
贵州 Guizhou	26498	2686	959	807	920
云南 Yunnan	38844	9193	7893	713	587
西藏 Tibet	0	0	0	0	0
陕西 Shaanxi	26903	1814	775	500	539
甘肃 Gansu	9944	385	294	71	20
青海 Qinghai	2606	331	50	29	252
宁夏 Ningxia	4266	546	355	83	108
新疆 Xinjiang	11238	636	330	65	241

数、毕业班学生数(县镇)

in Vocational Schools (County Seats & Towns)

单位:人

生数							毕业班学生数 Graduates for Next Year	
	高中 Senior Sec. Schools							
计 Subtotal	二年制 2-year		三年制 3-year			四年制 4-year	初中 Junior Sec. Schools	高中 Senior Sec. Schools
	一年级 Grade 1	二年级 Grade 2	一年级 Grade 1	二年级 Grade 2	三年级 Grade 3			
936991	112555	85837	305015	235773	192825	4986	23863	280160
10032	575	216	3845	3280	2116	0	235	2332
3011	254	139	1177	853	588	0	151	727
51200	6881	4900	16771	13022	9576	50	1542	14493
19670	3892	2745	6174	3708	3151	0	729	5896
28066	1992	1590	9778	8680	6026	0	2881	7616
36318	1583	1073	12410	11372	9791	89	12	10908
42848	8938	7823	10064	9124	6317	582	4930	14255
50345	6325	6492	14260	12492	10776	0	539	17268
4954	1187	322	1872	901	672	0	0	994
88060	5480	3566	32372	26133	18739	1770	49	22647
62743	13701	13394	14818	10859	9921	50	281	23315
26850	1837	1617	9521	7477	6398	0	2413	8015
33070	9002	6803	8619	4189	3449	708	632	10409
33397	5894	4137	8746	7952	6668	0	1505	10805
47099	2809	532	17598	13778	11955	427	344	12914
36246	1971	1956	15395	8802	7571	551	662	9692
20758	2081	1930	6582	5297	4827	41	726	6798
53853	1321	1353	23665	15043	12291	180	609	13644
50494	3727	2842	15659	14625	13641	0	186	16483
28041	750	586	9940	9012	7662	91	1039	8248
1862	145	92	673	568	384	0	0	476
103366	9531	5720	39070	27639	21386	20	1475	27126
23812	3018	2891	7019	5291	5593	0	920	8484
29651	6094	5386	7386	5501	4897	387	587	10323
0	0	0	0	0	0	0	0	0
25089	7221	4419	5297	4179	3973	0	366	8392
9559	2302	1340	2591	1807	1519	0	131	2859
2275	1079	386	271	153	346	40	252	772
3720	1076	348	685	879	732	0	426	1170
10602	1889	1239	2757	2857	1860	0	241	3099

职业中学在校学生

Enrolment and Number of Graduates for Next Year

地区 Region	合计 Total	在校学 Enrolment 初中 Junior Sec. Schools 计 Subtotal	一年级 Grade 1	二年级 Grade 2	三年级 Grade 3
总计 Total	1239369	461486	215766	122641	123079
北京 Beijing	5333	68	0	0	68
天津 Tianjin	4341	520	520	0	0
河北 Hebei	55934	34318	15331	9003	9984
山西 Shanxi	43235	19922	9025	5240	5657
内蒙古 Inner Mongolia	74426	63561	30148	17576	15837
辽宁 Liaoning	21554	6137	2889	1862	1386
吉林 Jilin	43650	23300	13063	4990	5247
黑龙江 Heilongjiang	31910	3546	1480	902	1164
上海 Shanghai	13502	0	0	0	0
江苏 Jiangsu	51120	396	110	110	176
浙江 Zhejiang	5331	1047	404	397	246
安徽 Anhui	114292	80951	32337	25097	23517
福建 Fujian	24292	2886	977	989	920
江西 Jiangxi	61787	22094	10047	6202	5845
山东 Shandong	149423	15858	6551	4505	4802
河南 Henan	90203	20036	6617	5577	7842
湖北 Hubei	71029	47670	19651	13600	14419
湖南 Hunan	43990	15087	6050	4784	4253
广东 Guangdong	84863	5902	2583	1818	1501
广西 Guangxi	27383	11064	4778	3653	2633
海南 Hainan	5874	30	30	0	0
四川 Sichuan	54518	9365	3218	2905	3242
贵州 Guizhou	27828	24172	9866	7908	6398
云南 Yunnan	47031	36054	31466	2465	2123
西藏 Tibet	0	0	0	0	0
陕西 Shaanxi	24203	3173	1667	812	694
甘肃 Gansu	21015	2206	965	608	633
青海 Qinghai	3729	2961	986	153	1822
宁夏 Ningxia	4562	3115	1120	164	1831
新疆 Xinjiang	33011	6047	3887	1321	839

数、毕业班学生数(农村)

in Vocational Schools (Rural)

单位:人

生数								毕业班学生数 Graduates for Next Year	
高中 Senior Sec. Schools									
计 Subtotal	二年制 2-year		三年制 3-year			四年制 4-year		初中 Junior Sec. Schools	高中 Senior Sec. Schools
	一年级 Grade 1	二年级 Grade 2	一年级 Grade 1	二年级 Grade 2	三年级 Grade 3				
777883	110408	71357	248860	188418	156585	2255		1220232	28301
5265	441	660	1356	1343	1262	203		68	1973
3821	294	251	1360	976	940	0		520	1191
21616	3005	2861	7316	4968	3466	0		10544	6327
23313	6762	4927	6043	3307	2209	65		6115	7201
10865	738	555	4128	3123	2291	30		15601	2876
15417	4916	2672	3038	2500	2291	0		2899	4963
20350	9342	7809	1218	901	1080	0		6412	8889
28364	4129	1705	7435	7465	7630	0		1164	9335
13502	5663	938	3023	2246	1632	0		0	2570
50724	5715	4016	16544	13889	10351	209		84	14359
4284	1155	1096	598	869	566	0		246	1662
33341	3600	2652	9397	9682	7819	191		23303	10501
21406	7003	4564	4114	2937	2163	625		854	6839
39693	5989	4680	11856	9554	7614	0		6755	12294
133565	17181	7328	47140	34250	27586	80		3828	34954
70167	2571	1821	36408	18711	10656	0		7516	12477
23359	2060	1686	7390	6099	6124	0		8636	7620
28903	204	283	14150	8373	5893	0		4555	6176
78961	10170	8153	20050	18788	21726	74		1501	29919
16319	346	314	5938	5553	4168	0		2576	4482
5844	377	244	2013	1728	1482	0		0	1726
45153	3930	2166	15934	12765	10358	0		2897	12524
3656	304	305	1077	936	936	98		6398	1241
10977	2679	1682	2649	2122	1845	0		2123	3527
0	0	0	0	0	0	0		0	0
21030	7999	5387	3345	1811	1905	583		495	7384
18809	2077	1449	6350	4303	4630	0		775	6079
768	148	492	50	34	44	0		2069	536
1447	39	44	351	245	768	0		2623	812
26964	1571	617	8589	8940	7150	97		1466	7864

职业中学学生

Number of Female Students

在校学

Enrolment

地区 Region	合计 Total	初中 Junior Sec. Schools			
		计 Subtotal	一年级 Grade 1	二年级 Grade 2	三年级 Grade 3
总计 Total	1582355	230308	109251	60538	60519
北京 Beijing	27915	149	0	0	149
天津 Tianjin	16690	593	584	9	0
河北 Hebei	82508	19736	9063	5026	5647
山西 Shanxi	49764	11147	5256	2846	3045
内蒙古 Inner Mongolia	69619	34274	16486	9404	8384
辽宁 Liaoning	84319	2699	1219	809	671
吉林 Jilin	72824	16977	8499	4059	4419
黑龙江 Heilongjiang	76132	2430	1038	636	756
上海 Shanghai	25249	31	11	12	8
江苏 Jiangsu	90059	240	79	61	100
浙江 Zhejiang	49096	747	265	311	171
安徽 Anhui	70654	31543	13171	9795	8577
福建 Fujian	43953	2454	1067	889	498
江西 Jiangxi	42787	8961	4273	2384	2304
山东 Shandong	147532	7274	3041	2050	2183
河南 Henan	96160	10207	3358	2864	3985
湖北 Hubei	64037	22545	9607	6419	6519
湖南 Hunan	68130	6789	2782	2144	1863
广东 Guangdong	89887	3261	1381	994	886
广西 Guangxi	35952	5258	2061	1788	1409
海南 Hainan	3753	15	15	0	0
四川 Sichuan	102053	5577	1727	1855	1995
贵州 Guizhou	27735	9695	3934	3177	2584
云南 Yunnan	44894	18287	15804	1344	1139
西藏 Tibet	0	0	0	0	0
陕西 Shaanxi	38626	2133	1085	533	515
甘肃 Gansu	19161	983	411	271	301
青海 Qinghai	3629	1311	314	36	961
宁夏 Ningxia	6461	1732	757	121	854
新疆 Xinjiang	32776	3260	1963	701	596

总数中女学生数

in Vocational Schools

单位:人

生数								毕业班学生数 Graduates for Next Year	
高中 Senior Sec. Schools									
计 Subtotal	二年制 2-year		三年制 3-year			四年制 4-year		初中 Junior Sec. Schools	高中 Senior Sec. Schools
	一年级 Grade 1	二年级 Grade 2	一年级 Grade 1	二年级 Grade 2	三年级 Grade 3				
1352047	124020	90306	453905	359989	304071	19756		59812	398725
27766	2081	2017	7088	6283	6225	4072		149	9513
16097	495	366	3859	3337	2561	5479		536	4204
62772	5876	4690	21305	17272	13531	98		5940	17993
38617	7338	5140	11409	8223	6472	35		3032	11520
35345	1576	1751	12864	10821	8284	49		8233	10053
81620	3646	1897	26853	25103	22526	1595		1291	25583
55847	9759	7892	14983	12369	10591	253		5148	18524
73702	7761	7116	21877	19115	17833	0		756	24949
25218	6670	1533	7646	5220	3406	743		8	4939
89819	4743	3448	33179	27648	20143	658		96	23578
48349	9981	8274	12709	9003	8182	200		171	16474
39111	2202	1594	14025	12016	9144	130		8029	10868
41499	7033	5748	14018	7987	6353	360		471	12054
33826	4199	3303	10342	8586	7396	0		2821	10676
140258	10949	5446	50453	38952	34176	282		1493	39878
85953	2639	2327	35392	24143	19049	2403		3767	21562
41492	2588	2763	13851	11672	10404	214		3996	12963
61341	959	764	26321	18055	15115	127		2102	15871
86626	7076	5766	26355	24064	23358	7		886	29131
30694	576	560	10249	9154	7884	2271		1381	9023
3738	224	112	1369	1066	967	0		0	1079
96476	5299	2722	38546	27883	22022	4		1825	24748
18040	1424	1434	5686	4799	4642	55		2584	6063
26607	5533	4252	6662	5269	4656	235		1139	8958
0	0	0	0	0	0	0		0	0
36493	7963	5647	9802	6628	6057	396		393	11691
18178	2312	1631	5832	4398	4005	0		303	5634
2318	562	541	594	284	299	38		1053	878
4729	674	291	1319	1171	1274	0		1283	1469
29516	1882	1281	9317	9468	7516	52		926	8849

职业中学教

Number of Teachers, Staff & Workers in

地区 Region	教职工 Teachers, Staff &				
	合计 Total	专任教师 Full-time Teachers			行政人员 Adm. Personnel
		计 Total	初中 Junior Sec. Schools	高中 Senior Sec. Schools	
总计 Total	376268	247932	31977	215955	64592
北京 Beijing	9471	5347	0	5347	2888
天津 Tianjin	4095	2685	79	2606	998
河北 Hebei	18410	12570	2456	10114	2613
山西 Shanxi	11212	7411	1667	5744	1749
内蒙古 Inner Mongolia	16500	11463	4649	6814	2237
辽宁 Liaoning	20774	13045	464	12581	4099
吉林 Jilin	14995	9642	1649	7993	3213
黑龙江 Heilongjiang	20816	12823	307	12516	4009
上海 Shanghai	5233	2527	15	2512	1699
江苏 Jiangsu	20806	13474	33	13441	3062
浙江 Zhejiang	10600	7258	74	7184	1786
安徽 Anhui	16641	11922	5396	6526	2631
福建 Fujian	9928	6757	442	6315	2073
江西 Jiangxi	13872	8649	1226	7423	1260
山东 Shandong	34935	21959	1326	20633	6782
河南 Henan	21319	15101	1236	13865	3140
湖北 Hubei	18464	13091	4330	8761	2134
湖南 Hunan	16448	11196	1141	10055	2497
广东 Guangdong	19835	14625	383	14242	2840
广西 Guangxi	7746	5157	767	4390	1310
海南 Hainan	1309	943	0	943	161
四川 Sichuan	28343	17498	779	16719	5543
贵州 Guizhou	5757	3968	1447	2521	913
云南 Yunnan	6835	4573	1178	3395	957
西藏 Tibet	23	23	0	23	0
陕西 Shaanxi	9314	5554	335	5219	2217
甘肃 Gansu	5443	3615	181	3434	770
青海 Qinghai	697	502	114	388	110
宁夏 Ningxia	1028	785	90	695	129
新疆 Xinjiang	5419	3769	213	3556	772

职工数（总计）

Vocational Schools (Regional Aggregates)

单位:人

数 Workers			代课教师 Substitute Teachers	临时工 Temporary Workers	兼任教师 Part-time Teachers
工勤人员 Workers	校办工厂、农场职工 Employees in School-run Factories & Farms				
	计 Total	其中:由厂、场收入支付工资的职工 Employees maintained by income of school-run businesses			
45151	18593	10670	12710	17185	20585
760	476	212	211	767	414
256	156	13	85	67	85
2231	996	540	470	1631	267
1497	555	341	679	680	691
2256	544	284	360	366	237
1821	1809	1601	439	713	1454
1386	754	641	386	247	423
3126	858	583	399	363	452
596	411	0	434	359	0
2834	1436	946	627	946	1540
957	599	453	580	889	2042
1684	404	130	768	1007	913
896	202	26	599	174	785
1547	2416	1994	460	833	582
4936	1258	396	533	1477	954
2265	813	151	138	596	728
2382	857	406	439	595	301
2030	725	321	787	866	1246
1908	462	329	301	586	673
1066	213	105	436	398	241
194	11	0	15	46	7
4000	1302	537	1404	1015	2407
708	168	58	384	463	415
1178	127	67	357	916	1482
0	0	0	1	0	0
1034	509	198	693	567	1414
750	308	207	127	267	279
64	21	0	48	53	59
90	24	11	62	70	46
699	179	120	488	228	448

职业中学教

Number of Teachers, Staff & Workers in

地区 Region	教职工 Teachers, Staff &				
	合计 Total	专任教师 Full-time Teachers			行政人员 Adm. Personnel
		计 Total	初中 Junior Sec. Schools	高中 Senior Sec. Schools	
总计 Total	144296	90390	1127	89263	30239
北京 Beijing	7400	4224	0	4224	2247
天津 Tianjin	2934	1971	31	1940	682
河北 Hebei	6084	4171	75	4096	1044
山西 Shanxi	4459	2781	80	2701	856
内蒙古 Inner Mongolia	4593	3026	74	2952	916
辽宁 Liaoning	14304	8715	31	8684	2858
吉林 Jilin	7127	4233	58	4175	1746
黑龙江 Heilongjiang	9285	5855	9	5846	1969
上海 Shanghai	4089	1959	15	1944	1373
江苏 Jiangsu	6938	4304	5	4299	1135
浙江 Zhejiang	3853	2338	0	2338	801
安徽 Anhui	3702	2436	85	2351	846
福建 Fujian	3640	2271	14	2257	905
江西 Jiangxi	3007	2248	0	2248	396
山东 Shandong	13713	7864	120	7744	3183
河南 Henan	8585	5764	103	5661	1727
湖北 Hubei	7003	4706	230	4476	1042
湖南 Hunan	6069	3805	12	3793	1166
广东 Guangdong	6619	4683	71	4612	1052
广西 Guangxi	2077	1296	0	1296	437
海南 Hainan	285	242	0	242	28
四川 Sichuan	8838	5060	5	5055	1945
贵州 Guizhou	877	662	16	646	136
云南 Yunnan	1188	860	33	827	176
西藏 Tibet	23	23	0	23	0
陕西 Shaanxi	3354	1983	5	1978	927
甘肃 Gansu	1794	1136	23	1113	274
青海 Qinghai	248	170	0	170	38
宁夏 Ningxia	386	284	3	281	46
新疆 Xinjiang	1822	1320	29	1291	288

职 工 数（城 市）

Vocational Schools (Urban)

单位:人

数 Workers			代课教师 Substitute Teachers	临时工 Temporary Workers	兼任教师 Part-time Teachers
工勤人员 Workers	校办工厂、农场职工 Employees in School-run Factories & Farms				
	计 Total	其中:由厂、场收入支付工资的职工 Employees maintained by income of school-run businesses			
13826	9841	5981	3447	4468	11275
541	388	187	121	424	207
154	127	13	37	11	57
570	299	132	85	148	113
545	277	195	161	189	185
293	358	220	153	120	116
1238	1493	1342	207	332	1096
556	592	523	52	84	144
906	555	412	64	146	190
471	286	0	310	261	0
516	983	811	146	139	454
373	341	280	56	221	1475
334	86	13	108	133	544
319	145	20	171	71	495
255	108	46	50	72	276
1870	796	162	262	389	649
752	342	75	6	191	400
782	473	265	256	284	191
696	402	277	128	274	580
492	392	320	96	233	424
257	87	60	60	43	161
15	0	0	0	2	0
993	840	392	223	278	1593
48	31	8	41	32	156
138	14	5	74	101	325
0	0	0	1	0	0
275	169	47	288	170	1098
205	179	136	10	46	149
26	14	0	28	10	14
39	17	10	50	16	18
167	47	30	203	48	165

职业中学教

Number of Teachers, Staff & Workers in

教职工

Teachers, Staff &

地区 Region		合计 Total	专任教师 Full-time Teachers			行政人员 Adm. Personnel
			计 Total	初中 Junior Sec. Schools	高中 Senior Sec. Schools	
总计	**Total**	111775	73520	4703	68817	18319
北京	Beijing	1040	699	0	699	240
天津	Tianjin	474	249	12	237	164
河北	Hebei	6955	4642	361	4281	954
山西	Shanxi	2582	1729	193	1536	384
内蒙古	Inner Mongolia	5182	3488	725	2763	716
辽宁	Liaoning	4421	2914	21	2893	856
吉林	Jilin	5796	3761	696	3065	1165
黑龙江	Heilongjiang	7268	4636	96	4540	1381
上海	Shanghai	417	167	0	167	156
江苏	Jiangsu	8688	5573	8	5565	1290
浙江	Zhejiang	6286	4557	37	4520	929
安徽	Anhui	3206	2101	500	1601	569
福建	Fujian	3814	2714	236	2478	738
江西	Jiangxi	3728	2577	216	2361	326
山东	Shandong	5038	3215	54	3161	889
河南	Henan	4083	2707	113	2594	464
湖北	Hubei	3226	2199	250	1949	375
湖南	Hunan	5838	3965	134	3831	818
广东	Guangdong	4675	3375	30	3345	670
广西	Guangxi	3187	2069	150	1919	518
海南	Hainan	223	153	0	153	30
四川	Sichuan	12964	8276	236	8040	2390
贵州	Guizhou	2927	1767	144	1623	558
云南	Yunnan	3470	2129	262	1867	531
西藏	Tibet	0	0	0	0	0
陕西	Shaanxi	3196	1809	155	1654	701
甘肃	Gansu	1252	776	16	760	193
青海	Qinghai	313	213	24	189	68
宁夏	Ningxia	428	317	17	300	71
新疆	Xinjiang	1098	743	17	726	175

职 工 数（县 镇）

Vocational Schools(County Seats & Towns)

单位:人

数 Workers			代课教师 Substitute Teachers	临时工 Temporary Workers	兼任教师 Part-time Teachers
工勤人员 Workers	校办工厂、农场职工 Employees in School-run Factories & Farms				
	计 Total	其中:由厂、场收入支付工资的职工 Employees maintained by income of school-run businesses			
15868	4068	1740	4044	6537	6037
62	39	10	46	227	93
43	18	0	17	9	14
1032	327	110	141	915	111
411	58	16	154	195	318
860	118	50	49	90	105
433	218	192	101	262	198
711	159	118	205	126	210
1095	156	48	203	156	169
62	32	0	52	23	0
1493	332	109	201	488	830
543	257	173	428	617	532
423	113	30	137	284	243
336	26	3	155	52	140
548	277	215	117	284	164
726	208	144	50	239	119
522	390	59	15	80	126
556	96	19	100	135	72
827	228	14	260	348	501
609	21	0	54	144	180
517	83	31	124	145	65
40	0	0	1	12	0
1918	380	145	749	477	675
504	98	35	149	277	219
701	109	62	135	517	531
0	0	0	0	0	0
439	247	118	247	213	214
236	47	22	35	46	100
25	7	0	19	38	22
34	6	1	3	35	4
162	18	16	97	103	82

职业中学教

Number of Teachers, Staff & Workers in

地区 Region	教职工 Teachers, Staff & 合计 Total	专任教师 Full-time Teachers 计 Total	初中 Junior Sec. Schools	高中 Senior Sec. Schools	行政人员 Adm. Personnel
总计 Total	120197	84022	26147	57875	16034
北京 Beijing	1031	424	0	424	401
天津 Tianjin	687	465	36	429	152
河北 Hebei	5371	3757	2020	1737	615
山西 Shanxi	4171	2901	1394	1507	509
内蒙古 Inner Mongolia	6725	4949	3850	1099	605
辽宁 Liaoning	2049	1416	412	1004	385
吉林 Jilin	2072	1648	895	753	302
黑龙江 Heilongjiang	4263	2332	202	2130	659
上海 Shanghai	727	401	0	401	170
江苏 Jiangsu	5180	3597	20	3577	637
浙江 Zhejiang	461	363	37	326	56
安徽 Anhui	9733	7385	4811	2574	1216
福建 Fujian	2474	1772	192	1580	430
江西 Jiangxi	7137	3824	1010	2814	538
山东 Shandong	16184	10880	1152	9728	2710
河南 Henan	8651	6630	1020	5610	949
湖北 Hubei	8235	6186	3850	2336	717
湖南 Hunan	4541	3426	995	2431	513
广东 Guangdong	8541	6567	282	6285	1118
广西 Guangxi	2482	1792	617	1175	355
海南 Hainan	801	548	0	548	103
四川 Sichuan	6541	4162	538	3624	1208
贵州 Guizhou	1953	1539	1287	252	219
云南 Yunnan	2177	1584	883	701	250
西藏 Tibet	0	0	0	0	0
陕西 Shaanxi	2764	1762	175	1587	589
甘肃 Gansu	2397	1703	142	1561	303
青海 Qinghai	136	119	90	29	4
宁夏 Ningxia	214	184	70	114	12
新疆 Xinjiang	2499	1706	167	1539	309

职工数（农村）

Vocational Schools (Rural)

单位:人

数 Workers			代课教师 Substitute Teachers	临时工 Temporary Workers	兼任教师 Part-time Teachers
工勤人员 Workers	校办工厂、农场职工 Employees in School-run Factories & Farms				
	计 Total	其中:由厂、场收入支付工资的职工 Employees maintained by income of school-run businesses			
15457	4684	2949	5219	6180	3273
157	49	15	44	116	114
59	11	0	31	47	14
629	370	298	244	568	43
541	220	130	364	296	188
1103	68	14	158	156	16
150	98	67	131	119	160
119	3	0	129	37	69
1125	147	123	132	61	93
63	93	0	72	75	0
825	121	26	280	319	256
41	1	0	96	51	35
927	205	87	523	590	126
241	31	3	273	51	150
744	2031	1733	293	477	142
2340	254	90	221	849	186
991	81	17	117	325	202
1044	288	122	83	176	38
507	95	30	399	244	165
807	49	9	151	209	69
292	43	14	252	210	15
139	11	0	14	32	7
1089	82	0	432	260	139
156	39	15	194	154	40
339	4	0	148	298	626
0	0	0	0	0	0
320	93	33	158	184	102
309	82	49	82	175	30
13	0	0	1	5	23
17	1	0	9	19	24
370	114	74	188	77	201

职业中学教职工总

Number of Female Teachers, Staff

地区 Region		教职工 Teachers, Staff &				
		合计 Total	专任教师 Full-time Teachers			行政人员 Adm. Personnel
			计 Total	初中 Junior Sec. Schools	高中 Senior Sec. Schools	
总计	Total	124159	83448	7581	75867	17905
北京	Beijing	5525	3332	0	3332	1577
天津	Tianjin	2104	1549	32	1517	402
河北	Hebei	6603	5132	762	4370	489
山西	Shanxi	3815	2851	521	2330	361
内蒙古	Inner Mongolia	5566	4134	1223	2911	590
辽宁	Liaoning	10415	7145	142	7003	1674
吉林	Jilin	6590	4656	623	4033	1126
黑龙江	Heilongjiang	9933	6542	105	6437	1562
上海	Shanghai	2546	1283	12	1271	794
江苏	Jiangsu	6036	3709	6	3703	654
浙江	Zhejiang	3154	1990	10	1980	489
安徽	Anhui	3326	2282	846	1436	472
福建	Fujian	2899	1983	100	1883	508
江西	Jiangxi	3020	1579	181	1398	151
山东	Shandong	10333	7078	379	6699	1648
河南	Henan	6216	4591	233	4358	744
湖北	Hubei	4610	3118	882	2236	371
湖南	Hunan	4689	3149	244	2905	557
广东	Guangdong	5389	3700	59	3641	597
广西	Guangxi	2268	1411	216	1195	317
海南	Hainan	311	188	0	188	26
四川	Sichuan	8688	5328	193	5135	1536
贵州	Guizhou	1512	1001	291	710	182
云南	Yunnan	2071	1232	264	968	208
西藏	Tibet	8	8	0	8	0
陕西	Shaanxi	2622	1684	79	1605	501
甘肃	Gansu	1202	786	37	749	105
青海	Qinghai	210	169	22	147	23
宁夏	Ningxia	353	280	34	246	31
新疆	Xinjiang	2145	1558	85	1473	210

数中女教职工数

& Workers in Vocational Schools

单位:人

数 Workers			代课教师 Substitute Teachers	临时工 Temporary Workers	兼任教师 Part-time Teachers
工勤人员 Workers	校办工厂、农场职工 Employees in School-run Factories & Farms				
	计 Total	其中:由厂、场收入支付工资的职工 Employees maintained by income of school-run businesses			
15460	7346	4955	3482	4956	4034
397	219	113	78	347	156
102	51	1	23	15	16
624	358	250	151	305	46
412	191	117	265	149	151
668	174	99	127	90	76
676	920	805	134	177	340
432	376	326	176	87	114
1374	455	319	158	126	134
315	154	0	0	0	0
1001	672	569	132	182	218
400	275	225	202	302	423
466	106	52	160	280	102
346	62	15	168	72	144
369	921	860	96	334	97
1241	366	117	86	289	144
515	366	72	29	96	82
852	269	164	92	179	34
743	240	131	199	252	169
874	218	170	63	242	106
494	46	23	140	202	44
91	6	0	12	27	0
1351	473	255	452	274	524
287	42	11	103	172	56
599	32	21	81	439	338
0	0	0	0	0	0
304	133	65	163	126	363
192	119	109	21	45	33
15	3	0	7	10	7
30	12	7	11	45	12
290	87	59	153	92	105

小学校数、班数、招生

Number of Schools, Classes, Graduates & Students

地 区 Region	学校数(所) Schools	教学点数(个) Teaching Sites	班		
			计 Total	一年级 Grade 1	二年级 Grade 2
总 计 Total	712973	186954	3972212	745658	664044
北 京 Beijing	3306	47	30915	5098	4715
天 津 Tianjin	3238	0	25557	4108	3982
河 北 Hebei	48189	3996	235982	41028	36522
山 西 Shanxi	41712	2731	127596	17722	16194
内蒙古 Inner Mongolia	14326	9404	92594	16332	14983
辽 宁 Liaoning	15230	2740	123459	19925	18843
吉 林 Jilin	10635	3368	89342	15777	14588
黑龙江 Heilongjiang	16678	6256	132412	23530	21414
上 海 Shanghai	2298	20	28175	4579	4335
江 苏 Jiangsu	28753	1286	173967	29925	26936
浙 江 Zhejiang	27268	258	106505	15351	14041
安 徽 Anhui	33749	5268	179559	38754	32588
福 建 Fujian	18287	10656	126815	24506	22158
江 西 Jiangxi	26822	9055	133517	28041	23506
山 东 Shandong	56885	8034	273849	58635	53098
河 南 Henan	42370	10430	270189	56478	52094
湖 北 Hubei	31183	6370	186379	34691	31292
湖 南 Hunan	47661	2613	215623	39103	36470
广 东 Guangdong	24654	12900	228939	42315	39886
广 西 Guangxi	15847	38758	193809	36300	31086
海 南 Hainan	4725	1547	33102	7721	6605
四 川 Sichuan	72507	3048	306331	56822	49761
贵 州 Guizhou	20284	11907	137521	29319	25243
云 南 Yunnan	28124	26986	158646	29180	25031
西 藏 Tibet	2831	1307	8231	3018	2284
陕 西 Shaanxi	36693	1905	148059	24262	20411
甘 肃 Gansu	24063	281	95082	20451	16544
青 海 Qinghai	3593	388	16876	3319	2719
宁 夏 Ningxia	3940	892	21988	4940	4075
新 疆 Xinjiang	7122	4503	71193	14428	12640

数、毕业生数(总计)

Admitted in Primary Schools (Regional Aggregates)

数 (个) Classes					毕业生数(人) Graduates	招生数(人) Students Admitted
三年级 Grade 3	四年级 Grade 4	五年级 Grade 5	六年级 Grade 6	复式班 Multiple-grade Classes		
650457	641564	596470	334535	339484	18723520	21832000
4992	5476	5355	4665	614	156306	157145
4282	4542	3899	3491	1253	119529	132209
36186	36610	32237	25203	28196	969075	1325420
16301	17271	18190	2483	39435	498377	595252
14909	15216	14695	2313	14146	382178	444848
20049	21882	20924	20531	1305	685996	559753
14219	14536	14108	14542	1572	466410	422799
21409	21869	20984	16891	6315	624332	609109
4722	5252	5273	3943	71	159151	180351
27642	28953	29048	17590	13873	1040628	989466
15800	16814	16337	7901	20261	637433	579014
31782	31273	30910	2437	11815	1048365	1045201
21589	19845	17730	8512	12475	515328	640162
22654	22153	21914	1187	14062	794397	789186
51506	48402	42964	4988	14256	1419727	1639434
51780	51009	48131	3407	7290	1623862	1695314
30837	30496	28703	19866	10494	954739	1087537
36063	35482	27713	23904	16888	1007393	1170217
38346	36372	34078	31409	6533	1022360	1386454
29822	27874	25954	14380	28393	776040	1131513
5682	4899	4276	3428	491	103096	180922
49530	52620	48795	41067	7736	1406211	1602665
22344	19522	17213	15433	8447	524980	861385
23166	21809	19216	13991	26253	595977	854262
1519	593	416	365	36	12403	52739
19712	19419	17580	15927	30748	450378	718486
15338	14285	13702	3449	11313	306375	441991
2684	2489	2465	888	2312	66034	77990
3656	3396	3143	1215	1563	88366	101874
11936	11205	10517	9129	1338	268074	359302

小学校数、班数、招生

Number of Schools, Classes, Graduates & Students

地 区 Region	学校数(所) Schools	教学点数(个) Teaching Sites	班		
			计 Total	一年级 Grade 1	二年级 Grade 2
总 计 Total	27823	3062	333898	57125	55111
北 京 Beijing	745	0	13125	2002	1990
天 津 Tianjin	499	0	9556	1468	1573
河 北 Hebei	1921	175	20445	3319	3178
山 西 Shanxi	711	122	9342	1686	1642
内蒙古 Inner Mongolia	649	26	8362	1512	1495
辽 宁 Liaoning	1436	126	23268	3714	3637
吉 林 Jilin	893	8	12873	2121	2053
黑龙江 Heilongjiang	1139	17	17518	2891	2856
上 海 Shanghai	758	0	14742	2493	2388
江 苏 Jiangsu	1648	17	17391	2807	2591
浙 江 Zhejiang	1110	38	9666	1624	1626
安 徽 Anhui	1086	73	11190	1977	1855
福 建 Fujian	444	19	6040	1041	1059
江 西 Jiangxi	522	25	5873	1161	1130
山 东 Shandong	2197	666	21440	3920	3853
河 南 Henan	1649	387	16707	2995	2896
湖 北 Hubei	2085	172	20838	3646	3481
湖 南 Hunan	1517	24	13811	2322	2236
广 东 Guangdong	1568	485	20875	3796	3577
广 西 Guangxi	522	145	6732	1185	1135
海 南 Hainan	118	36	1136	218	205
四 川 Sichuan	1311	146	15847	2528	2406
贵 州 Guizhou	510	136	4923	944	839
云 南 Yunnan	293	12	3429	610	566
西 藏 Tibet	21	4	316	52	47
陕 西 Shaanxi	1308	116	13055	2445	2223
甘 肃 Gansu	488	27	5768	992	978
青 海 Qinghai	114	0	1374	219	202
宁 夏 Ningxia	106	6	1569	255	260
新 疆 Xinjiang	455	54	6687	1182	1134

数、毕业生数(城市)

Admitted in Primary Schools (Urban)

数 (个) Classes						
三年级 Grade 3	四年级 Grade 4	五年级 Grade 5	六年级 Grade 6	复式班 Multiple-grade Classes	毕业生数(人) Graduates	招生数(人) Students Admitted
57810	60937	57954	43226	1735	2185811	2391922
2192	2457	2465	2019	0	76822	70872
1754	1839	1600	1322	0	49923	63993
3402	3804	3587	2896	259	123707	127885
1670	1724	1637	931	52	62457	75491
1521	1591	1445	770	28	54304	64543
4130	4549	3917	3321	0	169523	175235
2186	2359	2107	2046	1	109755	99019
3047	3356	3001	2363	4	131485	135946
2688	2837	2590	1746	0	70777	109981
2772	3150	3207	2742	122	111897	109375
1721	1762	1609	1090	234	63855	69561
1899	1942	1967	1500	50	84231	88079
1118	1044	981	795	2	36761	43418
1113	1150	1175	113	31	45814	49132
4011	4133	3915	1206	402	142878	152028
3040	3137	3041	1582	16	117101	117901
3592	3728	3692	2557	142	158784	155730
2297	2410	2381	2108	57	89519	94940
3548	3426	3290	3214	24	132708	166428
1097	1127	1124	1042	22	44111	48006
195	182	174	162	0	7556	9770
2644	2971	2942	2352	4	84148	100198
793	800	792	729	26	29486	40055
590	604	583	474	2	23589	24437
56	55	54	52	0	2049	2626
2178	2144	2030	1817	218	66458	94675
976	1023	1013	758	28	40153	40513
217	240	252	243	1	10939	9771
252	268	276	258	0	10716	10092
1111	1125	1107	1018	10	34305	42222

小学校数、班数、招生

Number of Schools, Classes, Graduates & Students

地区 Region	学校数(所) Schools	教学点数(个) Teaching Sites	班 计 Total	一年级 Grade 1	二年级 Grade 2
总计 Total	72469	8162	464456	83725	76229
北京 Beijing	641	0	5938	1036	943
天津 Tianjin	315	0	2813	446	427
河北 Hebei	4095	538	25229	4437	4033
山西 Shanxi	2520	257	11457	1969	1882
内蒙古 Inner Mongolia	929	147	10494	2016	1910
辽宁 Liaoning	668	54	8770	1381	1309
吉林 Jilin	1161	265	13686	2323	2171
黑龙江 Heilongjiang	1137	120	15273	2583	2503
上海 Shanghai	119	0	2100	316	301
江苏 Jiangsu	7271	233	43571	7050	6224
浙江 Zhejiang	15119	116	63144	9506	8793
安徽 Anhui	2526	368	15492	3197	2728
福建 Fujian	1209	423	15377	3023	2927
江西 Jiangxi	3796	1173	23284	4941	4293
山东 Shandong	2311	305	13848	3008	2801
河南 Henan	2680	350	19917	4160	3828
湖北 Hubei	1430	388	10987	2028	1836
湖南 Hunan	4350	210	25467	4663	4367
广东 Guangdong	1127	358	14987	2746	2619
广西 Guangxi	599	483	8364	1574	1432
海南 Hainan	151	17	2093	409	358
四川 Sichuan	10512	699	51934	9359	8182
贵州 Guizhou	1455	891	13017	2734	2395
云南 Yunnan	2108	475	13351	2497	2266
西藏 Tibet	133	58	1179	258	182
陕西 Shaanxi	2693	102	18437	3363	3039
甘肃 Gansu	506	6	4471	873	781
青海 Qinghai	318	15	2422	437	402
宁夏 Ningxia	106	16	1515	286	264
新疆 Xinjiang	484	95	5839	1106	1033

数、毕业生数(县镇)

Admitted in Primary Schools (County Seats & Towns)

数 (个) Classes					毕业生数(人) Graduates	招生数(人) Students Admitted
三年级 Grade 3	四年级 Grade 4	五年级 Grade 5	六年级 Grade 6	复式班 Multiple-grade Classes		
76834	79280	75880	46879	25629	2848743	3071375
981	1064	998	916	0	30828	30790
469	500	463	434	74	16885	14664
4015	4173	3871	3110	1590	130734	156194
1861	1904	1847	183	1811	64130	75810
1900	1959	1890	701	118	66998	71940
1444	1594	1527	1488	27	65891	56311
2176	2308	2249	2290	169	93464	81641
2559	2726	2628	2209	65	107939	102219
316	383	447	335	2	14661	13575
6590	7190	7363	4876	4278	271883	253290
9802	10338	9865	4681	10159	397027	352712
2756	2786	2863	388	774	112467	104687
2880	2782	2540	1069	156	95591	107133
4118	4051	4049	310	1522	155880	158624
2671	2567	2334	173	294	88479	109193
3822	3851	3737	306	213	155423	167446
1777	1781	1768	1365	432	70467	81480
4353	4349	3619	3281	835	137662	158431
2538	2463	2329	2234	58	106340	135429
1402	1404	1415	856	281	59331	65500
354	332	336	304	0	15021	18930
8252	9233	8662	7824	422	270472	334509
2149	1978	1807	1696	258	65409	99528
2135	2079	2072	1518	784	81515	91151
179	192	175	190	3	7038	7995
2898	2857	2663	2494	1123	81641	119723
772	772	750	447	76	28334	37900
407	416	430	252	78	15296	14878
253	274	266	168	4	12056	11075
1005	974	917	781	23	29881	38617

小学校数、班数、招生

Number of Schools, Classes, Graduates & Students

地区 Region	学校数(所) Schools	教学点数(个) Teaching Sites	班 计 Total	一年级 Grade 1	二年级 Grade 2
总计 Total	612681	175730	3173858	604808	532704
北京 Beijing	1920	47	11852	2060	1782
天津 Tianjin	2424	0	13188	2194	1982
河北 Hebei	42173	3283	190308	33272	29311
山西 Shanxi	38481	2352	106797	14067	12670
内蒙古 Inner Mongolia	12748	9231	73738	12804	11578
辽宁 Liaoning	13126	2560	91421	14830	13897
吉林 Jilin	8581	3095	62783	11333	10364
黑龙江 Heilongjiang	14402	6119	99621	18056	16055
上海 Shanghai	1421	20	11333	1770	1646
江苏 Jiangsu	19834	1036	113005	20068	18121
浙江 Zhejiang	11039	104	33695	4221	3622
安徽 Anhui	30137	4827	152877	33580	28005
福建 Fujian	16634	10214	105398	20442	18172
江西 Jiangxi	22504	7857	104360	21939	18083
山东 Shandong	52377	7063	238561	51707	46444
河南 Henan	38041	9693	233565	49323	45370
湖北 Hubei	27668	5810	154554	29017	25975
湖南 Hunan	41794	2379	176345	32118	29867
广东 Guangdong	21959	12057	193077	35773	33690
广西 Guangxi	14726	38130	178713	33541	28519
海南 Hainan	4456	1494	29873	7094	6042
四川 Sichuan	60684	2203	238550	44935	39173
贵州 Guizhou	18319	10880	119581	25641	22009
云南 Yunnan	25723	26499	141866	26073	22199
西藏 Tibet	2677	1245	6736	2708	2055
陕西 Shaanxi	32692	1687	116567	18454	15149
甘肃 Gansu	23069	248	84843	18586	14785
青海 Qinghai	3161	373	13080	2663	2115
宁夏 Ningxia	3728	870	18904	4399	3551
新疆 Xinjiang	6183	4354	58667	12140	10473

数、毕业生数(农村)

Admitted in Primary Schools (Rural)

数 (个) Classes					毕业生数(人) Graduates	招生数(人) Students Admitted
三年级 Grade 3	四年级 Grade 4	五年级 Grade 5	六年级 Grade 6	复式班 Multiple grade Classes		
515813	501347	462636	244430	312120	13688966	16368703
1819	1955	1892	1730	614	48656	55483
2059	2203	1836	1735	1179	52721	53552
28769	28633	24779	19197	26347	714634	1041341
12770	13643	14706	1369	37572	371790	443951
11488	11666	11360	842	14000	260876	308365
14475	15739	15480	15722	1278	450582	328207
9857	9869	9752	10206	1402	263191	242139
15803	15787	15355	12319	6246	384908	370944
1718	2032	2236	1862	69	73713	56795
18280	18613	18478	9972	9473	656848	626801
4277	4714	4863	2130	9868	176551	156741
27127	26545	26080	549	10991	851667	852435
17591	16019	14209	6648	12317	382976	489611
17423	16952	16690	764	12509	592703	581430
44824	41702	36715	3609	13560	1188370	1378213
44918	44021	41353	1519	7061	1351338	1409967
25468	24987	23243	15944	9920	725488	850327
29413	28723	21713	18515	15996	780212	916846
32260	30483	28459	25961	6451	783312	1084597
27323	25343	23415	12482	28090	672598	1018007
5133	4385	3766	2962	491	80519	152222
38634	40416	37191	30891	7310	1051591	1167958
19402	16744	14614	13008	8163	430085	721802
20441	19126	16561	11999	25467	490873	738674
1284	346	187	123	33	3316	42118
14636	14418	12887	11616	29407	302279	504088
13590	12490	11939	2244	11209	237888	363578
2060	1833	1783	393	2233	39799	53341
3151	2854	2601	789	1559	65594	80707
9820	9106	8493	7330	1305	203888	278463

六年制小学校数、班

Number of Schools, Classes, Students Admitted

地　　区 Region	学校数(所) Schools	教学点数(个) Teaching Sites	班		
			计 Total	一　年　级 Grade 1	二　年　级 Grade 2
总　计 Total	418279	108117	2524299	448821	402805
北　京 Beijing	2970	0	30853	5083	4701
天　津 Tianjin	3237	0	25551	4107	3981
河　北 Hebei	40327	2447	204504	35023	31729
山　西 Shanxi	3728	360	18642	2640	2563
内蒙古 Inner Mongolia	1806	813	15139	2258	2200
辽　宁 Liaoning	14951	2697	121205	19215	18231
吉　林 Jilin	10613	3368	88677	15620	14466
黑龙江 Heilongjiang	13667	4673	106950	17431	16214
上　海 Shanghai	2040	20	28048	4530	4310
江　苏 Jiangsu	18714	798	115371	17357	15309
浙　江 Zhejiang	14144	69	58912	7803	6878
安　徽 Anhui	1956	150	14392	2242	2075
福　建 Fujian	7209	5438	62071	11310	10132
江　西 Jiangxi	996	149	7365	1119	988
山　东 Shandong	7732	1002	39088	6801	6308
河　南 Henan	2704	773	24099	4408	4111
湖　北 Hubei	25772	5948	152078	27732	24824
湖　南 Hunan	44950	2138	206806	37005	34728
广　东 Guangdong	24443	12639	227012	41872	39465
广　西 Guangxi	9500	20018	119031	23188	19407
海　南 Hainan	4589	1468	31942	7413	6334
四　川 Sichuan	70496	3026	302194	56114	48969
贵　州 Guizhou	18882	11089	136133	29121	25012
云　南 Yunnan	23169	22463	130400	23339	20342
西　藏 Tibet	791	183	4600	1353	1057
陕　西 Shaanxi	36573	1805	148007	24252	20400
甘　肃 Gansu	3887	83	25190	4595	4114
青　海 Qinghai	1250	35	6962	1367	1174
宁　夏 Ningxia	744	75	6282	1158	1035
新　疆 Xinjiang	6439	4390	66795	13365	11748

数、招生数、毕业生数

& Graduates in 6-year Primary Schools

数 (个) Classes					毕业生数(人) Graduates	招生数(人) Students Admitted
三年级 Grade 3	四年级 Grade 4	五年级 Grade 5	六年级 Grade 6	复式班 Multiple-grade Classes		
396302	394494	360369	334535	186973	11180705	13352131
4979	5466	5345	4665	614	155813	156236
4281	4541	3897	3491	1253	119495	132176
31429	32052	27575	25203	21493	824608	1127739
2531	2599	2544	2483	3282	75632	97175
2207	2334	2337	2313	1490	70159	76315
19616	21623	20692	20531	1297	673195	538762
14078	14398	14001	14542	1572	461926	414640
16650	17510	16993	16891	5261	506963	459808
4705	5235	5254	3943	71	158309	178613
16243	17743	18487	17590	12642	671472	608863
8013	8800	8439	7901	11078	347855	304301
2168	2272	2288	2437	910	109713	106736
9792	9351	8551	8512	4423	246639	284135
1205	1145	1108	1187	613	45310	42189
6514	6628	5528	4988	2321	191490	176802
4144	4093	3755	3407	181	119480	142108
24481	23256	21592	19866	10327	697061	840539
34239	33882	26543	23904	16505	957481	1108476
37951	36097	33821	31409	6397	1010873	1359311
18223	16132	14511	14380	13190	440942	673009
5473	4703	4109	3428	482	95483	167845
48731	51664	47965	41067	7684	1379759	1577924
22138	19343	16768	15433	8318	503565	834613
18589	17408	14993	13991	21738	446774	677052
930	476	385	365	34	8819	29296
19701	19411	17568	15927	30748	450147	715122
4101	3946	3726	3449	1259	104109	125620
1146	1049	891	888	447	28169	33785
971	943	923	1215	37	33102	29332
11073	10394	9780	9129	1306	246362	333609

小学在校学生数和

Enrolment and Number of Graduates for

地区 Region	在校学 Enrolment			
	合计 Total	一年级 Grade 1	二年级 Grade 2	三年级 Grade 3
总计 Total	122012842	24888029	22260370	21852225
北京 Beijing	1001762	159678	147182	164259
天津 Tianjin	872412	137188	137823	154217
河北 Hebei	7476802	1475153	1339505	1313662
山西 Shanxi	3083380	652066	623351	601542
内蒙古 Inner Mongolia	2362998	486138	467446	459467
辽宁 Liaoning	3736363	573078	533352	614164
吉林 Jilin	2599504	444161	411149	416993
黑龙江 Heilongjiang	3780268	661811	628181	656361
上海 Shanghai	1145323	182243	165285	191312
江苏 Jiangsu	5850080	1074373	969424	994787
浙江 Zhejiang	3552138	610683	607179	675215
安徽 Anhui	6045180	1366721	1189023	1163428
福建 Fujian	3539002	690989	710409	704586
江西 Jiangxi	4190795	920505	862359	827731
山东 Shandong	8262094	1734342	1622117	1611763
河南 Henan	9367051	1982726	1843395	1858661
湖北 Hubei	6124238	1212916	1087969	1053443
湖南 Hunan	6855393	1260027	1183496	1182163
广东 Guangdong	8039814	1492252	1450088	1418585
广西 Guangxi	5950016	1376790	1186877	1073892
海南 Hainan	1036068	241033	205668	185512
四川 Sichuan	8785371	1703538	1373173	1374469
贵州 Guizhou	4359411	1070105	829082	730938
云南 Yunnan	4454281	1030084	861291	776085
西藏 Tibet	191768	74148	41472	30364
陕西 Shaanxi	3790815	846516	718937	648147
甘肃 Gansu	2471246	690555	500004	441309
青海 Qinghai	456519	120731	82931	79532
宁夏 Ningxia	652064	176862	123269	112444
新疆 Xinjiang	1980686	440617	358933	337194

毕业班学生数(总计)

Next Year in Primary Schools (Regional Aggregates)

单位:人

生数			
四年级 Grade 4	五年级 Grade 5	六年级 Grade 6	毕业班学生数 Graduates for Next Year
21806294	20022925	11182999	18846848
187280	185931	157432	157982
167137	148980	127067	127115
1305312	1152419	890751	1028095
595746	527889	82786	514761
467033	408994	73920	403493
709114	668955	637700	646393
450844	427954	448403	454277
689774	641753	502388	618584
220658	221586	164239	165076
1094490	1075707	641299	1008917
727251	632082	299728	596299
1151557	1071743	102708	1065433
645081	539739	248198	516913
791676	747182	41342	748575
1609116	1487587	197169	1467658
1852683	1710302	119284	1690203
1047247	1016349	706314	966037
1190503	1086012	953192	1006300
1341688	1244981	1092220	1100898
978392	863407	470658	818514
160006	137218	106631	111871
1570282	1500135	1263774	1290361
640297	569865	519124	536188
706008	631011	449802	592004
18993	14850	11941	11969
590887	532000	454328	454841
401376	329406	108596	316830
76353	68949	28023	66694
107497	92659	39333	99123
312013	287280	244649	265444

小学在校学生数和

Enrolment and Number of Graduates for

地区 Region	在校学 Enrolment			
	合计 Total	一年级 Grade 1	二年级 Grade 2	三年级 Grade 3
总计 Total	14230745	2439141	2295181	2492013
北京 Beijing	488433	71053	70299	80913
天津 Tianjin	426547	64378	69562	79480
河北 Hebei	819535	131859	122722	138807
山西 Shanxi	419551	76590	72586	75620
内蒙古 Inner Mongolia	359388	65589	64250	66719
辽宁 Liaoning	1111754	175813	169407	199851
吉林 Jilin	610473	99784	94810	104929
黑龙江 Heilongjiang	815758	137027	129216	143823
上海 Shanghai	645834	109041	102905	119751
江苏 Jiangsu	702953	112085	97760	110563
浙江 Zhejiang	419696	70549	70414	77969
安徽 Anhui	507162	91136	82719	86035
福建 Fujian	259606	44417	45743	49394
江西 Jiangxi	249442	50948	47768	48439
山东 Shandong	887460	154396	153676	170667
河南 Henan	693065	122594	114917	128703
湖北 Hubei	902136	160876	148160	156287
湖南 Hunan	566147	97354	88443	91425
广东 Guangdong	925006	169420	157956	159090
广西 Guangxi	275511	49304	45572	45079
海南 Hainan	55710	9912	9760	9539
四川 Sichuan	634826	100583	91116	105654
贵州 Guizhou	208751	40921	35860	33479
云南 Yunnan	136662	24665	21484	22766
西藏 Tibet	15183	2798	2349	2622
陕西 Shaanxi	494972	98487	86011	84284
甘肃 Gansu	238811	42845	40072	40992
青海 Qinghai	59377	9983	8559	9393
宁夏 Ningxia	63364	10353	10262	10198
新疆 Xinjiang	237632	44381	40823	39542

毕业班学生数(城市)

Next Year in Primary Schools (Urban)

单位:人

生数			毕业班学生数 Graduates for Next Year
四年级 Grade 4	五年级 Grade 5	六年级 Grade 6	
2694017	2512648	1797745	2206777
93795	95498	76875	77391
84035	72585	56507	56555
160327	152123	113697	132945
80892	73361	40502	64389
70354	61895	30581	58281
225149	187802	153732	161260
116582	99078	95290	100135
161160	138915	105617	126907
125725	109955	78457	78457
134238	138509	109798	114257
82894	71906	45964	59672
90303	90168	66801	84042
46135	41969	31948	34971
50445	47982	3860	47904
183506	172474	52741	157806
135954	126857	64040	116179
166459	161810	108544	152780
101035	103113	84777	89229
154669	147301	136570	137665
47040	46937	41579	43663
9403	9099	7997	8148
124151	122769	90553	92056
34675	34028	29788	29788
24691	24072	18984	21168
2660	2509	2245	2245
83241	77897	65052	65339
43087	40963	30852	37839
10592	10845	10005	10488
10994	11362	10195	10456
39826	38866	34194	34762

小学在校学生数和

Enrolment and Number of Graduates for

地区 Region	在校学生 Enrolment 合计 Total	一年级 Grade 1	二年级 Grade 2	三年级 Grade 3
总计 Total	90600034	19167086	17001405	16364797
北京 Beijing	319093	57043	48959	52135
天津 Tianjin	341370	57615	52073	56781
河北 Hebei	5749771	1175176	1062444	1022095
山西 Shanxi	2290089	497377	475190	453328
内蒙古 Inner Mongolia	1611285	346553	330425	320057
辽宁 Liaoning	2256903	340529	312241	354431
吉林 Jilin	1489283	259876	237733	231942
黑龙江 Heilongjiang	2347887	419151	398919	408543
上海 Shanghai	404519	59386	49860	57126
江苏 Jiangsu	3641618	691722	638005	636937
浙江 Zhejiang	975162	168011	164848	185931
安徽 Anhui	4978850	1156332	1004535	972772
福建 Fujian	2681528	533660	547623	538513
江西 Jiangxi	3120336	687857	646570	618963
山东 Shandong	6849171	1467053	1363630	1338859
河南 Henan	7805938	1678428	1564458	1559726
湖北 Hubei	4786560	965649	863189	824321
湖南 Hunan	5363051	997430	940434	936336
广东 Guangdong	6350926	1181638	1156957	1128028
广西 Guangxi	5317426	1256793	1077431	966821
海南 Hainan	865384	209313	176485	156374
四川 Sichuan	6345779	1256495	1010152	998234
贵州 Guizhou	3655207	916833	704983	616384
云南 Yunnan	3825973	902622	751584	670971
西藏 Tibet	138204	63525	33005	21940
陕西 Shaanxi	2678581	614582	521143	461893
甘肃 Gansu	2042091	605914	425788	367366
青海 Qinghai	309031	93421	59761	54944
宁夏 Ningxia	523636	153750	102100	91322
新疆 Xinjiang	1535382	353352	280880	261724

毕业班学生数(县镇)

Next Year in Primary Schools (County Seats & Towns)

单位:人

生数 四年级 Grade 4	五年级 Grade 5	六年级 Grade 6	毕业班学生数 Graduates for Next Year
15955328	14526368	7585050	13789463
57134	54880	48942	48976
63080	57903	53918	53918
983647	850115	656294	755759
441403	388125	34666	383652
319069	276056	19125	273565
412689	415320	421693	422245
246858	245228	267646	267646
415035	396694	309545	386752
76868	90584	70695	71532
673918	648704	352332	625354
202470	175922	77980	166650
953817	873069	18325	873495
486312	399413	176007	385550
587617	553672	25657	554129
1322408	1220092	137129	1215395
1541230	1416873	45223	1409238
808616	780960	543825	742084
929755	829737	729359	773804
1060876	977832	845595	852555
868335	755441	392605	715146
132071	109538	81603	86577
1121441	1063049	896408	916947
529812	465934	421261	438018
600797	526333	373666	492415
9985	5809	3940	3968
411676	362199	307088	307088
325402	257586	60035	249879
50214	42296	8395	40409
84390	69982	22092	75414
238403	217022	184001	201303

小学在校学生数和

Enrolment and Number of Graduates for

地区 Region	在校学生 Enrolment 合计 Total	一年级 Grade 1	二年级 Grade 2	三年级 Grade 3
总计 Total	78327773	14994905	13319619	13159550
北京 Beijing	998828	159086	146610	163608
天津 Tianjin	872225	137155	137789	154181
河北 Hebei	6630382	1268245	1164414	1146294
山西 Shanxi	606673	110836	104700	104858
内蒙古 Inner Mongolia	474545	79708	79696	78889
辽宁 Liaoning	3660300	550055	515788	598656
吉林 Jilin	2564279	436493	404774	409345
黑龙江 Heilongjiang	3071808	497159	478782	511049
上海 Shanghai	1140429	180382	164328	190729
江苏 Jiangsu	3849504	647047	564635	598001
浙江 Zhejiang	1971861	315580	295535	341300
安徽 Anhui	644284	112364	101158	106785
福建 Fujian	1771736	307377	318873	318411
江西 Jiangxi	234416	32893	34527	44125
山东 Shandong	1219680	186313	188430	206977
河南 Henan	852791	154194	140604	148933
湖北 Hubei	4891864	957963	857186	826788
湖南 Hunan	6554543	1197637	1130013	1117805
广东 Guangdong	7981372	1479156	1436259	1405245
广西 Guangxi	3778279	857419	716189	639284
海南 Hainan	998641	231839	197166	177927
四川 Sichuan	8656154	1680218	1349667	1349667
贵州 Guizhou	4325994	1067200	824105	726751
云南 Yunnan	3588577	798915	684999	614371
西藏 Tibet	152269	50688	32251	23574
陕西 Shaanxi	3788295	845941	718261	647695
甘肃 Gansu	781898	158995	133505	131420
青海 Qinghai	207035	47413	34391	33682
宁夏 Ningxia	211275	40450	33635	32346
新疆 Xinjiang	1847836	406184	331349	310854

毕业班学生数(农村)

Next Year in Primary Schools (Rural)

单位:人

生数 四年级 Grade 4	五年级 Grade 5	六年级 Grade 6	毕业班学生数 Graduates for Next Year
15955328	14526368	7585050	13789463
57134	54880	48942	48976
63080	57903	53918	53918
983647	850115	656294	755759
441403	388125	34666	383652
319069	276056	19125	273565
412689	415320	421693	422245
246858	245228	267646	267646
415035	396694	309545	386752
76868	90584	70695	71532
673918	648704	352332	625354
202470	175922	77980	166650
953817	873069	18325	873495
486312	399413	176007	385550
587617	553672	25657	554129
1322408	1220092	137129	1215395
1541230	1416873	45223	1409238
808616	780960	543825	742084
929755	829737	729359	773804
1060876	977832	845595	852555
868335	755441	392605	715146
132071	109538	81603	86577
1121441	1063049	896408	916947
529812	465934	421261	438018
600797	526333	373666	492415
9985	5809	3940	3968
411676	362199	307088	307088
325402	257586	60035	249879
50214	42296	8395	40409
84390	69982	22092	75414
238403	217022	184001	201303

六年制小学在校学生

Enrolment and Number of Graduates for

地区 Region	在校学生 Enrolment 合计 Total	一年级 Grade 1	二年级 Grade 2	三年级 Grade 3
总计 Total	78327773	14994905	13319619	13159550
北京 Beijing	998828	159086	146610	163608
天津 Tianjin	872225	137155	137789	154181
河北 Hebei	6630382	1268245	1164414	1146294
山西 Shanxi	606673	110836	104700	104858
内蒙古 Inner Mongolia	474545	79708	79696	78889
辽宁 Liaoning	3660300	550055	515788	598656
吉林 Jilin	2564279	436493	404774	409345
黑龙江 Heilongjiang	3071808	497159	478782	511049
上海 Shanghai	1140429	180382	164328	190729
江苏 Jiangsu	3849504	647047	564635	598001
浙江 Zhejiang	1971861	315580	295535	341300
安徽 Anhui	644284	112364	101158	106785
福建 Fujian	1771736	307377	318873	318411
江西 Jiangxi	234416	32893	34527	44125
山东 Shandong	1219680	186313	188430	206977
河南 Henan	852791	154194	140604	148933
湖北 Hubei	4891864	957963	857186	826788
湖南 Hunan	6554543	1197637	1130013	1117805
广东 Guangdong	7981372	1479156	1436259	1405245
广西 Guangxi	3778279	857419	716189	639284
海南 Hainan	998641	231839	197166	177927
四川 Sichuan	8656154	1680218	1349667	1349667
贵州 Guizhou	4325994	1067200	824105	726751
云南 Yunnan	3588577	798915	684999	614371
西藏 Tibet	152269	50688	32251	23574
陕西 Shaanxi	3788295	845941	718261	647695
甘肃 Gansu	781898	158995	133505	131420
青海 Qinghai	207035	47413	34391	33682
宁夏 Ningxia	211275	40450	33635	32346
新疆 Xinjiang	1847836	406184	331349	310854

数和毕业班学生数

Next Year in 6-year Primary Schools

单位:人

生 数			
四 年 级 Grade 4	五 年 级 Grade 5	六 年 级 Grade 6	毕业班学生数 Graduates for Next Year
13311624	12359076	11182999	11182999
186711	185381	157432	157432
167101	148932	127067	127067
1145603	1015075	890751	890751
107579	95914	82786	82786
82911	79421	73920	73920
697839	660262	637700	637700
443184	422080	448403	448403
556873	525557	502388	502388
220002	220749	164239	164239
690433	708089	641299	641299
384207	335511	299728	299728
112251	109018	102708	102708
307853	271024	248198	248198
41580	39949	41342	41342
223693	217098	197169	197169
150393	139383	119284	119284
786987	756626	706314	706314
1122992	1032904	953192	953192
1332189	1236303	1092220	1092220
579178	515551	470658	470658
153100	131978	106631	106631
1539280	1473548	1263774	1263774
636013	552801	519124	519124
551681	488809	449802	449802
18993	14822	11941	11941
590583	531487	454328	454328
128210	121172	108596	108596
33248	30278	28023	28023
32642	32869	39333	39333
288315	266485	244649	244649

小学在校学生数和毕业

Number of Female Students

地区 Region	在校学 Enrolment			
	合计 Total	一年级 Grade 1	二年级 Grade 2	三年级 Grade 3
总计 Total	56856011	11707097	10440928	10172203
北京 Beijing	484032	76983	71282	78838
天津 Tianjin	421459	66643	66825	74015
河北 Hebei	3588088	707969	643824	627050
山西 Shanxi	1462200	310516	295830	283994
内蒙古 Inner Mongolia	1116952	229781	219103	217692
辽宁 Liaoning	1796848	281811	260081	291314
吉林 Jilin	1245245	215035	198472	199884
黑龙江 Heilongjiang	1819396	317810	301232	314379
上海 Shanghai	551345	88210	79992	91258
江苏 Jiangsu	2755539	511001	459125	466012
浙江 Zhejiang	1682480	289098	286065	318703
安徽 Anhui	2747192	635797	546804	530668
福建 Fujian	1648752	333834	336947	330869
江西 Jiangxi	1918569	436336	401299	377703
山东 Shandong	3912047	828222	775559	764635
河南 Henan	4412535	944084	875447	875223
湖北 Hubei	2875562	577949	519218	495142
湖南 Hunan	3229693	600856	561187	556270
广东 Guangdong	3740733	707332	677301	661948
广西 Guangxi	2688603	631778	542283	487000
海南 Hainan	467679	112067	93309	82700
四川 Sichuan	4101235	797673	644073	639295
贵州 Guizhou	1796029	455791	350693	303289
云南 Yunnan	1995853	478282	391396	347255
西藏 Tibet	77725	29819	16712	11320
陕西 Shaanxi	1777455	401589	338457	303520
甘肃 Gansu	1095805	309867	223809	194964
青海 Qinghai	199789	53226	36654	34155
宁夏 Ningxia	288581	77194	55142	49597
新疆 Xinjiang	958590	200544	172807	163511

班学生总数中女生数

in Primary Schools

单位:人

生 数			
四 年 级 Grade 4	五 年 级 Grade 5	六 年 级 Grade 6	毕业班学生数 Graduates for Next Year
10136410	9228025	5171348	8503691
90156	90380	76393	76428
80589	71916	61471	61494
626704	554904	427637	492598
282606	250603	38651	228481
221300	193791	35285	184838
338362	320920	304360	308441
215485	204507	211862	213467
333160	309656	243159	297623
105517	106941	79427	79924
512811	502260	304330	468381
346789	300058	141767	280767
516795	468991	48137	421700
296630	240037	110435	224269
357261	326988	18982	314257
756125	694282	93224	681767
869769	791680	56332	776568
489460	470414	323379	440707
558571	509835	442974	467009
623174	573084	497894	501228
438724	380012	208806	340746
71689	60718	47196	49491
734495	700611	585088	595751
260078	226874	199304	205690
310101	269351	199468	253121
8239	6669	4966	4960
276087	247444	210358	210542
174465	143486	49214	127705
32685	29885	13184	29387
46882	40999	18767	41921
161701	140729	119298	124430

小学教职

Number of Teachers, Staff & Workers

地区 Region	教职 Teachers, Staff 合计 Total	专任教师 Full-time Teachers	行政人员 Adm. Personnel	工勤人员 Workers
总计 Total	6199027	5526491	487132	155826
北京 Beijing	71066	57510	10170	2551
天津 Tianjin	59781	49030	7545	2591
河北 Hebei	291521	269130	17936	3649
山西 Shanxi	183121	167090	12080	3569
内蒙古 Inner Mongolia	174681	155243	10746	7924
辽宁 Liaoning	248454	210141	30269	4690
吉林 Jilin	177937	146337	21319	7888
黑龙江 Heilongjiang	251133	216377	23236	10426
上海 Shanghai	75882	58418	12332	3329
江苏 Jiangsu	307762	266616	26781	8583
浙江 Zhejiang	150978	136259	10998	2283
安徽 Anhui	293867	268443	20976	3661
福建 Fujian	176710	154807	19795	1901
江西 Jiangxi	239863	224322	10882	4279
山东 Shandong	450396	416662	23260	8989
河南 Henan	403286	375459	22578	4633
湖北 Hubei	336728	296386	22079	16256
湖南 Hunan	321656	300390	12326	8168
广东 Guangdong	343299	289920	47107	5840
广西 Guangxi	227628	196118	25929	4781
海南 Hainan	48406	41261	4638	2481
四川 Sichuan	478593	424047	35728	17167
贵州 Guizhou	182398	166769	13243	2291
云南 Yunnan	192227	175321	12602	4233
西藏 Tibet	9659	8647	369	618
陕西 Shaanxi	195881	178648	14001	2856
甘肃 Gansu	133231	126073	4905	2055
青海 Qinghai	28499	26507	1153	689
宁夏 Ningxia	30790	27831	1988	962
新疆 Xinjiang	113594	96729	10161	6483

工 数（总 计）

in Primary Schools (Regional Aggregates)

单位:人

工 数 & Workers		代课教师 Substitute Teachers	临时工 Temporary Workers
校办工厂、农场职工 Employees in School-run Factories & Farms			
计 Total	其中:由厂、场收入支付工资的职工 Employees maintained by income of school-run businesses		
29578	11574	593328	90514
835	300	3507	5414
615	52	1453	673
806	418	59809	2543
382	163	14563	2286
768	346	4435	1450
3354	2725	6346	2791
2393	2041	9951	357
1094	573	14502	5654
1803	0	781	1565
5782	1858	17964	4611
1438	399	26249	3633
787	222	13041	2707
207	10	24773	1350
380	229	11520	3158
1485	315	12335	1161
616	111	65486	8479
2007	821	6207	2784
772	133	25282	2616
432	135	36967	6060
800	90	80334	2301
26	4	6692	701
1651	168	36333	10624
95	55	22920	2568
71	8	43919	5174
25	0	1531	899
376	89	18436	3453
198	114	5063	1034
150	110	436	748
9	4	3594	1366
221	81	18899	2354

小学教职

Number of Teachers, Staff & Workers

地区 Region	教职 Teachers, Staff			
	合计 Total	专任教师 Full-time Teachers	行政人员 Adm. Personnel	工勤人员 Workers
总计 Total	873695	733463	92535	34162
北京 Beijing	36585	29191	5201	1521
天津 Tianjin	29680	23268	4316	1677
河北 Hebei	45463	39424	4275	1500
山西 Shanxi	26691	22339	2751	1430
内蒙古 Inner Mongolia	24791	21165	2297	976
辽宁 Liaoning	65033	52090	8327	2363
吉林 Jilin	39100	29839	5191	1967
黑龙江 Heilongjiang	51492	41068	6508	3309
上海 Shanghai	39173	29460	7414	1911
江苏 Jiangsu	43798	36994	3879	1001
浙江 Zhejiang	21387	18830	1456	437
安徽 Anhui	30323	27223	2019	825
福建 Fujian	14252	12571	1415	226
江西 Jiangxi	16749	15194	1036	451
山东 Shandong	55793	48033	5219	1606
河南 Henan	43027	36713	4295	1640
湖北 Hubei	56924	48459	5221	2595
湖南 Hunan	34199	30497	2267	1197
广东 Guangdong	45264	38393	5434	1279
广西 Guangxi	15638	13604	1363	608
海南 Hainan	2471	2205	174	92
四川 Sichuan	43387	36303	4282	2312
贵州 Guizhou	12886	11256	1226	372
云南 Yunnan	9106	8026	776	293
西藏 Tibet	898	789	42	50
陕西 Shaanxi	28223	23959	3160	899
甘肃 Gansu	15512	13746	1082	562
青海 Qinghai	3832	3517	240	74
宁夏 Ningxia	3968	3501	259	204
新疆 Xinjiang	18050	15806	1410	785

工 数（城 市）

in Primary Schools (Urban)

单位:人

工 数 & Workers		代课教师 Substitute Teachers	临 时 工 Temporary Workers
校办工厂、农场职工 Employees in School-run Factories & Farms			
计 Total	其中:由厂、场收入支付工资的职工 Employees maintained by income of school-run businesses		
13535	7716	23605	13456
672	277	370	2638
419	46	127	302
264	115	2989	658
171	87	1180	591
353	160	321	355
2253	2010	291	1063
2103	1926	418	73
607	368	773	365
388	0	643	1377
1924	1393	926	426
664	250	712	447
256	77	1125	156
40	0	187	46
68	11	69	85
935	237	869	216
379	76	1809	468
649	249	855	773
238	85	539	232
158	73	4268	871
63	21	947	156
0	0	105	33
490	78	830	677
32	21	654	155
11	0	64	48
17	0	92	29
205	46	1798	779
122	98	163	162
1	0	57	61
4	4	182	46
49	8	242	168

小学教职

Number of Teachers, Staff & Workers

地区 Region	教职 Teachers, Staff			
	合计 Total	专任教师 Full-time Teachers	行政人员 Adm. Personnel	工勤人员 Workers
总计 Total	942314	824553	77111	33740
北京 Beijing	13198	10800	1933	403
天津 Tianjin	7610	6380	877	294
河北 Hebei	43092	38972	3003	856
山西 Shanxi	23504	20986	1725	715
内蒙古 Inner Mongolia	31585	25883	2781	2682
辽宁 Liaoning	25052	21114	2618	700
吉林 Jilin	36916	28372	5586	2712
黑龙江 Heilongjiang	43883	35740	4860	2939
上海 Shanghai	6791	4891	1218	357
江苏 Jiangsu	81988	70770	6725	2730
浙江 Zhejiang	90290	81590	6599	1479
安徽 Anhui	31621	28700	2057	613
福建 Fujian	31610	27048	3888	585
江西 Jiangxi	46363	43128	2061	1043
山东 Shandong	32702	29729	1879	944
河南 Henan	44003	39801	2873	1202
湖北 Hubei	25396	22327	1540	1183
湖南 Hunan	45608	42392	1839	1224
广东 Guangdong	31025	26906	3213	806
广西 Guangxi	20541	17800	1671	985
海南 Hainan	5599	4711	381	507
四川 Sichuan	101058	86830	8883	4730
贵州 Guizhou	24924	22472	1882	538
云南 Yunnan	27272	24179	2152	912
西藏 Tibet	3222	2700	201	321
陕西 Shaanxi	32370	29162	2440	670
甘肃 Gansu	10906	9927	515	429
青海 Qinghai	5802	5306	289	191
宁夏 Ningxia	4003	3559	248	194
新疆 Xinjiang	14380	12378	1174	796

工 数（县镇）

in Primary Schools (County Seats & Towns)

单位:人

工 数 & Workers		代课教师 Substitute Teachers	临 时 工 Temporary Workers
校办工厂、农场职工 Employees in School-run Factories & Farms			
计 Total	其中:由厂、场收入支付工资的职工 Employees maintained by income of school-run businesses		
6910	2050	52866	11292
62	6	923	922
59	2	190	156
261	146	4144	392
78	3	986	258
239	105	1120	318
620	452	132	144
246	82	1410	125
344	173	1139	440
325	0	25	84
1763	306	4499	1067
622	139	14684	2022
251	98	1407	379
89	7	1707	233
131	88	1763	475
150	39	243	156
127	22	2976	518
346	199	289	224
153	3	2016	272
100	16	1613	436
85	29	1271	90
0	0	127	95
615	55	4187	975
32	14	1537	218
29	6	1588	345
0	0	351	301
98	36	1674	276
35	12	161	75
16	12	123	102
2	0	73	86
32	0	508	108

小学教职

Number of Teachers, Staff & Workers

地区 Region	教职 Teachers, Staff			
	合计 Total	专任教师 Full-time Teachers	行政人员 Adm. Personnel	工勤人员 Workers
总计 Total	4383018	3968475	317486	87924
北京 Beijing	21283	17519	3036	627
天津 Tianjin	22491	19382	2352	620
河北 Hebei	202966	190734	10658	1293
山西 Shanxi	132926	123765	7604	1424
内蒙古 Inner Mongolia	118305	108195	5668	4266
辽宁 Liaoning	158369	136937	19324	1627
吉林 Jilin	101921	88126	10542	3209
黑龙江 Heilongjiang	155758	139569	11868	4178
上海 Shanghai	29918	24067	3700	1061
江苏 Jiangsu	181976	158852	16177	4852
浙江 Zhejiang	39301	35839	2943	367
安徽 Anhui	231923	212520	16900	2223
福建 Fujian	130848	115188	14492	1090
江西 Jiangxi	176751	166000	7785	2785
山东 Shandong	361901	338900	16162	6439
河南 Henan	316256	298945	15410	1791
湖北 Hubei	254408	225600	15318	12478
湖南 Hunan	241849	227501	8220	5747
广东 Guangdong	267010	224621	38460	3755
广西 Guangxi	191449	164714	22895	3188
海南 Hainan	40336	34345	4083	1882
四川 Sichuan	334148	300914	22563	10125
贵州 Guizhou	144588	133041	10135	1381
云南 Yunnan	155849	143116	9674	3028
西藏 Tibet	5539	5158	126	247
陕西 Shaanxi	135288	125527	8401	1287
甘肃 Gansu	106813	102400	3308	1064
青海 Qinghai	18865	17684	624	424
宁夏 Ningxia	22819	20771	1481	564
新疆 Xinjiang	81164	68545	7577	4902

工数（农村）

in Primary Schools (Rural)

单位:人

工数 & Workers		代课教师 Substitute Teachers	临时工 Temporary Workers
校办工厂、农场职工 Employees in School-run Factories & Farms			
计 Total	其中:由厂、场收入支付工资的职工 Employees maintained by income of school-run businesses		
9133	1808	516857	65766
101	17	2214	1854
137	4	1136	215
281	157	52676	1493
133	73	12397	1437
176	81	2994	777
481	263	5923	1584
44	33	8123	159
143	32	12590	4849
1090	0	113	104
2095	159	12539	3118
152	10	10853	1164
280	47	10509	2172
78	3	22879	1071
181	130	9688	2598
400	39	11223	789
110	13	60701	7493
1012	373	5063	1787
381	45	22727	2112
174	46	31086	4753
652	40	78116	2055
26	4	6460	573
546	35	31316	8972
31	20	20729	2195
31	2	42267	4781
8	0	1088	569
73	7	14964	2398
41	4	4739	797
133	98	256	585
3	0	3339	1234
140	73	18149	2078

小学教职工总数

Number of Female Teachers, Staff &

地区 Region	教职 Teachers, Staff			
	合计 Total	专任教师 Full－time Teachers	行政人员 Adm. Personnel	工勤人员 Workers
总计 Total	2628041	2458464	97551	60836
北京 Beijing	50864	43644	5260	1595
天津 Tianjin	39959	34719	3695	1367
河北 Hebei	148881	143976	3485	1120
山西 Shanxi	101118	97204	2550	1206
内蒙古 Inner Mongolia	80759	75006	2775	2650
辽宁 Liaoning	143564	129681	10043	1792
吉林 Jilin	94899	84700	6504	2569
黑龙江 Heilongjiang	139973	125811	9174	4385
上海 Shanghai	51474	41904	6916	1990
江苏 Jiangsu	116332	107934	3541	3205
浙江 Zhejiang	75152	71962	1625	1153
安徽 Anhui	89225	85902	1793	1316
福建 Fujian	73302	70711	1609	951
江西 Jiangxi	85981	82614	1491	1699
山东 Shandong	165850	159008	4174	2172
河南 Henan	160911	155363	4112	1234
湖北 Hubei	125303	115661	3687	5263
湖南 Hunan	139115	133820	2090	2964
广东 Guangdong	133859	125973	4253	3498
广西 Guangxi	72419	68282	1967	1904
海南 Hainan	14755	12808	259	1674
四川 Sichuan	194981	181045	6888	6572
贵州 Guizhou	54586	51808	1824	914
云南 Yunnan	65045	60870	1782	2381
西藏 Tibet	3042	2782	89	165
陕西 Shaanxi	78257	75185	2142	812
甘肃 Gansu	37867	36409	646	719
青海 Qinghai	12033	11451	278	266
宁夏 Ningxia	12166	11385	280	499
新疆 Xinjiang	66369	60846	2619	2801

中女教职工数

Workers in Primary Schools

单位:人

工 数 & Workers		代课教师 Substitute Teachers	临时工 Temporary Workers
校办工厂、农场职工 Employees in School-run Factories & Farms			
计 Total	其中:由厂、场收入支付工资的职工 Employees maintained by income of school-run businesses		
11190	5977	285595	40957
365	145	2978	2683
178	6	982	181
300	180	41266	1161
158	80	10293	1208
328	203	2559	617
2048	1827	3606	1208
1126	964	5387	191
603	349	8344	2562
664	0	9	0
1652	918	9630	2059
412	131	18232	2333
214	81	5925	1234
31	1	13756	780
177	137	4288	1492
496	101	5967	307
202	43	28580	4242
692	350	2081	1053
241	71	10018	1015
135	51	21449	3316
266	25	31874	1168
14	2	2599	399
476	89	10604	3591
40	9	7595	1087
12	2	14011	2754
6	0	373	256
118	55	9315	1598
93	78	1599	386
38	27	225	184
2	0	1565	875
103	52	10485	1017

小学学龄儿童

Net Enrolment Rate of School－age

地　区 Region		校内外七至十一周岁学龄儿童总数 Total Number of 7－11year old School－age Children	小　学　在　校 Breakdown of		
			合　计 Total	不足七周岁 Under 7 years	计 Total
总　计	**Total**	99670949	108469923	991530	97633555
北　京	Beijing	833959	937877	106816	831061
天　津	Tianjin	718721	798221	35743	700472
河　北	Hebei	6096457	6937019	610	6022417
山　西	Shanxi	2757398	2806255	9866	2731872
内蒙古	Inner Mongolia	2039297	2109766	0	2002047
辽　宁	Liaoning	2931588	3472679	0	2910287
吉　林	Jilin	2002113	2384205	0	1979235
黑龙江	Heilongjiang	3014858	3435969	0	2970043
上　海	Shanghai	934402	1058869	157387	901482
江　苏	Jiangsu	4692351	5248319	64375	4666462
浙　江	Zhejiang	3086791	3209656	0	3009811
安　徽	Anhui	4877893	4918779	46482	4804271
福　建	Fujian	2994466	3179986	13608	2978901
江　西	Jiangxi	3516220	3527194	20755	3471830
山　东	Shandong	7146696	7413627	183162	7048508
河　南	Henan	7960154	7973728	18031	7861569
湖　北	Hubei	4835412	5576175	250995	4771605
湖　南	Hunan	6497787	6399603	20818	6378785
广　东	Guangdong	6253944	7347207	0	6217887
广　西	Guangxi	4871650	5305994	3268	4768597
海　南	Hainan	814799	937924	0	803310
四　川	Sichuan	7067195	7846833	0	6858770
贵　州	Guizhou	3398955	3698902	0	3171850
云　南	Yunnan	3483868	3809631	6614	3340839
西　藏	Tibet	270362	165821	0	149856
陕　西	Shaanxi	3059455	3510753	53000	3011918
甘　肃	Gansu	1997319	2030830	0	1914114
青　海	Qinghai	380046	358743	0	328609
宁　夏	Ningxia	517331	514600	0	488574
新　疆	Xinjiang	1560344	1747470	0	1512557

入学率情况

Children in Primary Schools

单位:人

学生年龄分组 Students by age						学龄儿童入学率(%) Net Enrolment Rate of School-age Children
学龄儿童 School-age Children					十二周岁及以上 12 years and over	
七周岁 7 years	八周岁 8 years	九周岁 9 years	十周岁 10 years	十一周岁 11 years		
19403512	19310538	19707482	20873169	18338854	9844838	97.96
141959	152258	174133	188091	174620	0	99.65
124472	133909	148901	159926	133264	62006	97.46
1214176	1194641	1188780	1286581	1138239	913992	98.79
556651	567955	553823	571792	481651	64517	99.07
346227	409835	411360	449925	384700	107719	98.17
489298	496110	584254	711231	629394	562392	99.27
384893	375951	390885	438817	388689	404970	98.86
533871	555542	600785	670595	609250	465926	98.51
156256	172068	199530	216890	156738	0	96.48
865906	847269	914170	1075769	963348	517482	99.45
525460	579321	664485	727876	512669	199845	97.51
965885	946613	956113	989452	946208	68026	98.49
628468	617817	620152	632591	479873	187477	99.48
726400	730727	707676	697752	609275	34609	98.74
1430354	1413683	1438307	1512725	1253439	181957	98.63
1507905	1522391	1634782	1668270	1528221	94128	98.76
989518	968999	960225	983185	869678	553575	98.68
1078302	1078222	1110276	1165117	1032747	914121	98.49
1232342	1269512	1257598	1258055	1200380	1129320	99.42
1037880	1020560	951784	921120	837253	534129	97.88
161194	167667	165679	162656	146114	134614	98.59
1382395	1177859	1306446	1609842	1382228	988063	97.05
669450	662692	634790	630035	574883	527052	93.32
677300	682640	665942	697572	617385	462178	95.89
32725	34267	31979	27908	22977	15965	55.43
651043	644388	600510	586503	529474	445835	98.45
416424	405294	373633	377188	341575	116716	95.83
61645	60234	64272	74004	68454	30134	86.47
100000	100209	94949	101170	92246	26026	94.44
315113	321905	301263	303879	270397	234913	96.94

小学女学龄儿童

Net Enrolment Rate of Female School-age

地　区 Region	校内外七至十一周岁学龄儿童总数 Total Number of 7-11year old School-age Children	小　学　在　校 Breakdown of		
		合　计 Total	不足七周岁 Under 7 years	计 Total
总　计　Total	47488984	51083757	485787	46054912
北　京　Beijing	399743	447786	52583	395203
天　津　Tianjin	348287	387151	17576	339360
河　北　Hebei	2962585	3345432	301	2910429
山　西　Shanxi	1321029	1340452	4741	1306089
内蒙古　Inner Mongolia	976576	1003368	0	952322
辽　宁　Liaoning	1426703	1676812	0	1408964
吉　林　Jilin	965084	1149777	0	954181
黑龙江　Heilongjiang	1460993	1665884	0	1441271
上　海　Shanghai	453325	513232	76724	436508
江　苏　Jiangsu	2243277	2485722	31517	2213023
浙　江　Zhejiang	1470740	1525909	0	1429616
安　徽　Anhui	2267225	2266586	21365	2215620
福　建　Fujian	1419794	1502527	6679	1410337
江　西　Jiangxi	1648572	1636219	10206	1609971
山　东　Shandong	3424136	3535910	89066	3360853
河　南　Henan	3833032	3802941	8950	3748931
湖　北　Hubei	2296373	2622915	125585	2248583
湖　南　Hunan	3062199	3000387	10047	2990340
广　东　Guangdong	2948520	3448610	0	2926706
广　西　Guangxi	2272813	2430371	1577	2194205
海　南　Hainan	377350	430016	0	371263
四　川　Sichuan	3388125	3696346	0	3237687
贵　州　Guizhou	1599541	1596708	0	1380677
云　南　Yunnan	1634820	1750536	3376	1539687
西　藏　Tibet	130547	69029	0	62090
陕　西　Shaanxi	1457851	1656766	25494	1424612
甘　肃　Gansu	938018	917289	0	864806
青　海　Qinghai	184081	161664	0	148841
宁　夏　Ningxia	250858	236771	0	225373
新　疆　Xinjiang	762875	850765	0	737566

入学率情况

Children in Primary Schools

单位:人

学生年龄分组 Students by age						学龄儿童入学率(%) Net Enrolment Rate of School-age Children
学龄儿童 School-age Children					十二周岁及以上 12 years and over	
七周岁 7 years	八周岁 8 years	九周岁 9 years	十周岁 10 years	十一周岁 11 years		
9218763	9127207	9319526	9827366	8562050	4543058	96.98
68747	75657	83393	90889	76517	0	98.86
60493	64967	72422	77588	63890	30215	97.44
589812	579136	573999	620041	547441	434702	98.24
266750	269869	264665	273927	230878	29622	98.87
164618	195244	195523	214954	181983	51046	97.52
235817	239765	283738	345557	304087	267848	98.76
184362	181655	189938	211504	186722	195596	98.87
259538	270022	291366	325358	294987	224613	98.65
76096	83707	96024	104986	75695	0	96.29
414575	401811	434953	510036	451648	241182	98.65
247300	273145	315589	348944	244638	96293	97.20
453043	438860	440391	453863	429463	29601	97.72
299183	294270	294492	298511	223881	85511	99.33
342801	340080	329659	318842	278589	16042	97.66
685450	676076	691559	719579	588189	85991	98.15
723471	725448	782631	790901	726480	45060	97.81
470185	459880	456936	460496	401086	248747	97.92
514452	513464	527332	536310	477166	421616	97.98
585206	596791	592172	590036	562501	521904	99.26
483784	473125	437128	424041	376127	234589	96.54
74979	78122	76566	75136	66460	58753	98.39
653696	556280	617928	758788	650995	458659	95.56
300886	286981	276794	274926	241090	216031	86.32
317941	317038	306905	319131	278672	207473	94.18
12338	15228	13307	11283	9934	6939	47.56
314010	305459	282835	275918	246390	206660	97.72
188498	183682	170785	169397	152444	52483	92.20
28620	27400	29159	33213	30449	12823	80.86
46805	46937	43924	46174	41533	11398	89.84
155307	157108	147413	147209	130529	113199	96.68

特殊教育学校基本情况(包括盲

Basic Statistics of Special Education Schools (Including

地 区 Region	学校数(所) Schools	班 数(个) Classes		毕业生数 Graduates		
		小 学 Primary Schools	初 中 Junior Sec. Schools	计 Total	小 学 Primary Schools	初 中 Junior Sec. Schools
总 计 Total	1027	7598	353	8936	7705	1231
北 京 Beijing	19	230	27	869	747	122
天 津 Tianjin	19	123	15	174	133	41
河 北 Hebei	63	276	3	226	214	12
山 西 Shanxi	35	227	7	349	304	45
内蒙古 Inner Mongolia	17	120	6	128	97	31
辽 宁 Liaoning	74	707	30	645	509	136
吉 林 Jilin	34	375	24	424	319	105
黑龙江 Heilongjiang	71	575	23	715	659	56
上 海 Shanghai	48	285	63	306	157	149
江 苏 Jiangsu	118	1054	42	852	752	100
浙 江 Zhejiang	47	294	0	346	323	23
安 徽 Anhui	25	150	10	147	127	20
福 建 Fujian	26	186	1	974	899	75
江 西 Jiangxi	15	104	2	171	157	14
山 东 Shandong	107	759	26	706	669	37
河 南 Henan	83	337	9	251	225	26
湖 北 Hubei	50	270	16	228	200	28
湖 南 Hunan	30	142	9	200	130	70
广 东 Guangdong	27	266	11	105	91	14
广 西 Guangxi	22	127	0	129	126	3
海 南 Hainan	1	6	0	0	0	0
四 川 Sichuan	77	361	12	302	268	34
贵 州 Guizhou	20	90	0	61	61	0
云 南 Yunnan	9	109	12	218	182	36
西 藏 Tibet	0	0	0	0	0	0
陕 西 Shaanxi	18	135	0	146	119	27
甘 肃 Gansu	9	83	1	62	48	14
青 海 Qinghai	2	25	0	15	15	0
宁 夏 Ningxia	5	129	0	30	30	0
新 疆 Xinjiang	6	53	4	157	144	13

聋哑学校及弱智儿童辅读学校)

Schools for the Blind, the Deaf-mute & the Retarded)

单位:人

招生数 Students Admitted			在校学生数 Enrolment			教职工数 Teachers, Staff & Workers	
计 Total	小学 Primary Schools	初中 Junior Sec. Schools	计 Total	小学 Primary Schools	初中 Junior Sec. Schools	计 Total	其中:专任教师 Of which: Full-time Teachers
29545	27915	1630	129455	124352	5103	26978	18537
1239	994	245	7372	6793	579	786	570
311	254	57	2446	2296	150	627	434
1082	1068	14	4164	4118	46	878	644
960	926	34	3248	3138	110	794	559
334	324	10	1174	1128	46	403	286
1219	1173	46	7874	7446	428	2364	1723
1023	872	151	5348	5026	322	1614	1064
1513	1440	73	8979	8698	281	2487	1678
854	678	176	3820	3173	647	1240	720
5313	5198	115	19224	18872	352	3415	2263
918	914	4	6907	6847	60	963	735
615	597	18	2624	2476	148	554	393
2567	2295	272	10016	9396	620	589	469
410	410	0	1484	1460	24	278	226
2798	2755	43	11634	11373	261	3194	1955
1504	1484	20	5153	5039	114	1381	959
815	757	58	3252	3129	123	965	658
797	704	93	3193	2877	316	657	474
723	713	10	4798	4736	62	629	455
821	821	0	2785	2773	12	267	207
38	38	0	104	104	0	33	13
1484	1441	43	5175	5072	103	1091	864
256	255	1	1031	1015	16	262	210
551	445	106	1966	1793	173	317	223
0	0	0	0	0	0	0	0
749	730	19	3155	3096	59	474	311
149	149	0	972	957	15	255	171
111	111	0	369	369	0	76	56
272	272	0	564	564	0	100	63
119	97	22	624	588	36	285	154

特殊教育学校中盲

Basic Statistics of Schools for

地区 Region	学校数(所) Schools	班数(个) Classes		毕业生数 Graduates		
		小学 Primary Schools	初中 Junior Sec. Schools	计 Total	小学 Primary Schools	初中 Junior Sec. Schools
总计 Total	754	4479	308	5255	4270	985
北京 Beijing	7	76	24	143	56	87
天津 Tianjin	6	46	15	99	58	41
河北 Hebei	44	180	3	135	125	10
山西 Shanxi	14	129	7	279	234	45
内蒙古 Inner Mongolia	14	79	6	92	61	31
辽宁 Liaoning	52	387	28	439	319	120
吉林 Jilin	25	290	24	413	308	105
黑龙江 Heilongjiang	65	494	23	586	530	56
上海 Shanghai	21	113	49	219	95	124
江苏 Jiangsu	68	460	26	580	496	84
浙江 Zhejiang	37	243	0	248	248	0
安徽 Anhui	18	114	10	147	127	20
福建 Fujian	12	84	1	134	134	0
江西 Jiangxi	9	46	2	80	66	14
山东 Shandong	85	450	26	344	307	37
河南 Henan	61	268	9	211	185	26
湖北 Hubei	44	204	16	147	119	28
湖南 Hunan	27	123	7	113	67	46
广东 Guangdong	10	94	3	72	58	14
广西 Guangxi	11	33	0	30	30	0
海南 Hainan	1	6	0	0	0	0
四川 Sichuan	69	198	12	134	100	34
贵州 Guizhou	9	40	0	54	54	0
云南 Yunnan	7	63	12	218	182	36
西藏 Tibet	0	0	0	0	0	0
陕西 Shaanxi	18	112	0	82	82	0
甘肃 Gansu	8	59	1	61	47	14
青海 Qinghai	2	17	0	14	14	0
宁夏 Ningxia	4	19	0	24	24	0
新疆 Xinjiang	6	52	4	157	144	13

注:本表不包括普校附设的盲聋哑班的学生数

Nomber of students in the blind and deaf-mute classes attached to regular schools are not included.

聋哑学校基本情况

the Blind & the Deaf－mute

单位:人

招生数 Students Admitted			在校学生数 Enrolment			教职工数 Teachers Staff & Workers	
计 Total	小学 Primary Schools	初中 Junior Sec. Schools	计 Total	小学 Primary Schools	初中 Junior Sec. Schools	计 Total	其中:专任教师 Of which: Full－time Teachers
12801	11675	1126	60781	57186	3595	20766	13380
282	160	122	1188	898	290	382	245
161	104	57	661	511	150	334	225
673	660	13	2311	2268	43	692	469
474	440	34	2090	1980	110	624	407
191	181	10	823	777	46	318	209
768	722	46	5089	4680	409	1775	1257
661	510	151	3972	3650	322	1414	899
883	821	62	5597	5332	265	2359	1559
335	172	163	1663	1178	485	955	516
1065	970	95	6653	6346	307	2312	1251
693	693	0	3754	3733	21	814	603
424	406	18	2042	1894	148	486	329
277	264	13	1251	1238	13	344	240
144	144	0	712	688	24	163	116
1282	1243	39	6071	5819	252	2410	1399
1228	1208	20	3782	3668	114	1192	809
562	504	58	2459	2336	123	853	558
532	488	44	1992	1890	102	609	431
309	299	10	1278	1245	33	336	230
130	130	0	392	392	0	107	71
38	38	0	77	77	0	33	13
518	475	43	2010	1907	103	753	560
96	96	0	460	449	11	161	118
361	255	106	1186	1013	173	258	176
0	0	0	0	0	0	0	0
373	373	0	1380	1380	0	417	290
108	108	0	731	716	15	236	154
54	54	0	238	238	0	64	44
60	60	0	306	306	0	82	50
119	97	22	613	577	36	283	152

成人高等学校基本情况(总计)(不包

Basic Statistics of Adult Higher Educational

(Evening Schools & Divisions of Correspondence run by Regular

地区 Region	学校数(所) Schools		本专科学生数 Undergraduate Students				校 Teachers,		
	计 Total	其中:中央部委所属学校数 Inst. Under Central Ministries & Agencies	毕业生数 Graduates	招生数 Students Admitted	在校学生数 Enrolment	合计 Total	计 Subtotal	专任 Full-time	
								小计 Subtotal	教授 Prof.
总计 Total	1198	279	290939	342350	814372	205893	194926	88857	443
北京 Beijing	90	43	11468	12517	52277	17612	16843	6551	102
天津 Tianjin	46	6	7530	9910	25282	7373	7238	3164	17
河北 Hebei	45	14	14655	17260	38380	10255	9231	3990	5
山西 Shanxi	35	7	7953	6848	17947	7166	6807	2644	9
内蒙古 Inner Mongolia	23	3	6186	5229	14323	4313	4203	2071	5
辽宁 Liaoning	70	24	15574	18725	47517	12834	12530	5658	27
吉林 Jilin	46	10	11163	8792	22172	6540	6354	3118	20
黑龙江 Heilongjiang	86	19	15255	15980	42584	13300	12701	6034	12
上海 Shanghai	67	10	6898	7759	20415	13055	12190	5662	21
江苏 Jiangsu	64	13	12652	14012	35702	11314	10611	5398	20
浙江 Zhejiang	38	4	4609	10262	22159	4151	4034	2017	8
安徽 Anhui	27	6	7842	9627	22507	4529	4311	1955	7
福建 Fujian	20	1	4476	5920	13958	2375	2310	1115	7
江西 Jiangxi	27	4	8099	8203	20309	4559	3990	1894	6
山东 Shandong	54	15	24382	27452	57834	12883	11446	5017	19
河南 Henan	53	15	12325	15939	36573	8929	8518	4196	20
湖北 Hubei	63	16	19991	15849	37938	11235	10650	4761	19
湖南 Hunan	41	8	17650	20201	45689	5930	5509	2532	15
广东 Guangdong	56	6	23171	22745	50454	8760	8632	3897	46
广西 Guangxi	24	0	7597	12871	27697	4341	4161	2022	3
海南 Hainan	5	0	1419	943	2716	456	455	243	1
四川 Sichuan	78	21	22898	39702	83442	13102	12439	5695	32
贵州 Guizhou	17	3	4235	5032	10514	2995	2937	1349	7
云南 Yunnan	20	5	4064	4652	8810	2794	2680	1212	1
西藏 Tibet	0	0	0	0	0	0		00	0
陕西 Shaanxi	43	16	7075	9959	23238	7204	6557	3059	4
甘肃 Gansu	21	9	3066	4328	8630	2199	2140	1114	4
青海 Qinghai	3	0	687	855	1744	603	603	311	1
宁夏 Ningxia	5	0	1511	1648	4278	871	847	377	0
新疆 Xinjiang	29	3	6508	9130	19283	4215	3999	1801	5

括普通高等学校函授部、夜大学)

Institutions (Regional Aggregates)

Institutions of Higher Education are not included in Aggregates)

单位:人

教职工数 Teachers, Staff & Workers										兼任教师 Part-time Teachers
本部教职工 Staff & Workers in the School Proper							科研机构人员 Personnel in Affiliated Research Org.	校办厂、场职工 Employees in School-run Factories, Farms	附设机构人员 Personnel in Other Subsidiary Units	
教师 Teachers				教辅人员 Supporting Staff	行政人员 Adm. Personnel	工勤人员 Workers				
副教授 Asso. Prof.	讲师 Lecturers	助教 Assistants	教员 Instructors							
13201	33994	29625	11594	22030	51261	32778	1388	6123	3456	22792
1032	2335	1773	1309	2494	5188	2610	103	411	255	3060
453	1262	1252	180	833	2038	1203	38	97	0	1165
666	1455	1477	387	981	2439	1821	56	729	239	301
421	802	1040	372	673	1631	1859	9	237	113	283
364	583	964	155	560	1035	537	22	56	32	124
779	2246	1952	654	1234	3096	2542	40	175	89	744
552	1275	960	311	665	1562	1009	73	107	6	284
1042	2622	1819	539	1414	2913	2340	319	224	56	953
678	2789	1128	1046	1580	2792	2156	141	427	297	474
702	2358	1645	673	1055	2648	1510	22	508	173	865
294	863	658	194	464	1001	552	0	77	40	838
308	737	686	217	442	1209	705	11	32	175	685
160	453	345	150	209	735	251	4	61	0	891
288	649	762	189	511	976	609	19	400	150	961
636	1611	2136	615	1397	3090	1942	47	1162	228	945
585	1542	1539	510	893	2296	1133	24	348	39	1115
684	1700	1671	687	1259	2834	1796	107	241	237	532
461	1021	738	297	569	1457	951	13	40	368	1220
638	1685	1101	427	923	2431	1381	60	27	41	2031
295	743	794	187	402	1008	729	69	47	64	425
30	89	99	24	39	92	81	1	0	0	36
1001	2052	1626	984	1225	3538	1981	78	246	339	2482
149	470	512	211	378	803	407	14	33	11	408
132	384	514	181	258	741	469	27	37	50	100
0	0	0	0	0	0	0	0	0	0	0
346	1057	1066	586	761	1863	874	19	353	275	1171
146	391	393	180	199	517	310	0	29	30	79
23	107	87	93	55	103	134	0	0	0	51
45	128	145	59	94	221	155	5	0	19	113
291	585	743	177	463	1004	731	67	19	130	456

成人高等学校本、专科学生数(总计)

Number of Students in Adult Higher Educational
(Evening Schools & Divisions of Correspondence run by

地区 Region	毕业生数 Graduates			招生数 Students Admitted		
	计 Total	本科 Normal Courses	专科 Short-cycle Courses	计 Total	本科 Normal Courses	专科 Short-cycle Courses
总计 Total	122202	109671	11235	145842	12832	133010
北京 Beijing	1809	615	1194	1997	775	1222
天津 Tianjin	2047	325	1722	3119	401	2718
河北 Hebei	6873	214	6659	7530	457	7073
山西 Shanxi	2413	447	1966	1684	528	1156
内蒙古 Inner Mongolia	2432	22	2410	1523	255	1268
辽宁 Liaoning	6885	654	6231	8156	1325	6831
吉林 Jilin	6368	197	6171	3201	66	3135
黑龙江 Heilongjiang	6066	560	5506	7107	411	6696
上海 Shanghai	886	867	19	1254	751	503
江苏 Jiangsu	5510	430	5080	7369	242	7127
浙江 Zhejiang	1678	563	1115	6892	646	6246
安徽 Anhui	2852	460	2392	3098	706	2392
福建 Fujian	2243	128	2115	3600	243	3357
江西 Jiangxi	3671	994	2677	3850	488	3362
山东 Shandong	12493	1218	11275	11010	821	10189
河南 Henan	4856	721	4135	7395	888	6507
湖北 Hubei	11876	816	11060	6562	756	5806
湖南 Hunan	8394	1561	6833	9929	1776	8153
广东 Guangdong	9254	748	8506	9594	1445	8149
广西 Guangxi	3464	46	3418	4774	156	4618
海南 Hainan	243	73	170	188	18	170
四川 Sichuan	8509	381	8128	19302	956	18346
贵州 Guizhou	2289	0	2289	2619	124	2495
云南 Yunnan	1956	0	1956	3032	0	3032
西藏 Tibet	0	0	0	0	0	0
陕西 Shaanxi	2504	369	2135	4365	388	3977
甘肃 Gansu	1963	108	1855	2207	172	2035
青海 Qinghai	236	26	210	289	6	283
宁夏 Ningxia	466	18	448	636	47	589
新疆 Xinjiang	1966	51	1915	3560	42	3518

(不包括普通高等学校函授部、夜大学)

Institutions by Type of Courses (Regional Aggregates)
Institutions of Higher Education are not included in Aggregates)

单位:人

在校学生数 Enrolment			毕业班学生数 Graduates for Next Year		
计 Total	本科 Normal Courses	专科 Short-cycle Courses	计 Total	本科 Normal Courses	专科 Short-cycle Courses
335531	29789	305742	108843	9775	99068
5024	2421	2603	1361	849	512
7921	808	7113	1975	141	1834
17442	922	16520	5406	374	5032
4613	1207	3406	1689	445	1244
4288	671	3617	1805	227	1578
21172	2758	18414	6188	497	5691
7450	596	6854	2093	338	1755
18368	702	17666	7133	237	6896
2738	2578	160	680	918	238
17832	871	16961	5040	363	4677
14426	1262	13164	4084	312	3772
8569	1392	7177	2493	507	1986
8572	549	8023	2760	237	2523
10107	1109	8998	3215	488	2727
24468	1756	22712	8407	384	8023
17143	1734	15409	4717	454	4263
17705	1826	15879	9683	775	8908
20694	4110	16584	8160	1339	6821
22413	2722	19691	6777	509	6268
11213	831	10382	2847	189	2658
412	105	307	200	87	113
37819	2745	350741	0812	727	10085
5618	147	5471	2064	0	2064
5484	0	5484	1825	0	1825
0	0	0	0	0	0
10799	810	9989	3263	333	2930
4319	279	4040	1487	83	1404
488	42	446	133	36	97
1731	109	1622	603	62	541
6703	206	6497	1943	164	1779

广播电视大

Basic Statistics of

地　区 Region	学校数(所) Schools 计 Total	其中:中央部委所属学校数 Inst. under Central Ministries & Agencies	本专科学生数 Undergraduate Students 毕业生数 Graduates	招生数 Students Admitted	在校学生数 Enrolment	合　计 Total	校 Teachers, 计 Subtotal	专　任 Full-time 小　计 Subtotal	教　授 Prof.
总　计　Total	44	1	122202	145842	335531	38596	36989	15563	13
北　京　Beijing	2	1	1809	1997	5024	1203	985	377	0
天　津　Tianjin	1	0	2047	3119	7921	1285	1277	478	1
河　北　Hebei	1	0	6873	7530	17442	1807	1749	743	1
山　西　Shanxi	1	0	2413	1684	4613	560	560	142	0
内蒙古　Inner Mongolia	1	0	2432	1523	4288	960	924	350	0
辽　宁　Liaoning	3	0	6885	8156	21172	1928	1925	809	0
吉　林　Jilin	2	0	6368	3201	7450	861	861	381	3
黑龙江　Heilongjiang	2	0	6066	7107	18368	3074	2984	1265	0
上　海　Shanghai	1	0	886	1254	2738	333	288	78	0
江　苏　Jiangsu	2	0	5510	7369	17832	3729	3378	1717	0
浙　江　Zhejiang	2	0	1678	6892	14426	1339	1314	657	0
安　徽　Anhui	1	0	2852	3098	8569	656	615	173	0
福　建　Fujian	2	0	2243	3600	8572	740	733	276	0
江　西　Jiangxi	1	0	3671	3850	10107	801	796	346	1
山　东　Shandong	2	0	12493	11010	24468	4116	3671	1617	1
河　南　Henan	1	0	4856	7395	17143	2188	2154	1032	1
湖　北　Hubei	2	0	11876	6562	17705	2460	2382	1005	0
湖　南　Hunan	1	0	8394	9929	20694	993	990	342	1
广　东　Guangdong	3	0	9254	9594	22413	2307	2304	915	2
广　西　Guangxi	1	0	3464	4774	11213	742	742	318	0
海　南　Hainan	1	0	243	188	412	96	95	57	0
四　川　Sichuan	3	0	8509	19302	37819	1301	1222	321	1
贵　州　Guizhou	1	0	2289	2619	5618	948	936	428	1
云　南　Yunnan	1	0	1956	3032	5484	570	545	233	0
西　藏　Tibet	0	0	0	0	0	0	0	0	0
陕　西　Shaanxi	2	0	2504	4365	10799	2043	2009	951	0
甘　肃　Gansu	1	0	1963	2207	4319	171	171	53	0
青　海　Qinghai	1	0	236	289	488	86	86	21	0
宁　夏　Ningxia	1	0	466	636	1731	290	290	114	0
新　疆　Xinjiang	1	0	1966	3560	6703	1009	1003	364	0

学 基 本 情 况

Radio/ TV Universities

单位:人

教职工数 Teachers, Staff & Workers										兼任教师 Part－time Teachers
本部教职工 Staff & Workers in the School Proper							科研机构人员 Personnel in Affiliated Research Org.	校办厂，场职工 Employees in School－run Factories，Farms	附设机构人员 Personnel in Other Subsidiary Units	
教师 Teachers				教辅人员 Supporting Staff	行政人员 Adm. Personnel	工勤人员 Workers				
副教授 Asso. Prof.	讲师 Lecturers	助教 Assistants	教员 Instructors							
1743	5836	5803	2168	5085	11926	4415	53	959	595	12335
64	204	90	19	97	409	102	7	43	168	338
69	184	197	27	127	468	204	0	8	0	674
96	250	299	97	267	525	214	9	45	4	161
15	36	84	7	115	216	87	0	0	0	128
43	80	182	45	166	277	131	0	36	0	31
92	350	327	40	266	675	175	0	1	2	87
64	185	109	20	176	251	53	0	0	0	118
165	490	383	227	431	888	400	0	54	36	722
14	50	10	4	86	82	42	0	45	0	0
115	708	631	263	341	911	409	5	220	126	351
70	264	257	66	180	347	130	0	24	1	455
17	66	75	15	95	289	58	0	3	38	504
20	116	99	41	71	332	54	0	7	0	405
47	138	144	16	182	192	76	5	0	0	848
164	499	707	246	575	1051	428	0	342	103	770
132	409	379	111	285	623	214	18	0	16	918
131	357	323	194	251	759	367	0	73	5	391
57	121	119	44	165	348	135	0	3	0	827
96	345	316	156	324	768	297	0	3	0	1178
39	115	128	36	48	269	107	0	0	0	347
7	22	22	6	11	15	12	1	0	0	0
42	157	113	8	165	612	124	0	31	48	1514
33	137	159	98	100	328	80	0	8	4	320
8	70	111	44	29	216	67	4	7	14	25
0	0	0	0	0	0	0	0	0	0	0
90	298	293	270	292	591	175	4	0	30	1015
8	16	29	0	28	82	8	0	0	0	0
1	8	12	0	11	34	20	0	0	0	36
11	40	53	10	40	94	42	0	0	0	60
33	121	152	58	161	274	204	0	6	0	112

Number of Students in Radio/TV

地区 Region	毕业生数 Graduates			招生数 Students Admitted		
	计 Total	本科 Normal Courses	专科 Short-cycle Courses	计 Total	本科 Normal Courses	专科 Short-cycle Courses
总计 Total	122202	0	122202	145842	0	145842
北京 Beijing	1809	0	1809	1997	0	1997
天津 Tianjin	2047	0	2047	3119	0	3119
河北 Hebei	6873	0	6873	7530	0	7530
山西 Shanxi	2413	0	2413	1684	0	1684
内蒙古 Inner Mongolia	2432	0	2432	1523	0	1523
辽宁 Liaoning	6885	0	6885	8156	0	8156
吉林 Jilin	6368	0	6368	3201	0	3201
黑龙江 Heilongjiang	6066	0	6066	7107	0	7107
上海 Shanghai	886	0	886	1254	0	1254
江苏 Jiangsu	5510	0	5510	7369	0	7369
浙江 Zhejiang	1678	0	1678	6892	0	6892
安徽 Anhui	2852	0	2852	3098	0	3098
福建 Fujian	2243	0	2243	3600	0	3600
江西 Jiangxi	3671	0	3671	3850	0	3850
山东 Shandong	12493	0	12493	11010	0	11010
河南 Henan	4856	0	4856	7395	0	7395
湖北 Hubei	11876	0	11876	6562	0	6562
湖南 Hunan	8394	0	8394	9929	0	9929
广东 Guangdong	9254	0	9254	9594	0	9594
广西 Guangxi	3464	0	3464	4774	0	4774
海南 Hainan	243	0	243	188	0	188
四川 Sichuan	8509	0	8509	19302	0	19302
贵州 Guizhou	2289	0	2289	2619	0	2619
云南 Yunnan	1956	0	1956	3032	0	3032
西藏 Tibet	0	0	0	0	0	0
陕西 Shaanxi	2504	0	2504	4365	0	4365
甘肃 Gansu	1963	0	1963	2207	0	2207
青海 Qinghai	236	0	236	289	0	289
宁夏 Ningxia	466	0	466	636	0	636
新疆 Xinjiang	1966	0	1966	3560	0	3560

本、专科学生数

Universities by Type of Courses

单位:人

在校学生数 Enrolment			毕业班学生数 Graduates for Next Year		
计 Total	本科 Normal Courses	专科 Short-cycle Courses	计 Total	本科 Normal Courses	专科 Short-cycle Courses
335531	0	335531	108843	0	108843
5024	0	5024	1361	0	1361
7921	0	7921	1975	0	1975
17442	0	17442	5406	0	5406
4613	0	4613	1689	0	1689
4288	0	4288	1805	0	1805
21172	0	21172	6188	0	6188
7450	0	7450	2093	0	2093
18368	0	18368	7133	0	7133
2738	0	2738	680	0	680
17832	0	17832	5040	0	5040
14426	0	14426	4084	0	4084
8569	0	8569	2493	0	2493
8572	0	8572	2760	0	2760
10107	0	10107	3215	0	3215
24468	0	24468	8407	0	8407
17143	0	17143	4717	0	4717
17705	0	17705	9683	0	9683
20694	0	20694	8160	0	8160
22413	0	22413	6777	0	6777
11213	0	11213	2847	0	2847
412	0	412	200	0	200
37819	0	37819	10812	0	10812
5618	0	5618	2064	0	2064
5484	0	5484	1825	0	1825
0	0	0	0	0	0
10799	0	10799	3263	0	3263
4319	0	4319	1487	0	1487
488	0	488	133	0	133
1731	0	1731	603	0	603
6703	0	6703	1943	0	1943

职工高等学

Basic Statistics of

地区 Region	学校数(所) Schools		本专科学生数 Undergraduate Students						
	计 Total	其中:中央部委所属学校数 Inst. Under Central Ministries & Agencies	毕业生数 Graduates	招生数 Students Admitted	在校学生数 Enrolment	合计 Total	校 Teachers,		
							计 Subtotal	专任 Full-time	
								小计 Subtotal	教授 Prof.
总计 Total	702	209	63403	84616	230115	80754	76165	36059	144
北京 Beijing	50	11	5005	5180	34253	8114	7852	3244	28
天津 Tianjin	36	3	4167	5301	13644	4088	4013	1985	8
河北 Hebei	20	7	1896	2894	6591	3334	3208	1380	2
山西 Shanxi	16	4	1227	1519	4034	2243	2111	936	4
内蒙古 Inner Mongolia	9	3	1011	925	2935	836	816	404	0
辽宁 Liaoning	54	23	6008	7457	19742	8351	8123	3666	18
吉林 Jilin	27	7	2965	3755	10719	2296	2262	1141	1
黑龙江 Heilongjiang	56	17	4663	5540	16487	5571	5458	2662	8
上海 Shanghai	48	10	4617	5279	14590	8679	8094	3631	10
江苏 Jiangsu	40	9	3539	4040	10411	3249	3054	1670	5
浙江 Zhejiang	26	3	601	1452	3042	1126	1104	567	2
安徽 Anhui	15	6	1272	1980	4464	1660	1634	820	1
福建 Fujian	9	0	1269	1213	2986	409	409	251	3
江西 Jiangxi	15	3	1342	1823	4686	1351	1308	727	0
山东 Shandong	28	13	3253	6370	13861	4929	4112	1724	1
河南 Henan	28	11	2341	4073	8487	2460	2422	1293	7
湖北 Hubei	38	13	2049	2919	6979	4248	3960	1801	8
湖南 Hunan	24	7	3729	3981	9289	2702	2285	1173	0
广东 Guangdong	27	5	4948	5815	13029	2263	2245	1162	29
广西 Guangxi	9	0	1005	1405	3376	984	919	500	1
海南 Hainan	2	0	92	102	237	76	76	37	0
四川 Sichuan	45	19	3041	5045	11594	5299	4827	2381	6
贵州 Guizhou	6	3	308	714	1484	544	535	242	1
云南 Yunnan	12	5	207	441	810	825	806	360	0
西藏 Tibet	0	0	0	0	0	0	0	0	0
陕西 Shaanxi	30	16	799	1674	4175	2909	2367	1084	1
甘肃 Gansu	15	9	433	1112	2654	1079	1043	612	0
青海 Qinghai	0	0	29	87	192	132	132	89	0
宁夏 Ningxia	3	0	293	514	1322	300	293	142	0
新疆 Xinjiang	14	2	1294	2006	4042	697	697	375	0

校基本情况

Workers' Colleges

单位：人

教职工数 Teachers, Staff & Workers										兼任教师 Part-time Teachers
本部教职工 Staff & Workers in the School Proper							科研机构人员 Personnel in Affiliated Research Org.	校办厂、场职工 Employees in School-run Factories, Farms	附设机构人员 Personnel in Other Subsidiary Units	
教师 Teachers				教辅人员 Supporting Staff	行政人员 Adm. Personnel	工勤人员 Workers				
副教授 Asso. Prof.	讲师 Lecturers	助教 Assistants	教员 Instructors							
4615	13782	11369	6149	8527	18532	13047	394	2500	1695	8584
399	958	778	1081	1393	2410	805	38	218	6	2288
269	745	831	132	429	1014	585	14	61	0	467
222	464	531	161	330	707	791	24	60	42	95
126	297	326	183	255	455	465	5	26	101	129
54	138	184	28	83	228	101	0	18	2	62
460	1398	1217	573	819	1708	1930	15	162	51	587
142	465	359	174	211	513	397	7	21	6	126
400	1136	861	257	543	1210	1043	17	85	11	207
328	1990	872	431	890	2029	1544	89	199	297	333
209	730	377	349	313	710	361	1	186	8	417
101	267	137	60	108	292	137	0	21	1	294
101	348	257	113	168	367	279	0	12	14	164
27	113	85	23	28	111	19	0	0	0	225
91	252	292	92	130	302	149	6	24	13	78
180	561	692	290	526	1050	812	31	696	90	154
190	465	441	190	275	500	354	6	30	2	196
207	619	659	308	486	981	692	12	100	176	61
179	438	363	193	207	510	395	12	37	368	365
198	473	297	165	190	589	304	17	1	0	784
71	187	202	39	111	139	169	5	44	16	40
6	13	16	2	4	17	18	0	0	0	30
297	734	605	739	397	1301	748	72	116	284	791
41	79	89	32	60	141	92	0	9	0	78
49	111	130	70	93	194	159	12	7	0	69
0	0	0	0	0	0	0	0	0	0	0
130	403	326	224	284	598	401	11	338	193	114
53	211	209	139	108	200	123	0	29	7	74
9	25	27	28	9	17	17	0	0	0	15
16	30	51	45	23	48	80	0	0	7	53
60	132	155	28	54	191	77	0	0	0	288

职工高等学校

Number of Students in Workers'

地　区 Region	毕业生数 Graduates			招生数 Students Admitted		
	计 Total	本　科 Normal Courses	专　科 Short－cycle Courses	计 Total	本　科 Normal Courses	专　科 Short－cycle Courses
总　计 Total	63403	516	62887	84616	612	84004
北　京 Beijing	5005	34	4971	5180	17	5163
天　津 Tianjin	4167	55	4112	5301	67	5234
河　北 Hebei	1896	41	1855	2894	0	2894
山　西 Shanxi	1227	0	1227	1519	0	1519
内蒙古 Inner Mongolia	1011	0	1011	925	0	925
辽　宁 Liaoning	6008	125	5883	7457	221	7236
吉　林 Jilin	2965	63	2902	3755	66	3689
黑龙江 Heilongjiang	4663	0	4663	5540	0	5540
上　海 Shanghai	4617	165	4452	5279	241	5038
江　苏 Jiangsu	3539	0	3539	4040	0	4040
浙　江 Zhejiang	601	0	601	1452	0	1452
安　徽 Anhui	1272	0	1272	1980	0	1980
福　建 Fujian	1269	0	1269	1213	0	1213
江　西 Jiangxi	1342	0	1342	1823	0	1823
山　东 Shandong	3253	0	3253	6370	0	6370
河　南 Henan	2341	0	2341	4073	0	4073
湖　北 Hubei	2049	33	2016	2919	0	2919
湖　南 Hunan	3729	0	3729	3981	0	3981
广　东 Guangdong	4948	0	4948	5815	0	5815
广　西 Guangxi	1005	0	1005	1405	0	1405
海　南 Hainan	92	0	92	102	0	102
四　川 Sichuan	3041	0	3041	5045	0	5045
贵　州 Guizhou	308	0	308	714	0	714
云　南 Yunnan	207	0	207	441	0	441
西　藏 Tibet	0	0	0	0	0	0
陕　西 Shaanxi	799	0	799	1674	0	1674
甘　肃 Gansu	433	0	433	1112	0	1112
青　海 Qinghai	29	0	29	87	0	87
宁　夏 Ningxia	293	0	293	514	0	514
新　疆 Xinjiang	1294	0	1294	2006	0	2006

本、专科学生数

Colleges by Type of Courses

单位:人

在校学生数 Enrolment			毕业班学生数 Graduates for Next Year		
计 Total	本科 Normal Courses	专科 Short-cycle Courses	计 Total	本科 Normal Courses	专科 Short-cycle Courses
230115	24212	27694	61803	453	61350
34253	37	34216	4816	20	4796
13644	138	13506	4083	0	4083
6591	25	6566	1679	25	1654
4034	49	3985	1334	0	1334
2935	0	2935	980	0	980
19742	6451	9097	5415	79	5336
10719	2811	0438	3259	51	3208
16487	0	16487	4914	0	4914
14590	10641	3526	3737	257	3480
10411	0	10411	2793	0	2793
3042	0	3042	940	0	940
4464	0	4464	1252	0	1252
2986	0	2986	842	0	842
4686	0	4686	1472	0	1472
13861	0	13861	3660	0	3660
8487	0	8487	2488	0	2488
6979	134	6845	1924	21	1903
9289	0	9289	3637	0	3637
13029	48	12981	4117	0	4117
3376	0	3376	949	0	949
237	0	237	85	0	85
11594	0	11594	3283	0	3283
1484	0	1484	522	0	522
810	0	810	207	0	207
0	0	0	0	0	0
4175	0	4175	1093	0	1093
2654	0	2654	708	0	708
192	0	192	49	0	49
1322	0	1322	488	0	488
4042	0	4042	1077	0	1077

农民高等学

Basic Statistics

地　区 Region	学校数(所) Schools		本专科学生数 Undergraduate Students				校 Teachers,		
	计 Total	其中:中央部委所属学校数 Inst. Under Central Ministries & Agencies	毕业生数 Graduates	招生数 Students Admitted	在校学生数 Enrolment	合　计 Total	计 Subtotal	专　任 Full-time	
								小计 Subtotal	教授 Prof.
总　计 Total	5	0	118	162	263	257	247	127	0
吉　林 Jilin	4	0	118	162	263	257	247	127	0
山　东 Shandong	1	0	0	0	0	0	0	0	0

注:农民高等学校都是专科学校学生数。

Note: All students in Peasants' colleges are enrolled in short-cycle courses.

独立函授学

Basic Statistics of

地　区 Region	学校数(所) Schools		本专科学生数 Undergraduate Students				校 Teachers,		
	计 Total	其中:中央部委所属学校数 Inst. Under Central Ministries & Agencies	毕业生数 Graduates	招生数 Students Admitted	在校学生数 Enrolment	合　计 Total	计 Subtotal	专　任 Full-time	
								小计 Subtotal	教授 Prof.
总　计 Total	4	2	4814	5209	12505	869	869	524	4
北　京 Beijing	2	2	379	617	1830	157	157	112	2
湖　北 Hubei	1	0	793	805	2161	40	40	36	1
四　川 Sichuan	1	0	3299	3634	8153	672	672	376	1

独立函授学院

Number of Students in Independent

地　区 Region	毕业生数 Graduates			招生数 Students Admitted		
	计 Total	本科 Normal Courses	专科 Short-cycle Courses	计 Total	本科 Normal Courses	专科 Short-cycle Courses
总　计 Total	4814	118	4696	5209	66	5143
北　京 Beijing	379	118	261	617	66	551
湖　北 Hubei	793	0	793	805	0	805
四　川 Sichuan	3299	0	3299	3634	0	3634

校基本情况
of Peasants' Colleges

单位:人

教职工数 Teachers, Staff & Workers										
本部教职工 Staff & Workers in the School Proper							科研机构人员 Personnel in Affiliated Research Org.	校办厂、场职工 Employees in School-run Factories, Farms	附设机构人员 Personnel in Other Subsidiary Units	兼任教师 Part-time Teachers
教师 Teachers				教辅人员 Supporting Staff	行政人员 Adm. Personnel	工勤人员 Workers				
副教授 Asso. Prof.	讲师 Lecturers	助教 Assistants	教员 Instructors							
15	51	44	17	11	58	51	0	10	0	0
15	51	44	17	11	58	51	0	10	0	0
0	0	0	0	0	0	0	0	0	0	0

院基本情况
Independent Correspondence Colleges

单位:人

教职工数 Teachers, Staff & Workers										
本部教职工 Staff & Workers in the School Proper							科研机构人员 Personnel in Affiliated Research Org.	校办厂、场职工 Employees in School-run Factories, Farms	附设机构人员 Personnel in Other Subsidiary Units	兼任教师 Part-time Teachers
教师 Teachers				教辅人员 Supporting Staff	行政人员 Adm. Personnel	工勤人员 Workers				
副教授 Asso. Prof.	讲师 Lecturers	助教 Assistants	教员 Instructors							
91	213	141	75	174	116	55	0	0	0	158
27	43	35	5	3	26	16	0	0	0	56
7	7	9	12	1	3	0	0	0	0	0
57	163	97	58	170	87	39	0	0	0	102

本、专科学生数
Correspondence Colleges by Type of Courses

单位:人

在校学生数 Enrolment			毕业班学生数 Graduates for Next Year		
计 Total	本科 Normal Courses	专科 Short-cycle Courses	计 Total	本科 Normal Courses	专科 Short-cycle Courses
12505	585	11920	3725	207	3518
1830	585	1245	403	207	196
2161	0	2161	718	0	718
8153	0	8153	2438	0	2438

教育学院

Basic Statistics of

地区 Region	学校数(所) Schools 计 Total	其中:中央部委所属学校数 Inst. Under Central Ministries & Agencies	本专科学生数 Undergraduate Students 毕业生数 Graduates	招生数 Students Admitted	在校学生数 Enrolment	合计 Total	校 Teachers, 计 Subtotal	专任 Full-time 小计 Subtotal	教授 Prof.
总计 Total	251	6	76513	76544	179190	46624	44193	22785	125
北京 Beijing	2	0	1120	850	3144	561	504	234	3
天津 Tianjin	1	0	669	405	1616	442	439	202	5
河北 Hebei	15	1	4745	5360	11456	2123	2099	1078	0
山西 Shanxi	11	0	3427	2828	7616	1937	1782	879	3
内蒙古 Inner Mongolia	10	0	2244	2237	5990	1965	1911	1051	4
辽宁 Liaoning	2	0	1419	1506	3384	1010	985	551	2
吉林 Jilin	7	0	1003	517	1833	1321	1243	839	5
黑龙江 Heilongjiang	19	2	3073	2065	5398	2790	2435	1457	1
上海 Shanghai	12	0	1173	769	2259	3231	3118	1680	10
江苏 Jiangsu	11	0	3009	1628	5637	2648	2508	1282	10
浙江 Zhejiang	6	0	2130	1570	4095	1028	992	537	5
安徽 Anhui	9	0	3337	4091	8594	1654	1511	772	5
福建 Fujian	5	0	388	414	1070	700	665	363	2
江西 Jiangxi	7	0	2380	1414	3524	1278	1189	573	4
山东 Shandong	16	2	6679	7926	15828	2659	2582	1294	14
河南 Henan	18	1	4585	3715	9513	2974	2644	1357	8
湖北 Hubei	13	0	4336	4201	8624	2346	2202	1096	3
湖南 Hunan	8	0	4170	4621	12479	1158	1157	557	7
广东 Guangdong	13	0	6545	5060	10637	2540	2480	1213	8
广西 Guangxi	10	0	2496	5773	11380	1736	1647	883	0
海南 Hainan	2	0	1084	653	2067	284	284	149	1
四川 Sichuan	18	0	6662	9103	21320	3352	3308	1610	10
贵州 Guizhou	6	0	1137	1267	2503	873	842	406	4
云南 Yunnan	6	0	1536	842	1968	1169	1099	512	1
西藏 Tibet	0	0	0	0	0	0	0	0	0
陕西 Shaanxi	6	0	3032	3125	6568	1446	1395	673	2
甘肃 Gansu	4	0	544	816	1332	724	701	343	3
青海 Qinghai	1	0	422	479	1064	385	385	201	1
宁夏 Ningxia	1	0	409	345	864	281	264	121	0
新疆 Xinjiang	12	0	2759	2964	7427	2009	1822	872	4

基本情况

Educational Colleges

单位:人

教职工数 Teachers, Staff & Workers										兼任教师 Part-time Teachers
本部教职工 Staff & Workers in the School Proper							科研机构人员 Personnel in Affiliated Research Org.	校办厂、场职工 Employees in School-run Factories, Farms	附设机构人员 Personnel in Other Subsidiary Units	
教师 Teachers				教辅人员 Supporting Staff	行政人员 Adm. Personnel	工勤人员 Workers				
副教授 Asso. Prof.	讲师 Lecturers	助教 Assistants	教员 Instructors							
4448	8593	7406	2213	4466	10163	6779	641	1064	726	746
72	105	47	7	63	136	71	10	40	7	0
48	94	47	8	79	109	49	3	0	0	0
202	391	416	69	192	523	306	0	6	18	9
164	266	388	58	157	453	293	4	139	12	24
206	295	469	77	208	387	265	22	2	30	18
130	285	117	17	52	248	134	10	0	15	0
221	321	213	79	70	206	128	31	47	0	0
347	696	377	36	227	456	295	290	59	6	24
308	587	179	596	497	529	412	20	93	0	79
241	589	413	29	227	560	439	9	92	39	52
89	239	179	25	133	176	146	0	32	4	70
158	273	269	67	140	351	248	3	17	123	17
72	131	75	83	58	171	73	0	35	0	248
109	179	224	57	149	249	218	0	2	87	10
241	427	548	64	229	627	432	4	49	24	1
199	450	528	172	158	811	318	0	309	21	1
226	381	370	116	272	521	313	68	36	40	68
148	249	109	44	115	300	185	1	0	0	8
232	583	321	69	245	579	443	30	0	30	9
141	308	355	79	147	346	271	64	3	22	4
17	54	61	16	24	60	51	0	0	0	6
397	594	496	113	329	812	557	0	40	4	37
51	167	140	44	143	183	110	8	16	7	3
66	168	227	50	136	249	202	11	23	36	6
0	0	0	0	0	0	0	0	0	0	0
92	224	281	74	123	408	191	0	15	36	22
71	135	102	32	41	171	146	0	0	23	5
13	74	48	65	35	52	97	0	0	0	0
18	58	41	4	31	79	33	5	0	12	0
169	270	366	63	186	411	353	48	9	130	25

教育学院本、

Number of Students in Educational

地区 Region	毕业生数 Graduates			招生数 Students Admitted		
	计 Total	本科 Normal Courses	专科 Short-cycle Courses	计 Total	本科 Normal Courses	专科 Short-cycle Courses
总计 Total	76513	10154	66359	76544	11836	64708
北京 Beijing	1120	364	756	850	603	247
天津 Tianjin	669	270	399	405	334	71
河北 Hebei	4745	173	4572	5360	435	4925
山西 Shanxi	3427	447	2980	2828	528	2300
内蒙古 Inner Mongolia	2244	22	2222	2237	255	1982
辽宁 Liaoning	1419	514	905	1506	1076	430
吉林 Jilin	1003	134	869	517	0	517
黑龙江 Heilongjiang	3073	560	2513	2065	411	1654
上海 Shanghai	1173	702	471	769	510	259
江苏 Jiangsu	3009	430	2579	1628	242	1386
浙江 Zhejiang	2130	563	1567	1570	646	924
安徽 Anhui	3337	460	2877	4091	706	3385
福建 Fujian	388	123	265	414	234	180
江西 Jiangxi	2380	976	1404	1414	426	988
山东 Shandong	6679	1026	5653	7926	538	7388
河南 Henan	4585	721	3864	3715	888	2827
湖北 Hubei	4336	775	3561	4201	723	3478
湖南 Hunan	4170	1527	2643	4621	1701	2920
广东 Guangdong	6545	748	5797	5060	1445	3615
广西 Guangxi	2496	25	2471	5773	151	5622
海南 Hainan	1084	73	1011	653	18	635
四川 Sichuan	6662	364	6298	9103	728	8375
贵州 Guizhou	1137	0	1137	1267	0	1267
云南 Yunnan	1536	0	1536	842	0	842
西藏 Tibet	0	0	0	0	0	0
陕西 Shaanxi	3032	369	2663	3125	388	2737
甘肃 Gansu	544	108	436	816	172	644
青海 Qinghai	422	26	396	479	6	473
宁夏 Ningxia	409	18	391	345	47	298
新疆 Xinjiang	2759	51	2708	2964	42	2922

专 科 学 生 数

Colleges by Type of Courses

单位:人

在校学生数 Enrolment			毕业班学生数 Graduates for Next Year		
计 Total	本科 Normal Courses	专科 Short-cycle Courses	计 Total	本科 Normal Courses	专科 Short-cycle Courses
179190	262181	52972	68233	8926	59307
3144	1645	1499	1285	557	728
1616	670	946	859	141	718
11456	8451	0611	3535	349	3186
7616	1158	6458	3801	445	3356
5990	671	5319	2611	227	2384
3384	2043	1341	1073	404	669
1833	315	1518	771	287	484
5398	702	4696	2296	237	2059
2259	1514	745	969	661	308
5637	871	4766	2492	363	2129
4095	1262	2833	1512	312	1200
8594	1392	7202	3120	507	2613
1070	534	536	516	231	285
3524	979	2545	1562	420	1142
15828	10271	4801	5114	298	4816
9513	1734	7779	4927	454	4473
8624	1645	6979	2818	740	2078
12479	4013	8466	4226	1317	2909
10637	2674	7963	4030	509	3521
11380	6471	0733	2945	238	2707
2067	105	1962	1068	87	981
21320	21861	9134	7699	589	7110
2503	0	2503	995	0	995
1968	0	1968	978	0	978
0	0	0	0	0	0
6568	810	5758	2260	333	1927
1332	279	1053	491	83	408
1064	42	1022	367	36	331
864	109	755	290	62	228
7427	206	7221	3623	164	3459

管理干部学

Basic Statistics of

地区 Region	学校数(所) Schools 计 Total	其中:中央部委所属学校数 Inst. Under Central Ministries & Agencies	本专科学生数 Undergraduate Students 毕业生数 Graduates	招生数 Students Admitted	在校学生数 Enrolment	合计 Total	校 Teachers, 计 Subtotal	专任 Full-time 小计 Subtotal	教授 Prof.
总计 Total	169	64	23889	29977	56768	38793	36463	13799	157
北京 Beijing	34	29	3155	3873	8026	7577	7345	2584	69
天津 Tianjin	8	3	647	1085	2101	1558	1509	499	3
河北 Hebei	9	6	1141	1476	2891	2991	2175	789	2
山西 Shanxi	7	4	886	817	1684	2426	2354	687	2
内蒙古 Inner Mongolia	2	0	499	544	1110	552	552	266	1
辽宁 Liaoning	7	1	1262	1606	3219	1545	1497	632	7
吉林 Jilin	6	3	709	1157	1907	1805	1741	630	11
黑龙江 Heilongjiang	10	0	1453	1268	2331	1865	1824	650	3
上海 Shanghai	5	0	222	457	828	812	690	273	1
江苏 Jiangsu	8	4	594	975	1822	1688	1671	729	5
浙江 Zhejiang	4	1	200	348	596	658	624	256	1
安徽 Anhui	2	0	381	458	880	559	551	190	1
福建 Fujian	4	1	576	693	1330	526	503	225	2
江西 Jiangxi	3	1	706	1116	1992	1129	697	248	1
山东 Shandong	5	0	1957	2146	3677	1179	1081	382	3
河南 Henan	4	3	543	756	1430	1307	1298	514	4
湖北 Hubei	9	4	937	1362	2469	2141	2066	823	7
湖南 Hunan	4	1	1357	1670	3227	1077	1077	460	7
广东 Guangdong	11	1	2424	2276	4375	1650	1603	607	7
广西 Guangxi	4	0	632	919	1728	879	853	321	2
海南 Hainan	0	0	0	0	0	0	0	0	0
四川 Sichuan	11	2	1387	2618	4556	2478	2410	1007	14
贵州 Guizhou	4	0	501	432	909	630	624	273	1
云南 Yunnan	1	0	365	337	548	230	230	107	0
西藏 Tibet	0	0	0	0	0	0	0	0	0
陕西 Shaanxi	4	0	740	795	1696	806	786	351	1
甘肃 Gansu	1	0	126	193	325	225	225	106	1
青海 Qinghai	0	0	0	0	0	0	0	0	0
宁夏 Ningxia	0	0	0	0	0	0	0	0	0
新疆 Xinjiang	2	0	489	600	1111	500	477	190	1

院基本情况

Institutes for Administration

单位:人

教职工数 Teachers, Staff & Workers — 本部教职工 Staff & Workers in the School Proper — 教师 Teachers: 副教授 Asso. Prof.	讲师 Lecturers	助教 Assistants	教员 Instructors	教辅人员 Supporting Staff	行政人员 Adm. Personnel	工勤人员 Workers	科研机构人员 Personnel in Affiliated Research Org.	校办厂、场职工 Employees in School-run Factories, Farms	附设机构人员 Personnel in Other Subsidiary Units	兼任教师 Part-time Teachers
2289	5519	4862	972	3767	10466	8431	300	1590	440	969
470	1025	823	197	938	2207	1616	48	110	74	378
67	239	177	13	198	447	365	21	28	0	24
146	350	231	60	192	684	510	23	618	175	36
116	203	242	124	146	507	1014	0	72	0	2
61	70	129	5	103	143	40	0	0	0	13
97	213	291	24	97	465	303	15	12	21	70
110	253	235	21	197	534	380	35	29	0	40
130	300	198	19	213	359	602	12	26	3	0
28	162	67	15	107	152	158	32	90	0	62
137	331	224	32	174	467	301	7	10	0	45
34	93	85	43	43	186	139	0	0	34	19
32	50	85	22	39	202	120	8	0	0	0
41	93	86	3	52	121	105	4	19	0	13
41	80	102	24	50	233	166	8	374	50	25
51	124	189	15	67	362	270	12	75	11	20
64	218	191	37	175	362	247	0	9	0	0
113	336	310	57	249	570	424	27	32	16	12
77	213	147	16	82	299	236	0	0	0	20
112	284	167	37	164	495	337	13	23	11	60
44	133	109	33	96	254	182	0	0	26	34
0	0	0	0	0	0	0	0	0	0	0
208	404	315	66	164	726	513	6	59	3	38
24	87	124	37	75	151	125	6	0	0	7
9	35	46	17	0	82	41	0	0	0	0
0	0	0	0	0	0	0	0	0	0	0
34	132	166	18	62	266	107	4	0	16	20
14	29	53	9	22	64	33	0	0	0	0
0	0	0	0	0	0	0	0	0	0	0
0	0	0	0	0	0	0	0	0	0	0
29	62	70	28	62	128	97	19	4	0	31

管理干部学院

Number of Students in Institutes for

地区 Region	毕业生数 Graduates			招生数 Students Admitted		
	计 Total	本科 Normal Courses	专科 Short-cycle Courses	计 Total	本科 Normal Courses	专科 Short-cycle Courses
总计 Total	23889	179	23710	29977	318	29659
北京 Beijing	3155	99	3056	3873	89	3784
天津 Tianjin	647	0	647	1085	0	1085
河北 Hebei	1141	0	1141	1476	22	1454
山西 Shanxi	886	0	886	817	0	817
内蒙古 Inner Mongolia	499	0	499	544	0	544
辽宁 Liaoning	1262	15	1247	1606	28	1578
吉林 Jilin	709	0	709	1157	0	1157
黑龙江 Heilongjiang	1453	0	1453	1268	0	1268
上海 Shanghai	222	0	222	457	0	457
江苏 Jiangsu	594	0	594	975	0	975
浙江 Zhejiang	200	0	200	348	0	348
安徽 Anhui	381	0	381	458	0	458
福建 Fujian	576	5	571	693	9	684
江西 Jiangxi	706	18	688	1116	62	1054
山东 Shandong	1957	47	1910	2146	0	2146
河南 Henan	543	0	543	756	0	756
湖北 Hubei	937	8	929	1362	33	1329
湖南 Hunan	1357	34	1323	1670	75	1595
广东 Guangdong	2424	0	2424	2276	0	2276
广西 Guangxi	632	0	632	919	0	919
海南 Hainan	0	0	0	0	0	0
四川 Sichuan	1387	0	1387	2618	0	2618
贵州 Guizhou	501	0	501	432	0	432
云南 Yunnan	365	0	365	337	0	337
西藏 Tibet	0	0	0	0	0	0
陕西 Shaanxi	740	0	740	795	0	795
甘肃 Gansu	126	0	126	193	0	193
青海 Qinghai	0	0	0	0	0	0
宁夏 Ningxia	0	0	0	0	0	0
新疆 Xinjiang	489	0	489	600	0	600

本、专科学生数

Administration by Type of Courses

单位:人

在校学生数 Enrolment			毕业班学生数 Graduates for Next Year		
计 Total	本科 Normal Courses	专科 Short-cycle Courses	计 Total	本科 Normal Courses	专科 Short-cycle Courses
56768	565	56203	23235	189	23046
8026	154	7872	3620	65	3555
2101	0	2101	592	0	592
2891	52	2839	1237	0	1237
1684	0	1684	862	0	862
1110	0	1110	512	0	512
3219	70	3149	1173	14	1159
1907	0	1907	750	0	750
2331	0	2331	1014	0	1014
828	0	828	164	0	164
1822	0	1822	640	0	640
596	0	596	263	0	263
880	0	880	301	0	301
1330	15	1315	622	6	616
1992	130	1862	825	68	757
3677	0	3677	1099	0	1099
1430	0	1430	673	0	673
2469	47	2422	908	14	894
3227	97	3130	1555	22	1533
4375	0	4375	1703	0	1703
1728	0	1728	672	0	672
0	0	0	0	0	0
4556	0	4556	1877	0	1877
909	0	909	424	0	424
548	0	548	211	0	211
0	0	0	0	0	0
1696	0	1696	901	0	901
325	0	325	132	0	132
0	0	0	0	0	0
0	0	0	0	0	0
1111	0	1111	505	0	505

普通高等学校举办函授

Number of Students by Type of Courses in Evening Schools & Divisions

地区 Region	函授部 Divisions of Correspondence								
	毕业生数 Graduates			招生数 Students Admitted			在校学生数 Enrolment		
	计 Total	本科 Normal Courses	专科 Short-cycle Courses	计 Total	本科 Normal Courses	专科 Short-cycle Courses	计 Total	本科 Normal Courses	专科 Short-cycle Courses
总计 Total	165832	39279	126553	178051	33920	144131	484020	106085	377935
北京 Beijing	15298	2693	12605	15980	2114	13866	44929	8140	36789
天津 Tianjin	2201	71	2130	2544	76	2468	5939	351	5588
河北 Hebei	4980	1754	3226	3919	1168	2751	10851	3275	7576
山西 Shanxi	5202	20	5182	3578	0	3578	11906	221	11685
内蒙古 Inner Mongolia	3187	0	3187	1317	260	1057	5126	1483	3643
辽宁 Liaoning	14414	4754	9660	10939	2538	8401	33746	7534	26212
吉林 Jilin	8617	3968	4649	8620	2451	6169	26735	9281	17454
黑龙江 Heilongjiang	6980	2636	4344	10798	2689	8109	27787	7062	20725
上海 Shanghai	6567	3256	3311	5875	2146	3729	19124	8787	10337
江苏 Jiangsu	8385	1538	6847	7107	975	6132	22734	3957	18777
浙江 Zhejiang	3218	551	2667	3800	714	3086	8943	1824	7119
安徽 Anhui	4919	208	4711	4913	808	4105	14168	2011	12157
福建 Fujian	1595	429	1166	2035	723	1312	9180	2113	7067
江西 Jiangxi	2887	1030	1857	3204	854	2350	9246	2616	6630
山东 Shandong	13664	4452	9212	17633	5497	12136	38414	12034	26380
河南 Henan	9978	1765	8213	12977	2110	10867	35294	7442	27852
湖北 Hubei	15619	3496	12123	17472	2964	14508	46341	10055	36286
湖南 Hunan	6526	996	5530	8091	1200	6891	19921	3468	16453
广东 Guangdong	5272	327	4945	5519	183	5336	13615	873	12742
广西 Guangxi	1588	689	899	2849	928	1921	6925	2300	4625
海南 Hainan	728	90	638	522	0	522	1283	22	1261
四川 Sichuan	10824	2226	8598	12049	1541	10508	29754	4073	25681
贵州 Guizhou	1287	0	1287	2014	0	2014	4199	79	4120
云南 Yunnan	3207	667	2540	2949	419	2530	7431	1114	6317
西藏 Tibet	0	0	0	0	0	0	0	0	0
陕西 Shaanxi	6316	1409	4907	7071	1309	5762	20449	5041	15408
甘肃 Gansu	1573	254	1319	2573	253	2320	6622	929	5693
青海 Qinghai	0	0	0	0	0	0	0	0	0
宁夏 Ningxia	0	0	0	75	0	75	75	0	75
新疆 Xinjiang	800	0	800	1628	0	1628	3283	0	3283

部、夜大学本、专科学生数

of Correspondence run by Regular Institutions of Higher Education

单位:人

夜大学 Evening Schools								
毕业生数 Graduates			招生数 Students Admitted			在校学生数 Enrolment		
计 Total	本科 Normal Courses	专科 Short-cycle Courses	计 Total	本科 Normal Courses	专科 Short-cycle Courses	计 Total	本科 Normal Courses	专科 Short-cycle Courses
55211	7332	47879	64890	5953	58937	168091	19889	148202
8686	999	7687	8746	686	8060	22607	2726	19881
2564	368	2196	2444	825	1619	5140	1022	4118
1669	0	1669	1382	0	1382	3829	0	3829
839	43	796	1250	120	1130	3528	451	3077
479	254	225	501	186	315	1722	796	926
3639	1034	2605	4757	778	3979	14713	3227	11486
817	172	645	1151	166	985	3593	591	3002
2235	652	1583	2826	572	2254	8670	2025	6645
4016	1345	2671	5060	896	4164	12860	3460	9400
2559	357	2202	2364	108	2256	6945	565	6380
1084	91	993	1387	112	1275	2792	232	2560
2166	132	2034	1200	173	1027	4031	856	3175
335	25	310	553	31	522	1463	124	1339
633	22	611	655	25	630	1830	147	1683
3534	250	3284	3893	299	3594	9024	444	8580
619	42	577	1153	28	1125	2888	141	2747
2570	558	2012	2315	351	1964	7100	1199	5901
2506	232	2274	4904	42	4862	11446	233	11213
3629	142	3487	5064	99	4965	11147	226	10921
319	0	319	460	0	460	827	0	827
337	0	337	412	0	412	976	0	976
4036	292	3744	4507	97	4410	12060	459	11601
575	0	575	115	0	115	554	0	554
703	22	681	895	0	895	2239	0	2239
0	0	0	0	0	0	0		00
1860	270	1590	2744	359	2385	7345	933	6412
476	30	446	953	0	953	2322	32	2290
0	0	0	0	0	0	0	0	0
187	0	187	239	0	239	748	0	748
2139	0	2139	2960	0	2960	5692	0	5692

成人高等学校其

Number of Other Students in Adult Higher

地　区 Region	招生数 Entrants					
	合计 Total	证书教育 Certificate-oriented education		岗位培训 Job-specific training		大学后继续教育 Post-collegiate continuing education
		单科班 Single subject courses	专业证书班 Classes for certificate-oriented trainees	资格培训 Qualifications-oriented training	适应培训 Adaptation training	
总　计 Total	1469170	129659	67945	464135	567386	93170
北　京 Beijing	89428	8641	17050	20764	24533	4611
天　津 Tianjin	36656	8110	1449	7470	11023	4806
河　北 Hebei	52965	1469	763	28492	11080	1887
山　西 Shanxi	14634	369	999	5778	5858	1414
内蒙古 Inner Mongolia	5672	853	1104	936	1204	892
辽　宁 Liaoning	125667	5262	5340	36915	56309	16527
吉　林 Jilin	46065	644	10021	4724	23581	5317
黑龙江 Heilongjiang	77967	1035	6719	13910	32500	4561
上　海 Shanghai	162404	53645	3242	38652	30813	21330
江　苏 Jiangsu	70216	3543	2287	32251	21231	4189
浙　江 Zhejiang	79435	10579	892	40717	14949	5353
安　徽 Anhui	8568	270	413	2694	1747	687
福　建 Fujian	21792	3251	270	8517	4930	407
江　西 Jiangxi	13357	1349	1361	2894	2978	587
山　东 Shandong	156032	2638	1644	9915	136854	2526
河　南 Henan	195044	1441	3973	154282	18881	1556
湖　北 Hubei	27231	3848	303	4120	8213	2936
湖　南 Hunan	14555	1036	1346	3212	5486	2635
广　东 Guangdong	53182	5843	309	29326	9821	3476
广　西 Guangxi	21205	3731	2644	2594	1181	397
海　南 Hainan	2160	265	320	465	107	0
四　川 Sichuan	13885	165	2664	2785	3364	2105
贵　州 Guizhou	13662	1979	644	2573	4751	2852
云　南 Yunnan	130417	682	278	1490	126734	160
西　藏 Tibet	0	0	0	0	0	0
陕　西 Shaanxi	15999	2231	190	4275	7065	1163
甘　肃 Gansu	6667	603	120	2792	1752	473
青　海 Qinghai	0	0	0	0	0	0
宁　夏 Ningxia	4659	3565	346	324	341	83
新　疆 Xinjiang	9646	2612	1254	1268	100	240

他学生数(总计)

Educational Institutions (Regional Aggregates)

单位:人

其他 Others	在校学生数 Enrolment						
	合计 Total	证书教育 Certificate-oriented education		岗位培训 Job-specific training		大学后继续教育 Post-collegiate continuing education	其他 Others
		单科班 Single subject courses	专业证书班 Classes for certificate-oriented trainees	资格培训 Qualifications-oriented training	适应培训 Adaptation training		
146875	9606431	30940	70457	242500	306347	791851	31214
13829	67525	9677	19119	13965	7888	3229	13647
3798	37549	9851	5457	5497	5260	4687	6797
9274	22830	2442	447	7322	4293	497	7829
216	22329	485	1478	9716	8600	1834	216
683	4390	470	1033	698	863	503	823
5314	78879	6323	3914	27029	16991	17059	7563
1778	55995	896	8904	19435	18312	6528	1920
19242	41817	1426	2730	7799	21300	2608	5954
14722	72815	13327	2666	19669	15538	10096	11519
6715	50143	2760	3532	22645	9906	5696	5604
6945	50677	10724	892	18653	9864	6549	3995
2757	12689	350	944	7500	1315	272	2308
4417	16843	3095	270	7087	1546	513	4332
4188	15181	2666	384	1420	1418	3402	5891
24551	56606	8220	2642	18601	117552	1453	8138
14911	49602	4398	4806	10380	8540	2507	18971
7811	17413	5958	215	1377	1298	2294	6271
840	11343	1086	2259	2531	3423	1542	502
4407	50043	5514	473	30339	7973	1659	4085
10658	15297	3637	2475	1847	1028	471	5839
1003	1475	265	320	465	156	0	269
2802	45358	26427	2821	3665	4529	3020	4896
863	6415	984	739	1395	1115	1316	866
1073	33681	1038	159	54	31108	349	973
0	0	0	0	0	0	0	0
1075	9453	3006	178	2264	2689	533	783
927	4421	596	0	489	3221	115	0
0	327	125	0	202	0	0	0
0	4495	3565	346	0	341	243	0
4172	5052	1629	1254	456	280	210	1223

成人中等专业学校基本情况

Basic Statistics of Adult Specialized

(Limited to State-planned enrolment

地区 Region	学校数(所) Schools	毕业生数 Graduates	招生数 Students Admitted			在校学生数 Enrolment
			合计 Total	招高中毕业起点 Graduates From Senior Sec. School	招初中毕业起点 Graduates From Junior Sec. School	
总计 Total	4776	486648	713095	153906	559189	1744343
北京 Beijing	146	14521	22241	6155	16086	55513
天津 Tianjin	100	12169	15396	2922	12474	28418
河北 Hebei	250	29136	34679	17172	17507	80936
山西 Shanxi	180	26366	27634	8247	19387	66296
内蒙古 Inner Mongolia	120	14028	15070	0	15070	50247
辽宁 Liaoning	258	19874	29971	3686	26285	81406
吉林 Jilin	160	12410	20129	1118	19011	41944
黑龙江 Heilongjiang	355	37495	43177	3076	40101	125282
上海 Shanghai	106	9350	15890	3242	12648	35214
江苏 Jiangsu	249	30457	37749	5703	32046	103442
浙江 Zhejiang	127	6961	16295	3817	12478	36253
安徽 Anhui	106	19803	13616	3909	9707	41907
福建 Fujian	161	4742	16485	3681	12804	36047
江西 Jiangxi	146	7489	20884	8084	12800	34355
山东 Shandong	197	42526	53637	17438	36199	105842
河南 Henan	235	23678	40055	7017	33038	102889
湖北 Hubei	280	30509	44711	9451	35260	94635
湖南 Hunan	272	29269	32158	4144	28014	83719
广东 Guangdong	284	32509	55028	7858	47170	134961
广西 Guangxi	156	19059	44438	14799	29639	98950
海南 Hainan	29	3141	4311	1728	2583	9465
四川 Sichuan	321	25113	43290	9029	34261	123426
贵州 Guizhou	140	6215	11283	912	10371	36163
云南 Yunnan	26	3065	12384	890	11494	22968
西藏 Tibet	135	9874	10991	4442	6549	33392
陕西 Shaanxi	98	5728	12045	2242	9803	31350
甘肃 Gansu	17	593	1676	233	1443	4512
青海 Qinghai	28	1470	2193	427	1766	6570
宁夏 Ningxia	94	9098	15679	2484	13195	38241
新疆 Xinjiang						

(总计)(列入计划,学制两年以上)

Secondary Schools (Regional Aggregates)
and Courses Lasting 2 Years and Over)

单位:人

毕业班学生数 Graduates	教职工数 Teachers, Staff & Workers					兼任教师 Part-time Teachers
	合计 Total	专任教师 Full-time Teachers	教辅人员 Supportin Staff	行政人员 Adm. Personnel	工勤人员 Workers	
514465	204925	105401	18788	46623	34113	41694
12470	9064	3898	754	2743	1669	2454
7262	4911	2272	544	1334	761	985
24659	8152	4526	719	1693	1214	318
14485	5994	2981	564	1449	1000	603
18781	6852	3526	598	1706	1022	784
26687	13499	7744	997	2961	1797	893
15698	10696	6278	1120	1900	1398	778
39395	17031	8565	1944	3629	2893	2489
10813	7437	3744	830	1459	1404	725
32013	11691	5839	919	2604	2329	3311
8094	4192	2061	395	1010	726	1519
15196	3031	1407	434	824	366	1613
7949	4287	2372	457	969	489	1345
8538	4117	2227	279	787	824	485
28297	10110	5198	881	2179	1852	581
36435	14126	7651	1949	2558	1968	2502
26801	13970	7208	1216	2834	2712	3044
29624	10118	5402	763	2081	1872	2142
36557	9161	4703	531	2155	1772	2746
25190	7053	3556	590	1714	1193	2406
2954	1073	525	36	215	297	195
36200	12233	5882	1144	3331	1876	4626
10350	2707	1436	184	602	485	916
5292	1226	605	123	315	183	605
11061	4060	1848	202	1522	488	1866
9625	2766	1264	261	690	551	695
871	666	310	73	201	82	149
2486	851	444	81	172	154	115
10682	3851	1929	200	986	736	804

广播电视中等专业学校基本
Basic Statistics of Radio/TV
(Limited to State-planned enrolment

地　　区 Region	学校数(所) Schools	毕业生数 Graduates	招生数 Students Admitted 合　计 Total	招生数 Students Admitted 招高中毕业起点 Graduates From Senior Sec. School	招生数 Students Admitted 招初中毕业起点 Graduates From Junior Sec. School	在校学生数 Enrolment
总　计 Total	108	89217	164181	18273	145908	454271
北　京 Beijing	1	4374	5053	303	4750	16516
天　津 Tianjin	2	5596	3595	211	3384	6366
河　北 Hebei	6	1345	2437	0	2437	6648
山　西 Shanxi	2	3216	13389	149	13240	31728
内蒙古 Inner Mongolia	2	1438	2495	0	2495	13239
辽　宁 Liaoning	11	3623	10852	1421	0710	33948
吉　林 Jilin	1	733	1845	309	1536	4318
黑龙江 Heilongjiang	61	0652	9627	407	9220	42124
上　海 Shanghai	1	3722	3776	0	3776	7414
江　苏 Jiangsu	3	8820	11633	731	10902	28782
浙　江 Zhejiang	15	2055	8880	981	7899	14976
安　徽 Anhui	8	6795	4328	944	3384	14297
福　建 Fujian	3	1524	6471	0	6471	11824
江　西 Jiangxi	4	277	4358	2217	2141	7667
山　东 Shandong	2	4049	3938	396	3542	9815
河　南 Henan	4	2902	3432	950	2482	13061
湖　北 Hubei	2	230	1776	19	1757	3225
湖　南 Hunan	9	3128	6431	230	6201	15043
广　东 Guangdong	3	2005	2553	65	2488	6414
广　西 Guangxi	2	1165	1926	491	1435	4413
海　南 Hainan	1	19	515	225	290	1787
四　川 Sichuan	6	141822	8823	70602	1763	89068
贵　州 Guizhou	3	2662	4680	760	3920	17610
云　南 Yunnan	0	57	4316	477	3839	6240
西　藏 Tibet	3	176	3237	62	3175	10505
陕　西 Shaanxi	2	2125	6260	800	5460	16051
甘　肃 Gansu	1	70	559	189	370	1814
青　海 Qinghai	2	305	462	0	462	2593
宁　夏 Ningxia	3	1972	6534	155	6379	16785
新　疆 Xinjiang						

情况（列入计划，学制两年以上）
Specialized Secondary Schools and Courses Lasting 2 Years and Over)

单位：人

毕业班学生数 Graduates	教职工数 Teachers, Staff & Workers					兼任教师 Part-time Teachers
	合计 Total	专任教师 Full-time Teachers	教辅人员 Supportin Staff	行政人员 Adm. Personnel	工勤人员 Workers	
115371	13400	6053	2195	4011	1141	14872
4040	940	430	108	318	84	769
1147	201	84	51	40	26	212
1000	161	98	11	43	9	0
1017	85	48	12	6	19	42
4482	390	152	95	127	16	184
10974	577	194	42	276	65	104
1063	19	9	10	0	0	0
10898	1579	472	504	414	189	808
3638	50	33	0	11	6	0
8791	889	447	123	278	41	1366
2192	406	192	42	127	45	631
4212	478	176	158	130	14	738
2305	201	35	135	18	13	304
851	314	215	32	39	28	171
3458	576	389	62	98	27	58
3078	998	529	175	245	49	1049
325	130	99	5	18	8	0
3830	370	187	37	116	30	1202
1768	715	356	64	202	93	370
1296	621	270	70	186	95	581
84	27	0	0	14	13	121
25261	1710	678	381	575	76	3536
4748	472	421	14	28	9	473
962	289	92	45	111	41	121
4538	379	44	0	284	51	1079
4940	45	25	2	12	6	403
185	96	55	17	16	8	42
1281	20	1	0	19	0	14
3007	662	322	0	260	80	494

职工中等专业学校基本情

Basic Statistics of Specialized

(Limited to State-planned enrolment

地 区 Region	学校数(所) Schools	毕业生数 Graduates	招生数 Students Admitted 合计 Total	招高中毕业起点 Graduates From Senior Sec. School	招初中毕业起点 Graduates From Junior Sec. School	在校学生数 Enrolment
总 计 Total	1853	125129	19458	729331	165256	458588
北 京 Beijing	94	3576	8750	2881	5869	20713
天 津 Tianjin	55	4256	6602	1708	4894	13284
河 北 Hebei	52	2793	5619	644	4975	13023
山 西 Shanxi	55	4204	4078	750	3328	10874
内蒙古 Inner Mongolia	51	5414	5813	0	5813	14871
辽 宁 Liaoning	130	7916	10331	448	9883	26858
吉 林 Jilin	75	3369	6624	460	6164	16299
黑龙江 Heilongjiang	204	14624	21702	846	20856	49377
上 海 Shanghai	93	4994	11310	2600	8710	25909
江 苏 Jiangsu	157	5387	11984	1229	10755	29050
浙 江 Zhejiang	59	2181	5112	1489	3623	11305
安 徽 Anhui	41	1282	1902	119	1783	5119
福 建 Fujian	36	783	2578	502	2076	5494
江 西 Jiangxi	45	1841	2373	131	2242	5531
山 东 Shandong	10	2417	5859	1680	4179	11418
河 南 Henan	64	3151	3140	413	2727	8804
湖 北 Hubei	171	19180	22149	1793	20356	46378
湖 南 Hunan	83	7691	10593	687	9906	24835
广 东 Guangdong	123	9628	15943	1478	14465	37547
广 西 Guangxi	31	2231	5591	1823	3768	12048
海 南 Hainan	. 7	550	772	256	516	1817
四 川 Sichuan	62	3058	5087	885	4202	14373
贵 州 Guizhou	10	410	637	34	603	3032
云 南 Yunnan	17	711	2370	231	2139	5368
西 藏 Tibet	41	6990	6676	3724	2952	17925
陕 西 Shaanxi	34	1270	2230	415	1815	6222
甘 肃 Gansu	13	218	592	23	569	1557
青 海 Qinghai	9	546	983	396	587	2092
宁 夏 Ningxia	31	4458	7187	1686	5501	17465
新 疆 Xinjiang						

况（列入计划，学制两年以上）
Secondary Schools for Staff & Workers and Courses Lasting 2 Years and Over)

单位：人

毕业班学生数 Graduates	教职工数 Teachers, Staff & Workers 合计 Total	专任教师 Full-time Teachers	教辅人员 Supportin Staff	行政人员 Adm. Personnel	工勤人员 Workers	兼任教师 Part-time Teachers
132533	78675	38049	6290	19568	14768	13640
4456	4224	1682	351	1197	994	1218
3706	2343	1142	169	621	411	561
3510	2577	1175	205	652	545	120
4158	2458	1164	193	608	493	231
5392	2978	1524	208	742	504	159
7807	5863	2812	487	1491	1073	601
4612	4290	2171	390	911	818	253
16101	9719	4756	797	2151	2015	1359
6714	3823	1827	421	960	615	657
7182	5850	3004	414	1306	1126	1206
2065	2056	1025	215	507	309	665
1453	1282	654	114	364	150	369
997	697	394	37	180	86	424
1819	1548	794	92	387	275	102
2086	638	278	36	170	154	30
2927	2384	1220	113	677	374	298
14691	8584	4268	644	1958	1714	964
7020	3402	1665	227	788	722	594
11100	3028	1516	243	818	451	1650
3736	1604	789	137	361	317	295
666	222	115	12	46	49	60
5145	2966	1364	286	816	500	413
872	181	74	26	57	24	22
1498	596	346	56	118	76	143
4411	1664	631	108	696	229	710
1923	1234	524	106	343	261	142
330	446	216	41	128	61	42
526	416	206	34	80	96	52
5630	1602	713	128	435	326	300

农民中等专业学校基本情

Basic Statistics of Specialized

(Limited to State－planned enrolment

地　区 Region	学校数(所) Schools	毕业生数 Graduates	招生数 Students Admitted			在校学生数 Enrolment
			合计 Total	招高中毕业起点 Graduates From Senior Sec. School	招初中毕业起点 Graduates From Junior Sec. School	
总　计 Total	386	41342	64650	5926	58724	138064
北　京 Beijing	17	4461	6031	1583	4448	12500
天　津 Tianjin	12	902	3224	589	2635	5044
河　北 Hebei	23	1101	1963	40	1923	4289
山　西 Shanxi	2	14	33	0	33	33
内蒙古 Inner Mongolia	3	40	80	0	80	199
辽　宁 Liaoning	23	4542	4440	284	4156	9303
吉　林 Jilin	11	4456	3930	23	3907	12245
黑龙江 Heilongjiang	40	4587	8708	1219	7489	16757
上　海 Shanghai	1	278	162	0	162	318
江　苏 Jiangsu	0	0	0	0	0	0
浙　江 Zhejiang	2	81	142	41	101	201
安　徽 Anhui	3	110	549	0	549	1137
福　建 Fujian	3	92	377	113	264	429
江　西 Jiangxi	2	0	0	0	0	0
山　东 Shandong	32	4065	9400	1156	8244	18644
河　南 Henan	32	2179	4510	73	4437	10055
湖　北 Hubei	44	3362	3892	439	3453	9206
湖　南 Hunan	42	3723	6059	108	5951	11323
广　东 Guangdong	49	5040	8952	246	8706	19953
广　西 Guangxi	12	883	582	12	570	1904
海　南 Hainan	3	196	250	0	250	446
四　川 Sichuan	26	1106	1340	0	1340	3962
贵　州 Guizhou	0	0	0	0	0	0
云　南 Yunnan	0	0	0	0	0	0
西　藏 Tibet	0	0	0	0	0	0
陕　西 Shaanxi	2	48	0	0	0	50
甘　肃 Gansu	0	0	0	0	0	0
青　海 Qinghai	0	0	0	0	0	0
宁　夏 Ningxia	2	76	26	0	26	66
新　疆 Xinjiang	0	0	0	0	0	0

况（列入计划，学制两年以上）

Secondary Schools for Peasants and Courses Lasting 2 Years and Over)

单位:人

毕业班学生数 Graduates	教职工数 Teachers, Staff & Workers 合计 Total	专任教师 Full-time Teachers	教辅人员 Supportin Staff	行政人员 Adm. Personnel	工勤人员 Workers	兼任教师 Part-time Teachers
43735	14901	8732	1029	2238	2902	1716
2458	756	370	57	211	118	366
1891	578	297	87	136	58	129
924	655	377	35	105	138	100
0	53	26	4	9	14	2
119	68	47	0	9	12	0
3363	952	572	44	184	152	70
7294	1108	927	31	94	56	29
5026	1358	789	103	268	198	167
0	105	37	9	8	51	0
0	0	0	0	0	0	0
0	29	16	0	9	4	10
409	18	8	7	3	0	29
165	60	43	1	12	4	54
0	0	0	0	0	0	0
4421	1690	1000	116	228	346	148
2814	1421	797	137	171	316	73
3092	1425	797	122	178	328	103
3886	1674	1001	113	231	329	101
5621	1725	964	80	194	487	205
601	428	227	37	63	101	59
130	95	52	6	7	30	2
1431	640	368	32	104	136	59
0	0	0	0	0	0	0
0	0	0	0	0	0	0
0	0	0	0	0	0	0
50	26	8	2	6	10	3
0	0	0	0	0	0	0
40	37	9	6	8	14	7
0	0	0	0	0	0	0

教师进修学校基本情况

Basic Statistics of In－service

(Limited to State－planned enrolment

地　区 Region	学校数(所) Schools	毕业生数 Graduates	招生数 Students Admitted 合计 Total	招高中毕业起点 Graduates From Senior Sec. School	招初中毕业起点 Graduates From Junior Sec. School	在校学生数 Enrolment
总　计 Total	2033	149399	176998	80192	96806	435127
北　京 Beijing	20	1842	1222	1122	100	3517
天　津 Tianjin	15	84	32	0	32	120
河　北 Hebei	157	19949	18518	16346	2172	42900
山　西 Shanxi	116	6447	7269	6228	1041	10907
内蒙古 Inner Mongolia	58	4316	3528	0	3528	12198
辽　宁 Liaoning	93	3777	4277	2812	1465	10768
吉　林 Jilin	66	1245	0	0	0	678
黑龙江 Heilongjiang	105	7632	3140	604	2536	17024
上　海 Shanghai	11	356	642	642	0	1573
江　苏 Jiangsu	80	9563	6138	2266	3872	26389
浙　江 Zhejiang	47	2197	754	345	409	5478
安　徽 Anhui	42	6226	4001	2656	1345	13254
福　建 Fujian	76	247	272	0	272	4431
江　西 Jiangxi	92	5096	11994	4957	7037	18816
山　东 Shandong	123	19610	28367	13295	15072	48240
河　南 Henan	132	10911	18142	5462	12680	47045
湖　北 Hubei	44	3200	5660	2968	2692	10278
湖　南 Hunan	106	13364	7305	2470	4835	28854
广　东 Guangdong	98	12128	19081	3929	15152	53795
广　西 Guangxi	82	8170	24637	11084	13553	54960
海　南 Hainan	18	2376	2774	1247	1527	5415
四　川 Sichuan	197	5347	4506	269	4237	8130
贵　州 Guizhou	125	1174	919	118	801	1985
云　南 Yunnan	4	101	202	42	160	564
西　藏 Tibet	0	0	0	0	0	0
陕　西 Shaanxi	53	1187	1430	656	774	3434
甘　肃 Gansu	0	0	0	0	0	0
青　海 Qinghai	13	186	230	31	199	383
宁　夏 Ningxia	60	2668	1958	643	1315	3991
新　疆 Xinjiang						

(列入计划，学制两年以上)
Teacher Training Schools
and Courses Lasting 2 Years and Over)

单位：人

毕业班学生数 Graduates	教职工数 Teachers, Staff & Workers 合计 Total	专任教师 Full-time Teachers	教辅人员 Supportin Staff	行政人员 Adm. Personnel	工勤人员 Workers	兼任教师 Part-time Teachers
154417	75210	42197	6388	14453	12172	2897
1228	2378	1197	188	735	258	68
46	851	422	127	227	75	30
15893	4049	2560	420	688	381	70
6987	2579	1475	226	527	351	93
5563	2807	1651	185	526	445	152
4272	6085	4159	418	1002	506	42
0	4348	2688	531	728	401	342
7370	4375	2548	540	796	491	155
461	3459	1847	400	480	732	68
8956	4206	2056	346	748	1056	113
2008	1633	810	136	331	356	149
6833	860	409	69	211	171	171
1194	2536	1471	246	559	260	141
5351	2073	1146	151	297	479	199
12930	5969	2925	541	1328	1175	108
23483	5046	2954	440	842	810	170
2411	1935	1001	193	310	431	21
13735	3292	1951	290	494	557	135
13973	3126	1618	125	681	702	88
12733	2612	1531	127	487	467	51
2074	729	358	18	148	205	12
2345	5303	2776	325	1340	862	218
1022	1853	899	122	393	439	76
182	119	78	9	18	14	0
0	0	0	0	0	0	0
1169	1086	588	103	214	181	214
0	0	0	0	0	0	0
153	314	185	40	52	37	1
2045	1587	894	72	291	330	10

干部中等专业学校基本情

Basic Statistics of Specialized

(Limited to State－planned enrolment

地 区 Region	学校数(所) Schools	毕业生数 Graduates	招生数 Students Admitted			在校学生数 Enrolment
			合 计 Total	招高中毕业起点 Graduates From Senior Sec. School	招初中毕业起点 Graduates From Junior Sec. School	
总 计 Total	338	21794	35394	8926	26432	76046
北 京 Beijing	14	268	1185	266	919	2267
天 津 Tianjin	16	1331	1943	414	1529	3604
河 北 Hebei	10	774	795	142	653	1918
山 西 Shanxi	1	93	197	54	143	359
内蒙古 Inner Mongolia	6	331	236	0	236	615
辽 宁 Liaoning	0	0	0	0	0	0
吉 林 Jilin	5	109	330	0	330	598
黑龙江 Heilongjiang	0	0	0	0	0	0
上 海 Shanghai	0	0	0	0	0	0
江 苏 Jiangsu	6	1816	2681	1477	1204	4284
浙 江 Zhejiang	1	40	94	30	64	222
安 徽 Anhui	8	561	653	0	653	1471
福 建 Fujian	41	1520	3943	1327	2616	7603
江 西 Jiangxi	3	28	167	0	167	451
山 东 Shandong	21	2425	4099	264	3835	10530
河 南 Henan	1	1420	3048	119	2929	7044
湖 北 Hubei	11	695	1060	307	753	2246
湖 南 Hunan	32	1363	1770	649	1121	3664
广 东 Guangdong	8	449	3373	2140	1233	5178
广 西 Guangxi	26	3881	5065	607	4458	10160
海 南 Hainan	0	0	0	0	0	0
四 川 Sichuan	24	1068	1863	318	1545	4384
贵 州 Guizhou	0	169	500	0	500	2066
云 南 Yunnan	4	349	820	140	680	1271
西 藏 Tibet	91	2708	1078	656	422	4962
陕 西 Shaanxi	6	268	425	31	394	926
甘 肃 Gansu	2	53	69	21	48	149
青 海 Qinghai	1	75	0	0	0	74
宁 夏 Ningxia	0	0	0	0	0	0
新 疆 Xinjiang						

况(列入计划,学制两年以上)

Secondary Schools for Cadres and Courses Lasting 2 Years and Over)

单位:人

毕业班学生数 Graduates	教职工数 Teachers, Staff & Workers					兼任教师 Part-time Teachers
	合计 Total	专任教师 Full-time Teachers	教辅人员 Supportin Staff	行政人员 Adm. Personnel	工勤人员 Workers	
21312	14309	6673	1032	4150	2454	1429
288	766	219	50	282	215	33
472	938	327	110	310	191	53
525	701	316	48	197	140	28
78	69	30	1	29	9	11
195	240	95	22	79	44	0
0	0	0	0	0	0	0
204	226	108	27	56	35	0
0	0	0	0	0	0	0
0	0	0	0	0	0	0
1135	258	103	20	76	59	52
68	44	18	2	12	12	12
436	203	104	29	46	24	38
1803	769	426	38	183	122	386
130	182	72	4	64	42	9
3139	867	445	52	260	110	86
2093	1822	876	172	507	267	53
720	439	229	42	102	66	43
1153	1380	598	96	452	234	110
409	191	88	14	52	37	23
3725	1047	523	53	296	175	203
0	0	0	0	0	0	0
1215	1575	687	119	469	300	136
702	0	0	0	0	0	0
226	183	68	13	51	51	29
2112	2017	1173	94	542	208	77
330	256	89	18	56	93	18
80	79	39	7	20	13	23
74	57	40	1	9	7	6
0	0	0	0	0	0	0

成人中学基

Basic Statistics of General Secondary

地区 Region	学校数(所) Schools	教学班(点)(个)	毕业生数 Graduates 合计 Total	其中:女生 Of the Total Female Students	招 Students 合计 Total
总 计 Total	6071	14599	485481	224572	539992
北 京 Beijing	526	522	8649	2567	19961
天 津 Tianjin	9	26	590	288	944
河 北 Hebei	247	493	19118	9184	16791
山 西 Shanxi	415	493	17812	8423	14316
内蒙古 Inner Mongolia	129	217	7944	3237	7787
辽 宁 Liaoning	527	1203	54404	19763	53873
吉 林 Jilin	178	271	13350	5494	7648
黑龙江 Heilongjiang	520	1001	33840	16436	42545
上 海 Shanghai	92	92	24252	11766	55932
江 苏 Jiangsu	724	2885	88468	47475	78132
浙 江 Zhejiang	331	867	21463	9667	25839
安 徽 Anhui	118	287	19480	9782	24271
福 建 Fujian	138	306	5078	2880	7754
江 西 Jiangxi	125	377	10796	4691	12357
山 东 Shandong	177	449	15695	7802	16195
河 南 Henan	254	592	21755	8201	34152
湖 北 Hubei	102	152	9752	4888	8212
湖 南 Hunan	472	1795	30236	13055	32785
广 东 Guangdong	0	0	0	0	0
广 西 Guangxi	155	304	17748	8003	5845
海 南 Hainan	8	12	220	112	249
四 川 Sichuan	741	1767	55269	26228	60663
贵 州 Guizhou	17	127	1788	955	4447
云 南 Yunnan	2	3	0	0	27
西 藏 Tibet					
陕 西 Shaanxi	35	94	3018	1491	3559
甘 肃 Gansu	3	13	356	162	404
青 海 Qinghai	0	0	0	0	0
宁 夏 Ningxia	1	3	135	25	175
新 疆 Xinjiang	25	248	4265	1997	5129

本情况（总计）

Schools for Adults (Regional Aggregates)

单位:人

生数 Admitted	在校学生数 Enrolment		教职工数 Teachers, Staff & Workers		
其中女生 Of the Total Female Students	合计 Total	其中女生 Of the Total Female Students	合计 Total	其中:专任教师 Of which: Full-time Teachers	兼任教师 Part-time Teachers
238968	688207	308838	39103	21898	34717
9557	22527	9767	6128	2557	6245
469	655	312	77	77	37
8262	20302	10039	1108	580	1060
6166	22716	10085	1061	473	1158
3717	10115	4337	852	561	380
20119	69099	23400	2511	1547	2354
3194	8274	3375	685	456	570
19020	39595	17574	5160	2968	2527
26870	46446	22710	2054	1308	2139
37492	113489	60282	5699	2432	5717
12119	32771	16224	791	498	1789
3228	27922	4154	600	378	742
4279	11343	6182	393	213	761
5609	19065	9130	867	458	1044
7971	28801	14180	1350	813	656
14476	30684	12808	279	216	1098
3911	8236	4301	590	398	389
14898	52417	22504	3176	2177	1841
0	0	0	0	0	0
3366	21636	10566	407	153	807
129	501	249	11	9	41
28117	84911	38942	4351	3104	2377
1662	5492	2172	278	100	353
7	69	23	37	16	0
1790	2822	1516	204	112	219
185	727	347	48	12	50
0	0	0	0	0	0
45	175	45	4	4	14
2310	7417	3614	382	278	349

职工中学

Basic Statistics of General Secondary

地区 Region	学校数(所) Schools	教学班(点)(个)	毕业生数 Graduates 合计 Total	其中:女生 Of the Total Female Students	招 Students 合计 Total
总计 Total	2954	7322	232772	106975	308345
北京 Beijing	526	450	4558	2315	11546
天津 Tianjin	8	24	590	288	914
河北 Hebei	174	380	15138	7154	12721
山西 Shanxi	98	135	4675	2408	5614
内蒙古 Inner Mongolia	110	185	5726	2654	6930
辽宁 Liaoning	212	662	28893	11227	23906
吉林 Jilin	76	127	7264	3401	4059
黑龙江 Heilongjiang	428	865	30556	14486	38756
上海 Shanghai	73	77	19049	9408	46669
江苏 Jiangsu	381	1374	43831	19755	49757
浙江 Zhejiang	129	555	10556	4740	16132
安徽 Anhui	80	112	3376	1553	4573
福建 Fujian	70	205	3009	1527	4983
江西 Jiangxi	114	357	10131	4404	11572
山东 Shandong	83	302	11227	5577	12491
河南 Henan	68	346	9810	4467	24431
湖北 Hubei	53	80	2852	1423	4277
湖南 Hunan	69	409	6290	2834	6209
广东 Guangdong	0	0	0	0	0
广西 Guangxi	16	61	1098	490	2354
海南 Hainan	3	6	220	112	164
四川 Sichuan	107	243	6370	3000	7909
贵州 Guizhou	17	127	1788	955	4447
云南 Yunnan	2	3	0	0	27
西藏 Tibet					
陕西 Shaanxi	29	78	2618	1293	2971
甘肃 Gansu	3	13	356	162	404
青海 Qinghai	0	0	0	0	0
宁夏 Ningxia	1	3	135	25	175
新疆 Xinjiang	24	143	2656	1317	4354

基本情况

Schools for Staff & Workers

单位:人

生数 Admitted	在校学生数 Enrolment		教职工数 Teachers, Staff & Workers		兼任教师 Part-time Teachers
其中女生 Of the Total Female Students	合计 Total.	其中女生 Of the Total Female Students	合计 Total	其中:专任教师 Of which: Full-time Teachers	
142667	364842	171699	27015	14337	21015
3693	16123	6094	5211	2354	4692
459	625	302	73	73	34
6261	15635	7809	869	473	834
2105	7151	2817	346	192	461
3332	8488	3756	784	516	341
11599	36911	14361	1537	777	1716
1961	4375	2085	454	305	323
17450	34759	15586	4756	2759	2389
22198	39065	19001	1690	1067	1433
23511	64926	32396	3935	1477	2666
7716	21867	11018	501	289	872
2130	6184	3036	563	341	348
2612	7551	4044	333	158	526
5359	17529	8688	861	452	997
6202	22499	11251	762	428	325
10555	20732	8825	271	211	616
2180	4584	2359	373	306	240
2628	8936	5054	1657	1013	722
0	0	0	0	0	0
1448	2249	1369	215	87	168
89	313	143	11	9	25
3761	10326	5221	869	536	524
1662	5492	2172	278	100	353
7	69	23	37	16	0
1543	2243	1270	195	104	165
185	727	347	48	12	50
0	0	0	0	0	0
45	175	45	4	4	14
1976	5308	2627	382	278	181

农 民 中 学

Basic Statistics of General Secondary

地 区 Region	学校数(所) Schools	教学班(点)(个)	毕业生数 Graduates		招 Students
			合 计 Total	其中:女生 Of the Total Female Student	合 计 Total
总 计 Total	3117	7277	252709	117997	231647
北 京 Beijing	0	72	4091	252	8415
天 津 Tianjin	1	2	0	0	30
河 北 Hebei	73	113	3980	2030	4070
山 西 Shanxi	317	358	13137	6415	8702
内蒙古 Inner Mongolia	19	32	2218	583	857
辽 宁 Liaoning	315	541	25511	8536	29967
吉 林 Jilin	102	144	6086	2093	3589
黑龙江 Heilongjiang	92	136	3284	1950	3789
上 海 Shanghai	19	15	5203	2358	9263
江 苏 Jiangsu	343	1511	44637	27720	28375
浙 江 Zhejiang	202	312	10907	4927	9707
安 徽 Anhui	38	175	16104	8229	19698
福 建 Fujian	68	101	2069	1353	2771
江 西 Jiangxi	11	20	665	287	785
山 东 Shandong	94	147	4468	2225	3704
河 南 Henan	186	246	11945	3734	9721
湖 北 Hubei	49	72	6900	3465	3935
湖 南 Hunan	403	1386	23946	10221	26576
广 东 Guangdong	0	0	0	0	0
广 西 Guangxi	139	243	16650	7513	3491
海 南 Hainan	5	6	0	0	85
四 川 Sichuan	634	1524	48899	23228	52754
贵 州 Guizhou	0	0	0	0	0
云 南 Yunnan	0	0	0	0	0
西 藏 Tibet	6	16	400	198	588
陕 西 Shaanxi	0	0	0	0	0
甘 肃 Gansu	0	0	0	0	0
青 海 Qinghai	0	0	0	0	0
宁 夏 Ningxia	1	105	1609	680	775
新 疆 Xinjiang					

基本情况

Schools for Peasants

单位:人

生数 Admitted	在校学生数 Enrolment		教职工数 Teachers, Staff & Workers		
其中女生 Of the Total Female Students	合计 Total	其中女生 Of the Total Female Students	合计 Total	其中:专任教师 Of which: Full-time Teachers	兼任教师 Part-time Teachers
96301	323365	137139	12088	7561	13702
5864	6404	3673	917	203	1553
10	30	10	4	4	3
2001	4667	2230	239	107	226
4061	15565	7268	715	281	697
385	1627	581	68	45	39
8520	32188	9039	974	770	638
1233	3899	1290	231	151	247
1570	4836	1988	404	209	138
4672	7381	3709	364	241	706
13981	48563	27886	1764	955	3051
4403	10904	5206	290	209	917
1098	21738	1118	37	37	394
1667	3792	2138	60	55	235
250	1536	442	6	6	47
1769	6302	2929	588	385	331
3921	9952	3983	8	5	482
1731	3652	1942	217	92	149
12270	43481	17450	1519	1164	1119
0	0	0	0	0	0
1918	19387	9197	192	66	639
40	188	106	0	0	16
24356	74585	33721	3482	2568	1853
0	0	0	0	0	0
0	0	0	0	0	0
247	579	246	9	8	54
0	0	0	0	0	0
0	0	0	0	0	0
0	0	0	0	0	0
334	2109	987	0	0	168

成人技术培训学

Basic Statistics of Technical Training

地 区 Region	学校数(所) Schools	毕业生数 Graduates 合计 Total	其中： Of the Total 长班	短班	招 Students 合计 Total
总 计 Total	284112	49585076	6305900	43279176	45418396
北 京 Beijing	272	1686062	1686062	0	2015264
天 津 Tianjin	2847	481072	109692	371380	522605
河 北 Hebei	38794	6033119	668923	5364196	7838837
山 西 Shanxi	18955	1447713	116954	1330759	1243318
内蒙古 Inner Mongolia	4995	1260000	60000	1200000	1290000
辽 宁 Liaoning	11143	3369371	250889	3118482	3585122
吉 林 Jilin	6690	1474863	170316	1304547	1852178
黑龙江 Heilongjiang	13321	4010000	330000	3680000	4150000
上 海 Shanghai	475	505900	65100	440800	638500
江 苏 Jiangsu	17479	3979170	554434	3424736	3550932
浙 江 Zhejiang	6451	1781452	228621	1552831	1826971
安 徽 Anhui	3810	715555	19110	696445	435195
福 建 Fujian	7251	1840000	240000	1600000	1910000
江 西 Jiangxi	7194	826183	20803	805380	1204434
山 东 Shandong	34532	4234424	240686	3993738	3319559
河 南 Henan	20429	2252859	329717	1923142	2277313
湖 北 Hubei	7631	2030029	229066	1800963	1634907
湖 南 Hunan	20023	1812403	132861	1679542	1588653
广 东 Guangdong	1827	2000000	310000	1690000	2140000
广 西 Guangxi	11320	2905720	83169	2822551	2587621
海 南 Hainan	734	183984	19693	164291	187556
四 川 Sichuan	28916	10038520	1257013	8781507	6747204
贵 州 Guizhou	1723	1516194	14561	1501633	541258
云 南 Yunnan	2984	697172	7970	689202	305400
西 藏 Tibet					
陕 西 Shaanxi	10192	1740000	150000	1590000	1410000
甘 肃 Gansu	2354	781042	67606	713436	581536
青 海 Qinghai	202	144424	697	143727	163609
宁 夏 Ningxia	936	269163	599	268564	351058
新 疆 Xinjiang	632	417597	31249	386348	418276

校基本情况（总计）

Schools for Adults (Regional Aggregates)

单位：人

生数 Admitted		在校学生数 Enrolment			教职工数 Teachers, Staff & Workers		兼任教师 Part-time Teachers
其中: Of the Total		合计 Total	其中: Of the Total		合计 Total	其中: 专任教师 Of which: Full-time Teachers	
长班	短班		长班	短班			
6688197	38730199	36911964	4643136	32268828	303737	119897	702433
2015264	0	399476	399476	0	6128	2557	6245
128830	393775	61875	24308	37567	980	624	4431
802569	7036268	5581480	795338	4786142	33986	10159	77660
128236	1115082	1261927	138743	1123184	25423	6492	36896
160000	1130000	1210000	160000	1050000	4713	2496	14110
410362	3174760	2394450	296286	2098164	23042	8633	33099
64558	1787620	1926542	77227	1849315	15321	7191	22900
340000	3810000	3090000	290000	2800000	40000	40000	6
91300	547200	171000	50900	120100	8000	4200	11600
529678	3021254	3014537	469418	2545119	20697	11073	66424
283003	1543968	1423103	225695	1197408	7335	2773	24715
13950	421245	359717	21437	338280	680	414	10541
250000	1660000	1850000	230000	1620000	5546	3213	28437
51602	1152832	1236948	53517	1183431	3761	891	19910
229634	3089925	3602202	256696	3345506	47721	19827	66982
383346	1893967	1481658	288632	1193026	5407	3323	40116
255565	1379342	1133343	232945	900398	11032	5417	23914
103766	1484887	1531994	123301	1408693	27994	8408	53236
320000	1820000	1200000	200000	1000000	9216	3296	15739
95384	2492237	2591513	133155	2458358	8834	1866	33091
21037	166519	190436	21962	168474	948	61	2945
961197	5786007	6341445	916375	5425070	26096	13866	76716
10345	530913	552023	10622	541401	1431	718	7986
13174	292226	300115	17056	283059	5025	563	8341
130000	1280000	1260000	80000	1180000	10000	0	20000
49206	532330	442906	42251	400655	2379	835	6761
406	163203	149633	693	148940	167	69	1374
218	350840	323147	218	322929	62	62	2258
45447	372829	439633	46789	392844	1808	866	5998

职工技术培训

Basic Statistics of Technical Training

地区 Region	学校数(所) Schools	毕业生数 Graduates 合计 Total	其中: Of the Total 长班	短班	招 Students 合计 Total
总计 Total	12659	4984089	1997989	2986100	5853069
北京 Beijing	0	1250318	1250318	0	1527821
天津 Tianjin	5	525	135	390	569
河北 Hebei	1834	357982	59263	298719	350064
山西 Shanxi	978	106023	67909	38114	117645
内蒙古 Inner Mongolia	111	50000	10000	40000	70000
辽宁 Liaoning	702	595346	151249	444097	902399
吉林 Jilin	509	525690	136652	389038	634365
黑龙江 Heilongjiang	1899	670000	120000	150000	730000
上海 Shanghai	279	252200	35100	217100	328400
江苏 Jiangsu	1199	642871	88866	554005	707235
浙江 Zhejiang	807	159214	24581	134633	209706
安徽 Anhui	46	37726	721	37005	11914
福建 Fujian	350	250000	100000	150000	250000
江西 Jiangxi	126	24674	5436	19238	33574
山东 Shandong	367	151620	11704	139916	174094
河南 Henan	916	341889	48499	293390	389595
湖北 Hubei	322	87710	19415	68295	67659
湖南 Hunan	771	168436	23237	145199	169204
广东 Guangdong	305	130000	50000	80000	14000
广西 Guangxi	155	37015	6526	30489	34545
海南 Hainan	58	16977	4011	12966	15000
四川 Sichuan	355	155191	49651	105540	113679
贵州 Guizhou	36	12381	654	11727	11795
云南 Yunnan	23	8025	1509	6516	8681
西藏 Tibet					
陕西 Shaanxi	359	110000	40000	70000	90000
甘肃 Gansu	98	20425	5184	15241	17623
青海 Qinghai	0	0	0	0	0
宁夏 Ningxia	0	0	0	0	0
新疆 Xinjiang	49	31730	7337	24393	27374

学校基本情况

Schools for Staff & Workers

单位:人

生数 Admitted 其中: Of the Total 长班	短班	在校学生数 Enrolment 合计 Total	其中: Of the Total 长班	短班	教职工数 Teachers, Staff & Workers 合计 Total	其中: 专任教师 Of which: Full-time Teachers	兼任教师 Part-time Teachers
2331846	3521223	3466887	962546	2504341	81520	41064	92871
1527821	0	285211	285211	0	5211	2354	4692
190	379	484	162	322	0	0	56
72420	277644	284284	57977	226307	5490	2371	8324
78957	38688	118912	79812	39100	3453	1980	2554
10000	60000	50000	10000	40000	1331	866	1384
263740	638659	507026	158749	348277	9589	3981	8227
18755	615610	642108	20960	621148	7500	4323	7927
140000	590000	370000	60000	310000	20000	20000	20000
51300	277100	103500	32400	71100	6900	3600	6100
88012	619223	446953	82909	364044	8008	4458	10767
36281	173425	175696	33688	142008	2355	1088	3911
1257	10657	10052	1196	8856	136	74	484
90000	160000	240000	90000	150000	2401	2254	6614
8244	25330	35653	8072	27581	407	288	1058
10997	163097	173438	22072	151366	3419	1995	2216
67012	322583	247064	53903	193161	3419	1762	4976
17245	50414	66551	20019	46532	2355	1412	1924
29315	139889	123393	28950	94443	9340	2588	10801
30000	110000	110000	20000	90000	2461	1898	2891
8005	26540	26785	10243	16542	1200	391	1272
4010	10990	16393	4170	12223	0	0	820
35782	77897	130647	46584	84063	4531	2477	3782
394	11401	11947	508	11439	435	187	429
2040	6641	12445	3455	8990	266	127	145
40000	50000	80000	30000	50000	0	0	0
2414	15209	19343	2809	16534	458	237	488
0	0	0	0	0	0	0	0
0	0	0	0	0	0	0	0
7624	19750	28917	8676	20241	853	351	1027

地 区 Region	学校数(所) Schools	毕业生数 Graduates			招 Students
		合 计 Total	其中: Of the Total 长 班	短 班	合 计 Total
总 计 Total	271453	44600987	4307911	40293076	39565327
北 京 Beijing	272	435744	435744	0	487443
天 津 Tianjin	2842	480547	109557	370990	522036
河 北 Hebei	36960	5675137	609660	5065477	7488773
山 西 Shanxi	17977	1341690	49045	1292645	1125673
内蒙古 Inner Mongolia	4884	1210000	50000	1160000	1220000
辽 宁 Liaoning	10441	2774025	99640	2674385	2682723
吉 林 Jilin	6181	949173	33664	915509	1217813
黑龙江 Heilongjiang	11422	3340000	210000	3130000	3420000
上 海 Shanghai	196	253700	30000	223700	310100
江 苏 Jiangsu	16280	3336299	465568	2870731	2843697
浙 江 Zhejiang	5644	1622238	204040	1418198	1617265
安 徽 Anhui	3764	677829	18389	659440	423281
福 建 Fujian	6901	1590000	140000	1450000	1660000
江 西 Jiangxi	7068	801509	15367	786142	1170860
山 东 Shandong	34165	4082804	228982	3853822	3145465
河 南 Henan	19513	1910970	281218	1629752	1887718
湖 北 Hubei	7309	1942319	209651	1732668	1567248
湖 南 Hunan	19252	1643967	109624	1534343	1419449
广 东 Guangdong	1522	1870000	260000	1610000	2000000
广 西 Guangxi	11165	2868705	76643	2792062	2553076
海 南 Hainan	676	167007	15682	151325	172556
四 川 Sichuan	28561	9883329	1207362	8675967	6633525
贵 州 Guizhou	1687	1503813	13907	1489906	529463
云 南 Yunnan	2961	689147	6461	682686	296719
西 藏 Tibet					
陕 西 Shaanxi	9833	1630000	110000	1520000	1320000
甘 肃 Gansu	2256	760617	62422	698195	563913
青 海 Qinghai	202	144424	697	143727	163609
宁 夏 Ningxia	936	269163	599	268564	351058
新 疆 Xinjiang	583	385867	23912	361955	390902

学校基本情况

Training Schools for Peasants

单位:人

生 数 Admitted		在校学生数 Enrolment			教职工数 Teachers, Staff & Workers		兼任教师 Part－time Teachers
其中: Of the Total		合 计 Total	其 中: Of the Total		合 计 Total	其中: 专任教师 Of which: Full－time Teachers	
长班	短班		长班	短班			
4356351	35208976	33445077	3680590	29764487	222217	78833	609562
487443	0	114265	114265	0	917	203	1553
128640	393396	61391	24146	37245	980	624	4375
730149	6758624	5297196	737361	4559835	28496	7788	69336
49279	1076394	1143015	58931	1084084	21970	4512	34342
150000	1070000	1160000	150000	1010000	3382	1630	12726
146622	2536101	1887424	137537	1749887	13453	4652	24872
45803	1172010	1284434	56267	1228167	7821	2868	14973
200000	3220000	2720000	230000	2490000	20000	20000	40000
40000	270100	67500	18500	49000	1100	600	5500
441666	2402031	2567584	386509	2181075	12689	6615	55657
246722	1370543	1247407	192007	1055400	4980	1685	20801
12693	410588	349665	20241	329424	544	340	10057
160000	1500000	1610000	140000	1470000	3145	959	21823
43358	1127502	1201295	45445	1155850	3354	603	18852
218637	2926828	3428764	234624	3194140	44302	17832	64766
316334	1571384	1234594	234729	999865	1988	1561	35140
238320	1328928	1066792	212926	853866	8677	4005	21990
74451	1344998	1408601	94351	1314250	18654	5820	42435
290000	1710000	1090000	180000	910000	6755	1398	12848
87379	2465697	2564728	122912	2441816	7634	1475	31819
17027	155529	174043	17792	156251	948	61	2125
925415	5708110	6210798	869791	5341007	21565	11389	72934
9951	519512	540076	10114	529962	996	531	7557
11134	285585	287670	13601	274069	4759	436	8196
90000	1230000	1180000	50000	1130000	10000	0	20000
46792	517121	423563	39442	384121	1921	598	6273
406	163203	149633	693	148940	167	69	1374
218	350840	323147	218	322929	62	62	2258
37823	353079	410716	38113	372603	955	515	4971

职工小学

Basic Statistics of

地区 Region	学校数(所) Schools	教学班(点)(个)	毕业生数 Graduates 合计 Total	毕业生数 Graduates 其中:女生 Of the Total Female Students	招 Students 合计 Total
总计 Total	1385	3942	139182	71781	124777
北京 Beijing	0	0	0	0	0
天津 Tianjin	0	0	0	0	0
河北 Hebei	145	203	14869	6912	13259
山西 Shanxi	182	185	5211	1392	4794
内蒙古 Inner Mongolia	7	17	564	141	373
辽宁 Liaoning	12	28	919	363	848
吉林 Jilin	251	359	8087	3233	8234
黑龙江 Heilongjiang	21	826	2009	1000	2740
上海 Shanghai	1	6	112	55	2035
江苏 Jiangsu	333	911	41668	21709	28675
浙江 Zhejiang	96	153	4875	3660	6822
安徽 Anhui	3	5	107	76	122
福建 Fujian	54	102	5623	4116	2303
江西 Jiangxi	12	30	161	90	1471
山东 Shandong	22	23	703	250	666
河南 Henan	23	106	7573	3752	5080
湖北 Hubei	80	58	11137	8446	11303
湖南 Hunan	56	287	10495	3158	10470
广东 Guangdong	0	0	0	0	0
广西 Guangxi	5	11	870	459	915
海南 Hainan	2	2	150	70	225
四川 Sichuan	28	336	10370	5000	11222
贵州 Guizhou	2	151	2341	1200	1705
云南 Yunnan	2	3	0	0	60
西藏 Tibet					
陕西 Shaanxi	47	133	10968	6494	11233
甘肃 Gansu	1	0	0	0	25
青海 Qinghai	0	0	0	0	0
宁夏 Ningxia	0	0	0	0	0
新疆 Xinjiang	0	7	370	205	197

基本情况

Worker Primary Schools

单位:人

生数 Admitted	在校学生数 Enrolment		教职工数 Teachers, Staff & Workers		兼任教师 Part-time Teachers
其中女生 Of the Total Female Students	合计 Total	其中女生 Of the Total Female Students	合计 Total	其中:专任教师 Of which: Full-time Teachers	
61367	128303	62815	2800	1818	4454
0	0	0	0	0	0
0	0	0	0	0	0
6000	13963	6379	386	186	357
1932	7945	2897	406	353	494
100	447	142	16	16	1
391	970	391	31	25	57
3386	8687	3586	326	237	459
440	975	417	115	74	68
1172	2195	1271	43	37	67
14156	29007	14259	470	234	970
2776	7260	3118	73	29	209
101	122	101	0	0	4
1321	2815	1789	11	3	567
68	1564	121	9	7	22
259	666	259	24	7	36
2791	4103	1876	0	0	186
6566	10013	5586	50	48	186
6075	11398	6521	431	267	384
0	0	0	0	0	0
500	769	447	18	2	26
210	225	210	0	0	5
5572	11622	5791	68	41	158
863	1705	863	31	20	24
28	452	177	7	3	15
6574	11160	6517	253	201	127
10	25	10	2	2	1
0	0	0	0	0	0
0	0	0	0	0	0
76	215	87	30	26	31

农民小学

Basic Statistics of

地区 Region	学校数(所) Schools	教学班(点)(个)	毕业生数 Graduates 合计 Total	其中:女生 Of the Total Female Students	招 Students 合计 Total
总计 Total	155653	384306	7414319	4382298	7153013
北京 Beijing	0	0	0	0	0
天津 Tianjin	231	786	12623	4046	17882
河北 Hebei	9563	14064	468104	213807	523239
山西 Shanxi	10683	12114	178029	78978	212629
内蒙古 Inner Mongolia	2721	6674	145520	56045	118595
辽宁 Liaoning	2912	8854	114848	61524	116007
吉林 Jilin	2058	6023	154758	76965	93807
黑龙江 Heilongjiang	9700	22171	197530	113253	240437
上海 Shanghai	0	163	2927	2194	2758
江苏 Jiangsu	4181	26822	672325	509180	482743
浙江 Zhejiang	3138	5434	166067	94614	136050
安徽 Anhui	8808	23458	533819	351774	1000737
福建 Fujian	11923	19418	429051	377458	336055
江西 Jiangxi	7626	18886	251921	174857	272410
山东 Shandong	21655	27517	496984	290002	430787
河南 Henan	16183	34230	750618	444566	716957
湖北 Hubei	2720	12223	225103	119660	253362
湖南 Hunan	14242	20453	380358	216042	322384
广东 Guangdong	0	0	0	0	0
广西 Guangxi	4905	11533	177237	93805	179786
海南 Hainan	427	1047	14321	10570	18351
四川 Sichuan	11649	45741	840534	480253	734684
贵州 Guizhou	16	14800	192881	113680	9647
云南 Yunnan	2294	11483	288795	98700	218300
西藏 Tibet					
陕西 Shaanxi	7102	13829	281799	163432	263316
甘肃 Gansu	0	15763	201797	117646	257947
青海 Qinghai	0	2605	35159	17409	52242
宁夏 Ningxia	202	3541	66565	39227	68143
新疆 Xinjiang	714	4674	134646	62611	73758

基本情况

Peasant Primary Schools

单位:人

生数 Admitted	在校学生数 Enrolment		教职工数 Teachers, Staff & Workers		兼任教师 Part－time Teachers
其中女生 Of the Total Female Students	合计 Total	其中女生 Of the Total Female Students	合计 Total	其中:专任教师 Of which: Full－time Teachers	
4207929	8160621	4818150	137258	43591	510965
0	0	0	0	0	0
12018	5124	3199	199	96	1030
249414	484791	193743	5475	2010	23030
87929	255419	102143	8547	1837	15536
42337	126162	56176	1960	790	10096
61777	117823	63139	8897	1145	12000
46287	110643	55849	1953	514	9028
125019	242793	139992	17621	7240	30599
2041	974	840	18	18	181
356765	625957	480335	5956	2006	32025
79127	140441	86150	1606	707	8021
555991	1043063	618256	4170	2874	26821
300321	406477	360039	1769	550	22514
189773	308320	215108	4524	682	32827
252032	469730	267470	17998	5206	30956
436586	630381	373373	1343	688	32980
130613	250766	129757	3013	1677	34818
198776	373177	224816	12300	3987	25911
0	0	0	0	0	0
108984	210567	130834	8692	549	24535
12298	38586	28392	66	53	1409
417621	883225	473630	14226	7673	47242
4653	295180	173037	568	196	14330
136115	253399	160156	7532	354	14007
145722	301286	164131	5361	1344	17711
162309	341010	195769	2791	788	31468
27435	70019	36978	97	97	3378
37972	54639	31361	126	126	4473
28014	120669	53477	450	384	4039

农民小学中扫

Basic Statistics of Literacy Classes

地区 Region	学校数(所) Schools	教学班(点)(个)	毕业生数 Graduates 合计 Total	其中:女生 Of the Total Female Students	招 Students 合计 Total
总计 Total	111399	298149	5233100	3237481	4843803
北京 Beijing	0	0	0	0	0
天津 Tianjin	9	236	9829	2311	11327
河北 Hebei	6231	8114	159771	90299	308886
山西 Shanxi	5987	7439	50354	25675	52364
内蒙古 Inner Mongolia	1905	4430	60041	32084	45148
辽宁 Liaoning	1050	4269	51036	28579	18655
吉林 Jilin	1567	4932	91596	50645	47267
黑龙江 Heilongjiang	5530	15893	90358	54260	109340
上海 Shanghai	0	50	995	729	1021
江苏 Jiangsu	3086	21154	508118	384900	330242
浙江 Zhejiang	2286	3785	96003	66240	79036
安徽 Anhui	8236	21518	479495	316401	917243
福建 Fujian	6441	12846	318671	283036	207687
江西 Jiangxi	6000	14294	215317	147035	221379
山东 Shandong	17704	23298	375147	234296	279726
河南 Henan	12778	26207	517725	310120	488724
湖北 Hubei	2109	10772	157941	87664	188777
湖南 Hunan	9770	14596	236329	150934	203097
广东 Guangdong	0	0	0	0	0
广西 Guangxi	3114	8644	74785	50768	83683
海南 Hainan	254	808	9978	7020	12581
四川 Sichuan	7853	32645	604304	336148	396255
贵州 Guizhou	0	14317	184283	108857	0
云南 Yunnan	2268	11268	287351	97876	216161
西藏 Tibet					
陕西 Shaanxi	6867	12773	276954	160502	260964
甘肃 Gansu	0	15309	201196	117346	244484
青海 Qinghai	0	2587	34948	17294	51613
宁夏 Ningxia	202	3541	66565	39227	68143
新疆 Xinjiang	152	2424	74010	37235	0

盲班基本情况

in Peasant Primary Schools

单位:人

生数 Admitted	在校学生数 Enrolment		教职工数 Teachers, Staff & Workers		兼任教师 Part-time Teachers
其中女生 Of the Total Female Students	合计 Total	其中女生 Of the Total Female Students	合计 Total	其中:专任教师 Of which: Full-time Teachers	
2979469	5527149	3390602	96472	27858	406738
0	0	0	0	0	0
7747	1498	569	36	28	348
173357	224781	97178	3162	1141	17180
24187	63255	30804	4729	960	8455
21145	44564	22108	1469	347	6987
12095	16955	10025	4185	398	6737
24639	61921	33194	1679	411	7499
58633	97439	61082	13079	4432	23871
766	530	469	1	1	59
242713	449924	347913	4076	1258	25478
54744	88273	60143	1286	601	5745
508242	937572	559733	2440	1196	24959
187462	271383	242809	1225	323	14798
154472	247449	172204	3549	561	25814
184555	277224	184427	12695	3799	24140
303989	438599	262577	999	503	26034
100384	184926	89400	2672	1481	30036
132572	217585	138763	7407	2130	19583
0	0	0	0	0	0
59527	97036	69721	5944	419	18522
9226	26410	18735	53	40	967
220950	487056	241873	9613	4974	34925
0	280224	165877	495	140	13755
135230	251297	159051	7351	340	13776
144322	275390	150300	5290	1340	16674
153438	327547	186898	2789	787	30961
27102	69103	36514	96	96	3362
37972	54639	31361	126	126	4473
0	34569	16874	26	26	1600